Debora Gerstenberger

Iberien im Spiegel frühneuzeitlicher enzyklopädischer Lexika Europas

BWSG

Beiträge zur
Wirtschafts- und Sozialgeschichte

Nr. 110

Herausgegeben von
Jürgen Schneider,
Markus A. Denzel,
Rainer Gömmel,
Margarete Wagner-Braun

Redaktion:
Hans-Jürgen Gerhard
Jürgen Nautz

Debora Gerstenberger

Iberien im Spiegel frühneuzeitlicher enzyklopädischer Lexika Europas

Diskursgeschichtliche Untersuchung spanischer und portugiesischer Nationalstereotypen des 17. und 18. Jahrhunderts

Franz Steiner Verlag Stuttgart 2007

Gedruckt mit Unterstützung der
Gerda Henkel Stiftung, Düsseldorf

Anschrift der Schriftleitung der Beiträge zur
Wirtschafts- und Sozialgeschichte

Prof. Dr. Markus A. Denzel
Historisches Seminar
Universität Leipzig
Postfach 100920
D-04009 Leipzig

http://www.uni-leipzig.de/~gesowi

Bibliografische Information der Deutschen National-
bibliothek
Die Deutsche Nationalbibliothek verzeichnet diese
Publikation in der Deutschen Nationalbibliografie;
detaillierte bibliografische Daten sind im Internet
über <http://dnb.d-nb.de> abrufbar.

ISBN 978-3-515-09051-3

ISO 9706

Gedruckt auf säurefreiem, alterungsbeständigem Papier.

Druck: DIFO-Druck GmbH, Bamberg.
Printed in Germany

Wie kommt es, dass man in einer
bestimmten Epoche gewisse Dinge
aussprechen kann und andere nicht?
(Michel Foucault)

VORWORT

Die vorliegende Studie entstand im Rahmen des Drittmittelprojektes *„Alle Kreter lügen". Nationale Stereotypen in Enzyklopädien, Universal- und Konversationslexika Europas vom 17. bis zum frühen 19. Jahrhundert* am Friedrich-Meinecke-Institut der Freien Universität Berlin. Mein erster Dank gilt der Projektleiterin und Betreuerin meiner Arbeit, Ina Ulrike Paul (Berlin), die mir innerhalb des Projektes von Anfang an ein eigenes Forschungsgebiet anvertraute und mich für die geschichtswissenschaftliche Forschung begeisterte. Ihre Anregungen und ihre Kritik, besonders aber ihr beständiger Zuspruch leiteten mich sicher durch Höhen und Tiefen des wissenschaftlichen Arbeitens. Gefördert wurde das Drittmittelprojekt von der Gerda Henkel Stiftung (Düsseldorf), die meine Stelle als Studentische Mitarbeiterin in der Zeit von August 2003 bis März 2006 finanzierte, und der ich mich sehr verbunden fühle.

Eine wissenschaftliche Arbeit wächst immer im Austausch und in Diskussionen mit anderen. Dankbar bin ich all meinen Kommiliton/innen und akademischen Lehrer/innen des Friedrich-Meinecke-Instituts und des Lateinamerika-Instituts der Freien Universität Berlin, die mich im Prozess der Entstehung mit konstruktiver Kritik begleitet haben.

Großen Anteil am Gelingen meines Projektes hatte Achim Landwehr (Düsseldorf), dessen theoretisch-methodischen Schriften mir einen Zugang zu meinen Quellen eröffneten. Seine Worte haben mich getragen, lange bevor ich mich persönlich an ihn wandte – und viel mehr noch danach. Für seine Unterstützung bin ich ihm sehr dankbar. Es stimmt mich zuversichtlich, dass man meiner diskurstheoretisch ausgerichteten Studie nun einen Platz in einer wirtschafts- und sozialgeschichtlichen Reihe einräumt. Den Herausgebern, insbesondere Markus A. Denzel (Leipzig), danke ich für diese Offenheit.

Max Eberlein hat mir während der – nicht immer einfachen – Zeit des Schreibens stets den Rücken gestärkt und freigehalten. Mit seinem geduldigen, bedingungslosen Zuspruch sowie seiner technischen Hilfe hat er maßgeblichen Anteil am Erfolg dieser Arbeit gehabt, die ich ihm hiermit widmen möchte. Meinen Eltern, Rita und Erhard Gerstenberger, möchte ich für ihre finanzielle Unterstützung und ihren Beistand danken. Meine Mutter hat mit guten, aufmunternden Worten und Taten stets meine Moral gestärkt, mein Vater in zahllosen Gesprächen meine Horizonte erweitert und mich zu einer selbstkritischen, zugleich aber auch selbstbewussten Haltung ermahnt. *Aos meus pais, um grande abraço.*

Uwe Puschner (Berlin) und meinen Kolleginnen Barbara von Hindenburg und Stefanie Schrader danke ich für ihre Anteilnahme – und die gute gemeinsam verlebte Zeit am Friedrich-Meinecke-Institut. Christian Mileta (Berlin/Halle) war mir in den vergangenen Jahren ein aufmerksamer und kritischer Mentor; seine z.T. deutlichen, aber immer wohlwollenden Hinweise und Ratschläge waren für mich wichtig und wegweisend.

Für die aufmerksame Lektüre und Korrektur meines Manuskriptes schulde ich vielen Menschen Dank, allen voran meinen Brüdern Björn und Dennis und – in ganz besonderem Maße – Susanne Schilp, die den Text an vielen Stellen geglättet hat. Sie war es auch, die während meiner Zeit beim Berliner Abendblatt an meinem sprachlichen Ausdruck beharrlich feilte und mich einen verständlichen Stil lehrte. Für die gutachterliche Unterstützung bei der Finanzierung der Publikation danke ich Matthias Middell (Leipzig), für die freundliche und großzügige Gewährung eines Druckkostenzuschusses abermals der Gerda Henkel Stiftung.

Allen genannten und ungenannten Menschen, die mir in den letzten Jahren und heute zur Seite gestanden haben und stehen, danke ich herzlich und hoffe, dass sie mit dem vorliegenden Ergebnis meiner Arbeit zufrieden sind.

Abschließend seien noch zwei (übersetzungs-)technische Bemerkungen angefügt:

1) Alle Übertragungen der fremdsprachigen Zitate ins Deutsche habe ich, wenn nicht explizit anders angegeben, selbst vorgenommen. Bei englischen und französischen Zitaten habe ich in den meisten Fällen auf eine Übersetzung verzichtet, und wenn sie aus dem Kontext verständlich waren, auch bei einigen italienischen und spanischen.
2) Die Orthographie jener Jahrhunderte, in denen diese Geschichte spielt, unterscheidet sich z.T. erheblich von der heutigen. Ich habe weitgehend davon abgesehen, in den zitierten Sprachen (deutsch, englisch, französisch, niederländisch, italienisch, portugiesisch, spanisch) ungewöhnliche Schreibweisen, Akzent- und Zeichensetzungen an heutige Standards anzupassen oder mit „sic!“ zu kennzeichnen, da ersteres eine Verfälschung und letzteres eine unnötige Störung des Leseflusses zur Folge gehabt hätte.

Leipzig, im November 2006 *Debora Gerstenberger*

INHALTSVERZEICHNIS

ABBILDUNGSVERZEICHNIS

I. EINLEITUNG

Der Spanier ist begabt für die Wissenschaften, er hat viele Bücher, und doch ist Spanien vielleicht die unwissendste Nation Europas. Was kann man von einem Volk erhoffen, das von einem Mönch die Freiheit erwartet, lesen und denken zu dürfen? ... Heute glühen Dänemark, Schweden, Russland, selbst Polen, Deutschland, Italien, England und Frankreich, all diese Völker, Feinde, Freunde, Rivalen, in edlem Wetteifer um den Fortschritt der Wissenschaften und Künste. Jedes arbeitet an Errungenschaften, die es mit den anderen Nationen teilen wird. Jede dieser Nationen hat bis heute irgendeine nützliche Entdeckung gemacht, die der Menschheit zum Fortschritt gereichte. Aber was verdankt man Spanien? Und was hat Spanien seit zwei, seit vier, seit zehn Jahrhunderten für Europa geleistet?[1]

Mit diesen Worten charakterisierte Nicolas Masson de Morvilliers 1783 die spanische Nation – nicht etwa in einem politischen Pamphlet, sondern in einem großen enzyklopädischen Nachschlagewerk, der französischen *Encyclopédie Methodique*. Es ist kaum verwunderlich, dass das gedachte „nichts", das die beiden rhetorischen Fragen beantwortet, in spanischen Ohren dröhnte wie ein Paukenschlag. Der Artikel löste in Spanien Verstimmung bis in höchste politische Kreise aus und führte zu vielfachen diplomatischen Aktivitäten zwischen Madrid und Paris.[2]

---

1 „L'Espagnol a de l'aptitude pour les sciences, il a beaucoup de livres, & cependant, c'est peutêtre la nation la plus ignorante de l'Europe. Que peut-on espérer d'un peuple que attend d'un moine la liberté de lire & de penser? ... Aujourd'hui le Danemarck, la Suède, la Russie, la Pologne même, l'Allemagne, l'Italie, l'Angleterre & la France, tous ces peuples, ennemis, amis, rivaux, tous brûlent d'une généreuse émulation pour le progrès des sciences & des arts! Chacun médite des conquètes qu'il doit partager avec les autres nations; chacun d'eux, jusqu'ici, a fait quelque découverte utile, que a tourné au profit de l'humanité! Mais que doit-on à l'Espagne? Et depuis deux siècles, depuis quatre, depuis dix, qu'a-t-elle fait pour l'Europe?" Nicolas MASSON DE MORVILLIERS, Art. „Espagne", in: Charles PANCKOUCKE (Hrsg.), Encyclopédie Méthodique (206 Bde.), Paris (Panckoucke) – Liège (Plomteux) 1782–1832, Abt. Geographie Moderne (3 Bde.), 1783–1788, Bd. 1, 1783, S. 554-568, hier: S. 565. Übersetzung nach Nicolas MASSON DE MORVILLIERS, Was verdankt man Spanien?, in: Hans HINTERHÄUSER (Hrsg.), Spanien und Europa. Stimmen zu ihrem Verhältnis von der Aufklärung bis zur Gegenwart, München 1979, S. 63-68, hier: S. 67.

2 Vgl. Wilfried FLOECK, Masson de Morvilliers Spanien-Artikel in der *Encyclopédie Méthodique* und die spanische Fassung von Julián de Velasco, in: Siegfried JÜTTNER (Hrsg.), Spanien und Europa im Zeichen der Aufklärung, Frankfurt a.M. / Bern / New York / Paris 1991, S. 42-62, hier: S. 42. Der Artikel führte zunächst zum Verbot der Einfuhr des Werkes nach Spanien und damit zu großen finanziellen Einbußen für den Verleger Panckoucke. Den vollständigen, aggressiven Wortlaut enthält nur die Erstausgabe, die späteren Nachdrucke wurden entschärft. Vgl. die Erläuterung zur Übersetzung bei: Nicolas MASSON DE MORVILLIERS, Was verdankt man Spanien?, in: HINTERHÄUSER (Hrsg.), Spanien und Europa, S. 63. Weitere Literatur zu dem Fall: Ri-

Die *Real Academia Española*[3] schrieb einen Preis für die beste Entgegnung auf diesen als Schmähschrift und bis heute als „großer Skandal"[4] empfundenen Enzyklopädie-Artikel aus. Sieger der Ausschreibung war der „Heißsporn und Aufklärungsgegner"[5] Juan Pablo Forner, der in seiner *Oración apologética por la España y su merito literario* (1786) klagt, dass Spanien die Nation sei, über deren Verfassung und Wissensstand man „unter Hintansetzung aller Vernunft, Wahrheit, Gerechtigkeit und Würde" am meisten Zweifel hege und die man am meisten beschimpfe. „Niemanden", so Forner, „haben wir herausgefordert, und wütend werden wir von all denen jenseits der Alpen und Pyrenäen angegriffen, deren Wissenschaft einzig in übler Nachrede besteht".[6]

Die enzyklopädische Entgegnung auf Masson de Morvilliers' Artikel, die für diese Untersuchung von größerem Interesse sein soll, folgte 1792, und zwar in Form der spanischen „Übersetzung" der *Encyclopédie Methodique*. Der Übersetzer – oder vielmehr Autor – Julián de Velasco verfasste in der *Enciclopedia Metodica*[7] eine Gegendarstellung: Im Anschluss an den

---

chard HERR, The Eighteenth-Century Revolution in Spain, Princeton / New York 1958, S. 182ff; Julián MARÍAS, La España posible en tiempo de Carlos III, Madrid 1963; Gonzalo ANES, La ‚Encyclopédie Méthodique' en España, in: José Luis GARCIA DELGADO / Julio SEGURA, Ciencia social y análisis económico. Estudios en homenaje al profesor Valentín Andrés Alvarez, Madrid 1978, S. 105-152; François LOPEZ, Juan Pablo Forner et la crise de la conscience espagnole au XVIIIe siècle, Bordeaux 1977, S. 347-362; Lucienne DOMERGUE, Censure et lumière dans l'Espagne de Charles III, Paris 1982, S. 97-101; Francisco LAFARGA, Una réplica a la ‚Encyclopédie Méthodique', in: Anales de Literatura Epañola 2, 1983, S. 329-339.

3 Die oft mit RAE abgekürzte „Königliche Spanische Akademie (für Sprache)", wurde 1713 nach dem Vorbild der *Accademia de la Crusca italiana* und der *Académie Française* in Madrid gegründet. 1714 wurde sie von Philipp V. anerkannt und unter königlichen Schutz gestellt.

4 Francisco AGUILAR PIÑAL, Conocimiento de Alemania en la España ilustrada, in: Siegfried JÜTTNER (Hrsg.), Spanien und Europa im Zeichen der Aufklärung, Frankfurt a.M. / Bern / New York / Paris 1991, S. 1-12, hier: S. 2.

5 Vgl. Juan Pablo FORNER, Eine Rechtfertigung Spaniens, in: HINTERHÄUSER (Hrsg.), Spanien und Europa, S. 69-76. Es wehrten sich noch zahlreiche weitere spanische Gelehrte gegen den Vorwurf, die Inkarnation von Rückständigkeit und religiösem Fanatismus zu sein. Vgl. Manfred TIETZ, Amerika vor der spanischen Öffentlichkeit des 18. Jahrhunderts. Zwei Repliken auf de Pauw und Raynal: die „Reflexiones imparciales" von Juan Nuix y Perpiña und die „México conquistada" von Juan de Escoiquiz, in: Iberoamérica. Homenaje a G. Siebenmann, Bd. 2, München 1983, S. 989-1016, hier: S. 990. Auch Ausländer verteidigten Spanien, wie z.B. der italienische Abbé Denina vor der Akademie zu Berlin. Vgl. die Erläuterung zur Übersetzung bei Nicolas MASSON DE MORVILLIERS, Was verdankt man Spanien?, in: HINTERHÄUSER (Hrsg.), Spanien und Europa, S. 63-68, hier: S. 63.

6 FORNER, Eine Rechtfertigung Spaniens, S. 70.

7 Julian de VELASCO, Art. „España", in: Encyclopedia Metódica, S. 79-106. Der Artikel umfasst insgesamt 55 Spalten. Davon entfallen auf die Übertragung des französischen

mehr oder weniger treu übersetzten[8] Originaltext echauffiert er sich in einem Zusatz (*Adiciones al Articulo España*) darüber, dass Frankreich „alle übrigen Nationen mit Bedacht" behandelt, aber „fast immer" die „Dummheit" (*debilidad*) und „Borniertheit" (*torpeza*) besessen habe, schlecht über die Spanier und deren Belange zu reden.[9] Was, fragt Velasco sich und den Leser, könnte der Grund für dieses Phänomen sein? „Warum behandeln einige Autoren, die sich als Philosophen aufspielen, uns mit so wenig Philosophie? Ist es, weil wir Nachbarn sind oder vielleicht, weil die alten Hassgefühle, Abkömmlinge der barbarischen Jahrhunderte, noch immer mehr Macht haben als die Aufklärung und ihre Prinzipien der Humanität?"[10] Velasco sieht sich berufen, in seinen *Adiciones* einige Dinge über Spanien „richtig" zu stellen.

Ein Lexikon wurde hier, im ausgehenden 18. Jahrhundert, zum Zankapfel zwischen zwei Nationen und löste eine politische Krise aus. Es war keineswegs das erste Mal, dass der Inhalt einer Enzyklopädie die Gemüter der Menschen erhitzte – in Europa wusste man spätestens seit der *Encyclopédie* Diderots und d'Alemberts, dass diese Art von Werken, die zu den wichtigesten Medien der Aufklärung zählten, geistige Pulverfässer sein konnten. Doch der Spanien-Artikel der *Encyclopédie Methodique* provozierte nicht durch vermeintlich ketzerische oder revolutionäre Ideen. Vielmehr stellte er eine harsche Kritik an der spanischen Nation dar, die im Gegensatz zu anderen europäischen Nationen als unwissend und rückständig, als *unaufgeklärt* bezeichnet wurde. Zwar war Masson de Morvilliers ein „guter Kenner der iberischen Verhältnisse"[11] und er berichtet in 28 Spalten nicht ausschließlich Schlechtes über Spanien. Dennoch kommt das Negativklischee des *Siècle des Lumières*, in dem die Pyrenäen als „Wetterscheide der Kultur" erschienen (auf deren südwestlicher Seite sich ein Hort katholischer Recht-

---

Originals 42 Spalten, 13 Spalten nehmen die Ergänzungen („Adiciones al Articulo España") ein.

8 Vgl. FLOECK, Masson de Morvilliers Spanien-Artikel, S. 47.

9 „[L]os Escritores de Francia que tanto alaban las bellas artes de Italia, los talentos de Alemania, los ingenios de Inglaterra, y que en general han tratado siempre con atencion á todas las naciones; han tenida quasi siempre la debilidad, por no decir la torpeza, de mal decir de nosotros y de nuestras cosas", VELASCO, Art. „España", in: ENCYCLOPEDIA METODICA, S. 100.

10 „¿Qual será la causa de este fenómeno? ¿por qué unos escritores, que blasenan de filósofos, obran con nosotros con tan poca filosofia? ¿acaso será porque somos vecinos, ó tal vez porque los antiguos ódies, hijos de los siglos bárbaros tienen todavia mas poder que las luces y sus decantados principios de humanidad?", ebd.

11 Vgl. FLOECK, Masson de Morvilliers Spanien-Artikel, S. 46. Masson de Morvilliers hatte 1776 einen rund 450 Seiten starke Abhandlung über die Geographie Spaniens und Portugals veröffentlicht: Nicolas MASSON DE MORVILLIERS, Abrégé Élémentaire de la Géographie Universelle de l'Espagne et du Portugal ..., Paris (Nicolas-Leger Moutard) 1776.

gläubigkeit, auf nordöstlicher Seite aber die Wiege von Zivilisation und Fortschritt befinden[12]) in dem besagten Artikel deutlich zum Vorschein. Einst wegen des Führungsanspruchs der Universalmonarchie und Weltherrschaft in Europa gefürchtet und verhasst, stempelte aufklärerische Kritik die Iberer im 18. Jahrhundert zu rückständigen Außenseitern und exotischen Wilden. Spanien und Portugal erschienen als unzivilisierte Nationen, Schandflecken auf der Landkarte jener erleuchteten Zeiten, ausgeschlossen vom Kommerz der Vernunft und des Fortschritts.[13] Dabei ist offensichtlich, dass französische Aufklärer, namentlich Masson de Morvilliers, zuvor Montesquieu in seinem 78. Brief der *Lettres persanes* und Voltaire u.a. in seinem *Essai sur les mœurs* – ganz im Sinne ihrer Lichtmetaphorik – Spanien auch deshalb als „Land der Finsternis", des Aberglaubens, des Fanatismus und der Rückständigkeit verteufelten, um das eigene Land zum strahlenden Gegenbild stilisieren zu können.[14] Die wehrhafte Übertragung des Masson-Artikels, dem „berüchtigtsten und folgenreichsten Dokument der ‚schwarzen Legende'"[15], ist indes ein eindrucksvolles Beispiel für die Reaktion des durchaus aufgeklärten Spanien auf das in Europa und besonders in Frankreich weit verbreitete negative Spanienklischee.[16]

---

12 Vgl. FLOECK, Masson de Morvilliers Spanien-Artikel, S. 47 sowie Gerda HAßLER, Intertexte der europäischen Aufklärung und die Entwicklung des spanischen und portugiesischen Wortschatzes im 18. Jahrhundert und der ersten Hälfte des 19. Jahrhunderts, in: Christian SCHMITT / Wolfgang SCHWEICKARD (Hrsg.), Kulturen im Dialog. Die iberoromanischen Sprachen aus interkultureller Sicht, Bonn 1996, S. 164-193, hier: S. 164. Der Arroganz der Europäer östlich der Pyrenäen – „Derrière la France, l'Afrique commence" – setzten die Iberer ihre Version – „Noli foras ire, in interiore Hispaniae habitat veritas" – entgegen. Vgl. Siegfried JÜTTNER, Spanien – ein Testfall für die Erforschung der Aufklärung in Europa, in: Ders. (Hrsg.), Spanien und Europa im Zeichen der Aufklärung, Frankfurt a.M. / Bern / New York / Paris 1991, S. I-X, hier: S. I.

13 Vgl. Dietrich BRIESEMEISTER, Die Iberische Halbinsel und Europa. Ein kulturhistorischer Rückblick, in: Aus Politik und Zeitgeschichte 8, 1986, S. 13-27, hier: S. 13.

14 Vgl. Hans HINTERHÄUSER, Spanien und Europa: Bilanz einer dreihundertjährigen Diskussion, in: Integración de España en Europa, München [1986], S. 82-100, hier: S. 86.

15 Vgl. Hans HINTERHÄUSER, Tugenden und Laster des Spaniers im Wandel der Jahrhunderte, in: Franz K. STANZEL (Hrsg.), Europäischer Völkerspiegel. Imagologisch-ethnographische Studien zu den Völkertafeln des frühen 18. Jahrhunderts, Heidelberg 1999, S. 157-168, hier: S. 164.

16 Vgl. FLOECK, Masson de Morvilliers Spanien-Artikel, S. 43.

I.1 FRAGESTELLUNG, THESEN UND ZIELE DER ARBEIT

Wenn es aber Nicolas Masson de Morvilliers war, der die erste Schmähschrift über Spanien in Form eines Enzyklopädie-Artikels verfasste, wie Hans Hinterhäuser behauptet[17], wie wurde Spanien dann *vorher* in französischen enzyklopädischen Nachschlagewerken dargestellt? Velasco spricht in seinen *Adiciones* davon, dass die Franzosen „fast immer" schlecht von Spanien geredet haben. Wie also beurteilt die bereits erwähnte *Encyclopédie* Diderots Spanien?[18] Die mittleren Jahre des 18. Jahrhunderts, in denen auch der Band mit dem Eintrag „Espagne" erschien (1755), bezeichnet Hinterhäuser selbst als den Nadir in der europäischen Einschätzung der Iberischen Halbinsel.[19] Was verzeichnen deutsche, englische, niederländische und italienische enzyklopädische Werke des 17. und 18. Jahrhundert über Spanien, Portugal und deren Einwohner? Schließlich: Wie beschreiben und bewerten Autoren spanischer und portugiesischer enzyklopädischer Lexika jeweils das eigene Land und die eigene Nation? Wie unterscheiden sich die Fremdbilder von den Eigenbildern? Auf diese Fragen soll vorliegende Arbeit Antworten geben. Denn es scheint, dass Masson de Morvilliers' Spanien-Artikel lediglich die gut erforschte Spitze eines ansonsten unbekannten Eisberges ist.[20]

Diese Untersuchung geht von der These aus, dass bereits vor Erscheinen des besagten Artikels stereotype Vorstellungen über die Iberische Halbinsel Eingang in europäische Lexika gefunden hatten (unter denen das Klischee der wissenschaftlichen Rückständigkeit nur eine ist), mehr noch: dass sie im Zeitalter der Enzyklopädien, das zugleich auch ein Zeitalter der nationalen Stereotypen war, konstitutive Elemente des enzyklopädischen Spanien- und Portugalbildes waren. Es gilt herauszufinden, aus welchen Aussagen, d.h. vor allem aus welchen *wertenden* Aussagen sich die jeweiligen Portugal- und Spanienbilder zusammensetzen und in welchen Lexika sie in

---

17 Vgl. HINTERHÄUSER, Tugenden und Laster des Spaniers, S. 164.

18 Die große Zeit der Enzyklopädien war Ende des 18. Jahrhunderts (also bei Erscheinen der *Encyclopédie Methodique* und deren spanischer Übersetzung) bereits vorbei, hatte mit der *Grande Encyclopédie* Diderots ihren Zenit überschritten. Vgl. Ina Ulrike PAUL, „Wache auf und lies ...". Zur Tradierung von Nationalstereotypen in europäischen Enzyklopädien des 18. Jahrhunderts, in: Ingrid TOMKOWIAK (Hrsg.), Populäre Enzyklopädien. Von der Auswahl, Ordnung und Vermittlung des Wissens, Zürich 2002, S. 198-221, hier: S. 199.

19 Vgl. HINTERHÄUSER, Spanien und Europa: Bilanz, S. 86.

20 In einigen Untersuchungen zum Spanienbild in Deutschland oder Frankreich des 18. Jahrhunderts gehören auch Lexikonartikel zum Quellenkorpus. Vgl. z.B. Ulrike HÖNSCH, Wege des Spanienbildes im Deutschland des 18. Jahrhunderts: Von der schwarzen Legende zum „Hesperischen Zaubergarten", Tübingen 2000. Hönsch widmet ein Kapitel dem Bild, das der *Zedler* von Spanien und *den* Spaniern (re-)produziert. Vgl. ebd., S. 52ff.

welcher Form auftauchen. Dazu sollen in Längs- und Querschnitten die Traditionsbahnen einzelner stereotyper Bewertungen und Kategorien aufgedeckt werden. Ziel der Arbeit ist es, dem enzyklopädischen Diskurs über Iberien (i.d.R. Portugal und Spanien[21]) samt seinen Interdependenzen und Vernetzungen einzelner Aussagen auf die Spur zu kommen.

Auf diese Weise versucht diese Arbeit einerseits, einen kulturgeschichtlichen Beitrag zur diskursiven Konstruktion der Identitäten Portugals und Spaniens[22] und andererseits einen Beitrag zu einer Geschichte der Wirklichkeit zu leisten. Denn der Wirbel um den einleitend zitierten Spanien-Artikel der *Encyclopédie Methodique* ist ein Paradebeispiel für das Paradigma der modernen (historischen) Wissenschaft, dass es „zu keiner Zeit an keinem Ort eine Sichtweise der Wirklichkeit gibt, der die Qualität zukäme, weltumspannend und allgemeinverbindlich zu sein"[23]. Wenn man davon ausgeht, dass die Wirklichkeit und das, was wir über sie wissen oder zu wissen glauben, eine gesellschaftliche (vornehmlich sprachlich vermittelte) Konstruktion ist, muss es bzw. kann es nur Aufgabe der historischen Forschung sein, eine „Geschichte der Geschichten der Wirklichkeiten" zu schreiben.[24] Weil Gesellschaften ihre Wirklichkeit selten unter eben diesem Stichwort thematisieren, aber häufig unter dem des Wissens, das sich unmittelbar auf diese Wirklichkeit bezieht, schlägt Achim Landwehr vor, Wissen zu einer Kategorie historischer Forschung zu machen.[25] Und welche

---

21 Die Bezeichnung „Iberien" wurde gewählt, weil in der Frühen Neuzeit immer wieder antike Texte, und also auch diese antike griechische Bezeichnung, zur Beschreibung Spaniens und Portugals herangezogen werden. Im Gegensatz zu heute waren die Begriffe „Iberien" oder „Iberia" in der Frühen Neuzeit geläufig. Vgl. Art. „Iberia" in: ZEDLER Bd. 14 (1739) Sp. 296 (hier wird auf den Art. „Spanien" verwiesen).

22 Im Fragehorizont der Kulturgeschichte stellt sich das scheinbar selbstverständliche Phänomen „Identität" als Konstrukt dar, das historisch gewachsen und geprägt ist. Um Bedeutung und Funktionsweise bestimmter Identitäten verstehen zu können, bedarf es der Rekonstruktion ihrer historischen Entstehung und der Diskurse, die auf den Vorgang der Identitätsbildung eingewirkt haben. Vgl. Achim LANDWEHR / Stefanie STOCKHORST, Einführung in die Europäische Kulturgeschichte, Paderborn 2004, S. 194f. Vgl. auch Hans Henning HAHN, Stereotypen in der Geschichte und Geschichte im Stereotyp, in: Ders. (Hrsg.), Historische Stereotypenforschung. Methodische Überlegungen und empirische Befunde, Oldenburg 1995, S. 190-204, hier: S. 191. Hahn schreibt: „Voraussetzung für die Anerkennung von Stereotypen als relevantem Forschungsobjekt ist die Erkenntnis, dass die Wahrnehmung der Welt keineswegs mit der Welt selbst identisch ist, dass diese Wahrnehmung ihrerseits aber eine historische Realität und damit einen historischen Wirkungsfaktor darstellt", ebd.

23 Achim LANDWEHR, Einleitung. Geschichte(n) der Wirklichkeit, in: Ders. (Hrsg.), Geschichte(n) der Wirklichkeit. Beiträge zur Sozial- und Kulturgeschichte des Wissens, Augsburg 2002, S. 9-30, hier: S. 13.

24 Achim LANDWEHR, Geschichte des Sagbaren. Einführung in die historische Diskursanalyse, Tübingen ^{2}2004.

25 Achim LANDWEHR, Das Sichtbare sichtbar machen. Annäherung an ‚Wissen' als Kategorie historischer Forschung, in: Ders. (Hrsg.), Geschichte(n) der Wirklichkeit. Bei-

Medien wären für die Erforschung der drei großen „Ws" (Wahrheit, Wirklichkeit und Wissen) als Quellen geeigneter als die Institutionen des Wissens höchstselbst? Enzyklopädien traten immerhin mit dem „nahezu abenteuerlichen Anspruch"[26] auf, das gesamte „gesicherte" Wissen der Welt zu sammeln und einer möglichst breiten Bevölkerungsschicht zugänglich zu machen.

Ziel einer historischen Analyse kann nicht sein herauszufinden, ob Masson de Morvilliers oder Velasco oder etwa ein anderer Verfasser eines Spanien- oder Portugal-Artikels Recht oder Unrecht mit seinen Ausführungen hatte oder gar wie Spanien und *die* Spanier bzw. Portugal und *die* Portugiesen zu einer bestimmten Zeit „wirklich" waren.[27] Denn kein Text, auch kein Lexikonartikel, kann Wirklichkeit reproduzieren – jeder Text aber schafft Wirklichkeit. Dass Sprache auf diese Weise eng mit Macht verknüpft ist, ist übrigens keine Erkenntnis der Moderne. Der spanische Humanist Antonio de Nebrija, Begründer der spanischen Philologie und Wörterbuchkultur Europas, widmete 1492 seine *Gramática de la lengua castellana* der Königin Isabella mit dem Hinweis, dass Sprache „jederzeit ein Instrument der Herrschaft" sei.[28] Gegenstand vorliegender Arbeit ist das Wissen, das sich über Spanien und Portugal und *die* Spanier und *die* Portugiesen in den Wörterbüchern und Enzyklopädien etabliert hat (weniger, was zu einer bestimmten Zeit über Iberien hätte gewusst werden können) und inwieweit die von diesen Medien propagierte „Wahrheit" von stereotypen Vorstellungen und Kategorien geprägt ist.

---

träge zur Sozial- und Kulturgeschichte des Wissens, Augsburg 2002, S. 61-89. Unter „Wissen" versteht Landwehr ein „Ensemble von Ideen", das „Objekte mit verschiedenen Eigenschaften versieht und von einer sozialen Gruppe als gültig und real anerkannt wird". Eine inhaltliche oder qualitative Bewertung des Wissens sollte man seiner Meinung nach nicht vornehmen (indem man bspw. versucht, Wissen von Glaube oder Meinung zu trennen), da das Wissen (aus heutiger Sicht) als das gefasst und verstanden werden müsse, was Menschen der Vergangenheit als Wissen und also „Wahrheit" akzeptierten. Vgl. ebd., S. 67 u. S. 71.

26 Ebd., S. 62.

27 Ein Gegenbeispiel findet sich noch bei Birgit NEUROTH-HARTMANN, Das Bild des Spaniers in bundesdeutschen Spanischlehrbüchern (1960–1984). Eine Untersuchung von Lehrbuchpersonen in ausgewählten Spanischbüchern der letzten 25 Jahre, Göttingen 1986. Neuroth-Hartmann setzte sich in ihrer Dissertation das Ziel, „herauszustellen und deutlich zu machen, inwieweit das Spanienbild des Lehrbuches und insbesondere das Bild der dargestellten Spanier von dem Spanien der Wirklichkeit abweicht", ebd., S. 9.

28 Zit. n. Hagen SCHULZE, Das Europa der Nationen, in: Helmut BERDING (Hrsg.), Mythos und Nation, Frankfurt a.M. 1996, S. 65-83, hier: S. 74.

I.2 AUFBAU DER ARBEIT

Inhalt und Struktur vorliegender Arbeit sind maßgeblich von zwei Faktoren geprägt: Erstens dem Fehlen von historischen Untersuchungen zu enzyklopädischen Lexika Iberiens und zweitens der Nichtexistenz einer etablierten Methode für die historische Stereotypenforschung (der aktuelle Forschungsstand wird in Kapitel I.3 näher dargestellt). Daraus ergeben sich spezifische Anforderungen an den Aufbau der Arbeit, die hier näher erläutert werden sollen. Zunächst werden im zweiten Kapitel Begriff und Phänomen des Stereotyps, speziell des nationalen Stereotyps in der Frühen Neuzeit, theoretisch fundiert und als Untersuchungsgegenstand definiert. Die zentrale Frage, auf die Kap. II.1 und II.2 Antwort gegeben sollen, lautet demnach: „Wonach wird in der vorliegender Arbeit geforscht?“ Anschließend erfolgt (unter der Fragestellung „Wie wird der Forschungsgegenstand angegangen?“) die Erläuterung der zur Untersuchung angewandten Methode der Diskurstheorie, die erst begrifflich erklärt und dann in ihrer spezifischen Anwendung auf nationale Stereotypen in Enzyklopädien und Wörterbüchern entwickelt wird (Kap. II.3 und II.4).

Das dritte Kapitel behandelt enzyklopädische Lexika der Frühen Neuzeit als maßgebliche Quellen der vorliegenden Arbeit und bietet hierzu zunächst einen Überblick über Begriff, Definition, Herkunft und Verbreitung dieser Werke in Europa, wobei auch eine Definition des Begriffs „enzyklopädisches Wörterbuch“, die der Auswahl der Texte zugrunde lag, erfolgt (Kap. III.1). Einer allgemeinen Beschreibung des Quellenkorpus (Kap. III.2) folgt eine eingehendere Betrachtung zweier großer europäischer Wörterbuchfamilien, namentlich der Moréri- und der Echard-Familie; damit soll einerseits auf einen Teil der Quellen näher eingegangen und andererseits die Vernetzung der europäischen Lexika untereinander demonstriert werden (Kap. III.3). Da die enzyklopädischen Lexika der iberischen Länder in der Geschichtswissenschaft bislang kaum Beachtung fanden (sei es aufgrund von Sprachpbarrieren oder der Tatsache, dass spanische und portugiesische enzyklopädische Werke auf den ersten Blick schwer zu finden und/oder zu identifizieren sind), sie aber für die Erforschung des Eigenbildes bzw. der Antworten auf etwaige Negativklischees große Bedeutung haben, soll ihnen ein spezieller Abschnitt gewidmet werden (Kap. III.3.3). Darin werden sowohl zwei originär iberische Werke vorgestellt als auch die Rezeption ausländischer enzyklopädischer Werke auf der Iberischen Halbinsel beschrieben. Ziel des dritten Kapitels ist somit nicht nur, allgemeine Informationen über Enzyklopädien und enzyklopädische Wörterbücher Europas zu vermitteln, sondern gleichzeitig einen Überblick über die für die (historische) Enzyklopädienforschung verwertbaren Lexika der Iberischen Halbinsel zu schaffen. Die eigentliche Analyse (Kap. IV) wird stereotypen Aussagen enzyklopädischer Lexika in drei Bereichen nachgehen: Geographie und Ökonomie (Kap. IV.1), Politik und Religion (Kap. IV.2), Gesellschaft (Kap.

IV.3), wobei sich der dritte Bereich vor allem speziell der Untersuchung der vermeintlichen portugiesischen und spanischen Nationalcharaktere widmet. In jedem der drei Bereiche folgt auf die Darstellung jeweils ein Analysekapitel, das die Befunde zu deuten und in einen größeren Zusammenhang zu stellen versucht. In Kapitel V („Schlussbetrachtung und Ausblick") werden die Ergebnisse der Einzelanalysen zusammengefasst, wobei auch die Frage, ob der in der vorliegenden Arbeit erprobte diskurstheoretische Ansatz ein angemessenes Werkzeug für die Stereotypenforschung in Enzyklopädien darstellt, berücksichtigt werden soll. Ein Ausblick auf weitere mögliche und sinnvolle Forschungsansätze und Forschungsrichtungen wird die Arbeit beschließen.

I.3 STAND DER FORSCHUNG

Die Arbeit beschäftigt sich mit der Verbreitung und der Bedeutung von stereotypen Aussagen und Kategorien bei der Konstruktion der enzyklopädischen Spanien- und Portugalbilder, basiert also auf Erkenntnissen der Enzyklopädien- und der Stereotypenforschung, zwei Bereichen, die derzeit Konjunktur haben. So sind europäische Enzyklopädien Objekte zahlreicher neuerer Studien geworden[29]; Nachdrucke und Mikrofiche-Ausgaben enzyklopädischer Werke des 18. und 19. Jahrhunderts[30] sowie Kompilationen aus dem „Besten" oder Kuriosesten, das diese zu bieten haben[31], dokumen-

---

29 An dieser Stelle seien nur einige der neuesten Werke angeführt: Andreas B. KILCHER, *mathesis* und *poiesis*. Die Enzyklopädik der Literatur 1600 bis 2000, München 2003; Frank BÜTTNER u.a. (Hrsg.), Sammeln, Ordnen, Veranschaulichen. Zur Wissenskompilatorik in der Frühen Neuzeit, Münster 2003; Alain CERNUSCHI (Hrsg.), Auf dem Weg zur europäischen Enzyklopädie. Actes du colloque international de Potsdam (6.–8. September 2001), Genf 2002; Christel MEIER (Hrsg.), Die Enzyklopädie im Wandel vom Hochmittelalter bis zur frühen Neuzeit, München 2002; Ingrid TOMKOWIAK (Hrsg.), Populäre Enzyklopädien. Von der Auswahl, Ordnung und Vermittlung des Wissens, Zürich 2002; Ulrich Johannes SCHNEIDER (Hrsg.), Seine Welt wissen. Enzyklopädien der Frühen Neuzeit: Katalog zur Ausstellung der Universitätsbibliothek Leipzig und der Herzog August Bibliothek Wolfenbüttel, Darmstadt 2006.

30 Allein der Harald-Fischer-Verlag hat seit 1992 insgesamt 50 deutsche, englische und französische Enzyklopädien sowie drei „Frauen-Lexika" des 18. und 19. Jahrhunderts auf Mikrofiche ediert – u.a. die französische *Encyclopédie Methodique* (2004). Vgl. http://www.haraldfischerverlag.de (Abruf: 24. Oktober 2006).

31 Den Zauber alter Lexika wollen Werner Bartens, Martin Halter und Rudolf Walther einer interessierten Öffentlichkeit zugänglich machen: Mit ihrem „Letzten Lexikon" legten sie ein „Reader's Digest" deutscher Konversationslexika (vorwiegend aus dem Hause Brockhaus und Meyer), einen „nostalgischen Abgesang auf ein großes literarisches Genre" vor, das „den lexikalischen Gedanken ernsthaft zu Ende und gleichzeitig lustvoll ad absurdum führen will", Werner BARTENS / Martin HALTER / Rudolf WAL-

tieren ein großes Interesse an dem in ihnen dargebotenen Wissen. Immer mehr frühneuzeitliche Lexika werden im Rahmen von Forschungsprojekten digitalisiert und im Internet für Wissenschaftler aller Disziplinen sowie für interessierte Laien zugänglich gemacht.[32] Systematische Untersuchungen einzelner enzyklopädischer Werke fanden bereits in den 1950er Jahren statt[33], werks- und sprachübergreifende historische Analysen sind bisher jedoch noch selten.[34]

Was die Stereotypenforschung angeht, ist zu konstatieren, dass nationale Stereotype und kollektive Charakterzuschreibungen trotz – oder gerade wegen – ihrer Vielschichtigkeit und „Mysteriösität“[35] derzeit *en vogue* und interessant für verschiedene Forschungsgebiete sind.[36] Während Disziplinen wie Soziologie und Psychologie schon seit den 1920er Jahren Stereotypenforschung betreiben, die vergleichende imagologische Literaturwissenschaft (Komparatistik) sogar schon auf eine rund 150jährige Tradition zu-

---

THER, Letztes Lexikon. Mit einem Essay zur Epoche der Enzyklopädien, Frankfurt a.M. 2002, S. 8. Einen „amüsanten Streifzug“ liefert auch: Rudolf WALTHER (Hrsg.): Brockhaus – was alte Lexika zu sagen haben: von Männlein & Weiblein, Tüftlern & Erfindern, Leib & Seele; ein amüsanter Streifzug durch das volle Menschenleben, Leipzig u.a. 2000. Wie populär frühneuzeitliche Enzyklopädien sind, sieht man u.a. am 2003 im Droemer Verlag erschienenen Roman „Die Philosophin“ des deutschen Buchautors Peter Prange, dessen Plot sich um die Entstehung der *Encyclopédie* Diderots entspinnt. Vgl. Peter PRANGE, Die Philosophin, München 2003.

32 Im Internet finden sich z.B. der *Zedler* (http://www.zedler-lexikon.de [Abruf: 30. Oktober 2006]) und die *Encyclopédie* Diderots (http://portail.atilf.fr/encyclopedie [Abruf: 30. Oktober 2006]) als Volltextversionen. 2003 wurde in Trier das bisher unvollendete DFG-Projekt zur Digitalisierung der *Oeconomische Encyclopädie* von Johann Georg Krünitz begonnen, das vor allem für „Benutzer historisch arbeitender Disziplinen“ wertvoll ist. Vgl. Max PLASSMANN bei H-Soz-Kult: http:// hsozkult.geschichte.huberlin.de/rezensionen/type=rezwww&id=86 (Abruf: 24. Oktober 2006).

33 Vgl. z.B. Eberhard WEIS, Geschichtsschreibung und Staatsauffassung in der französischen Enzyklopädie, Wiesbaden 1956 und (mit ähnlicher Programmatik) Dietrich FUHRMANN, Die Auffassung von Recht, Staat, Politik und Gesellschaft in Zedlers Lexikon, Diss. Erlangen-Nürnberg 1978.

34 Vgl. Karsten BEHRNDT, Die Nationskonzeptionen in deutschen und britischen Enzyklopädien und Lexika im 18. und 19. Jahrhundert, Frankfurt a.M. u.a. 2003, S. 2.

35 „[L]'âme collective est pour nous un phénomène mystérieux, mais indéniable“, Léon-François HOFFMANN, Romantique Espagne. L'image de l'Espagne en France entre 1800 et 1850, New Jersey / Paris 1961, S. 1. Richard Herr bezeichnet Stereotypen als „dritte Identität“: „Derogatory stereotypes, superficial characterizations of nations and ethnic groups in jokes, slurs, and catchwords, are so prevalent ... that we may consider them a third form of identity, different from both culture and self-awareness“. HERR, Forms of Identity in Iberia, S. 210.

36 Gerade in den letzten beiden Jahrzehnten entstanden zahlreiche Untersuchungen zu Genese, Form und Funktion von Nationalstereotypen und Völkercharakteristiken. Vgl. HÖNSCH, Wege des Spanienbildes, S. 3.

rückblicken kann[37], und sich die Xenologie seit den 1970er Jahren dem stereotypen Fremden widmet[38], steckt die historische Stereotypenforschung noch in den Kinderschuhen. Eine etablierte Methode für die historische Analyse von Stereotypen existiert daher nicht.[39] Vordenker für die Entwicklung einer ebensolchen ist Hans Henning Hahn, Leiter der Arbeitsstelle „Historische Stereotypenforschung" am Institut für Geschichte der Carl-von-Ossietzky-Universität Oldenburg[40] und Herausgeber des 2002 erschienenen Sammelbandes „Stereotyp, Identität und Geschichte. Die Funktion von Stereotypen in gesellschaftlichen Diskursen". Den Anregungen seines Sammelbandes, insbesondere der darin knapp skizzierten Idee Michael Imhofs, für eine „noch zu begründende Historische Stereotypenforschung"[41] eine diskursanalytische Herangehensweise zu wählen, die somit ein Novum darstellt, soll in den methodischen Grundlagen Rechnung getragen werden.

Die Fremd- und Eigenbilder der iberischen Länder sind Thema zahlreicher Monographien und Aufsätze, wobei die Images Portugals[42] insgesamt

---

37 Die heutige literaturwissenschaftliche Imagologie wurde in Frankreich in der ersten Hälfte des 19. Jahrhunderts aus Vorlesungen zur vergleichenden Literaturbetrachtung entwickelt und Ende des Jahrhunderts als eigenständiges akademisches Fach etabliert, der *Littérature comparée*. In den 60er Jahren des 20. Jahrhunderts forderte der amerikanische Komparatist René Wellek eine Öffnung des bis dato rein literaturwissenschaftlichen Faches für soziologische, psychologische und historische Forschung. Vgl. HÖNSCH, Wege des Spanienbildes, S. 3.

38 Der Begriff „Xenologie" wurde von dem Kameruner Politikwissenschaftler Munasu (Bonny) Duala-M'bedy geprägt: Munasu DUALA-M'BEDY, Xenologie. Die Wissenschaft vom Fremden und die Verdrängung der Humanität in der Anthropologie, Freiburg / München 1977. Hauptthese Duala-M'bedys ist, dass Fremdenfeindlichkeit bzw. stereotype Einstellungen gegenüber Fremden vor allem einen mythologischen Charakter besitzen. Deshalb heißt Beschäftigung mit dem Fremden auch immer Beschäftigung mit dem *Mythos* des Fremden.

39 Vgl. Hans Henning HAHN / Eva HAHN, Nationale Stereotypen. Plädoyer für eine historische Stereotypenforschung, in: Hans Henning HAHN (Hrsg.), Stereotyp, Identität und Geschichte. Die Funktion von Stereotypenforschung in gesellschaftlichen Diskursen, Frankfurt a.M. / Berlin / Bern u.a. 2002, S. 17-56.

40 Die Arbeitsstelle befasst sich vorwiegend mit der historische Forschung zu Stereotypen im mittleren und östlichen Europa. Vgl. Website der Arbeitsstelle: http://www.uni- oldenburg.de/geschichte/12742.html (Abruf: 24. Oktober 2006).

41 Michael IMHOF, Stereotypen und Diskursanalyse. Anregungen zu einem Forschungskonzept kulturwissenschaftlicher Stereotypenforschung, in: Hans Henning HAHN (Hrsg.), Stereotyp, Identität und Geschichte. Die Funktion von Stereotypen in gesellschaftlichen Diskursen, Frankfurt a.M. / Berlin / Bern u.a. 2002, S. 57-71, hier: S. 71.

42 Hier sei nur eine Auswahl zitiert: Daniel-Henri PAGEAUX, Imagens de Portugal na cultura francesa, Lissabon 1984; Eva MISSLER, Lissabon: Das Bild der Stadt und die Stadt als Bild, Aachen 1997; Dieter OFFENHÄUßER, Das Bild Portugals in Deutschland, in: Dietrich BRIESEMEISTER / Axel SCHÖNBERGER, Portugal heute: Politik – Wirtschaft – Kultur, Frankfurt a.M. 1997, S. 899-938; Karin de Sousa FERREIRA, Deutsche sehen Portugal, Lissabon 1997; Oliveira A. H. de MARQUES, Deutsche Rei-

seltener untersucht wurden als die Spaniens – vermutlich, weil sie seit jeher weniger polemisch ausfielen. Über die Spanienbilder der Frühen Neuzeit und das frühe (romantische) 19. Jahrhundert existiert eine Vielzahl literatur- und geschichtswissenschaftlicher Untersuchungen.[43] Besonderes Forschungsinteresse gilt dabei dem erstaunlichen, ja einzigartigen Wandel des neuzeitlichen spanischen Heterostereotyps (Fremdbildes), den man *grosso modo* mit negativ (Stichwort „Leyenda Negra“[44]) bis zu romantisch-verklärt und positiv (Stichwort „Hesperischer Zaubergarten“) umreißen kann.[45] Ei-

---

sende im Portugal des 15. Jahrhunderts, in: Marília dos Santos LOPES / Ulrich KNEFELKAMP / Peter HANENBERG (Hrsg.), Portugal und Deutschland auf dem Weg nach Europa, Pfaffenweiler 1995, S. 11-26; Alfred OPITZ, Europa-Träume. Zur Problematik der Länderimagologie am Beispiel der deutsch-portugiesischen Kulturbeziehungen, in: Ebd., S. 243-262. Sowohl mit dem Spanien- als auch dem Portugalbild beschäftigt sich Christian von ZIMMERMANN, „... fast fremder als Japan und manche entfernte Reiche ...“. Die Aufklärung in Spanien und Portugal im Blick der deutschen Reisenden, in: Christoph FRANK / Sylvaine HÄNSEL, Spanien und Portugal im Zeitalter der Aufklärung, Frankfurt a.M. 2002, S. 123-136.

43 Gut erforscht ist das Spanienbild der französischen Aufklärung bzw. der (Frühen) Neuzeit. Vgl. z.B. Manfred KOMOROWSKI, Das Spanienbild Voltaires, Frankfurt a.M. 1976; Léon-François HOFFMANN, Romantique Espagne. L'image de l'Espagne en France entre 1800 et 1850, New Jersey / Paris 1961; Heinz SCHILLING, Del Imperio común a la leyenda negra: la imagen de España en la Alemania del siglo XVI y comienzos del XVII, in: Miguel Ángel VEGA CERNUDA / Henning WEGENER (Hrsg.), España y Alemania. Percepciones mutuas de cinco siglos de historia, Madrid 2002, 37-61; Georg Herbert WALZ, Spanien und der spanische Mensch in der deutschen Literatur vom Barock zur Romantik, Diss. Erlangen, 1965; Helga THOMAE, Französische Reisebeschreibungen über Spanien im 17. Jahrhundert (Diss. Bonn) 1961. Zum britischen Spanienbild: Frank GRAUE, Schönes Land: Verderbtes Volk. Das Spanienbild britischer Reisender zwischen 1750 und 1850, Trier 1991.

44 Zur *Leyenda Negra* gibt es eine Vielzahl an Monographien und Aufsätzen, von denen hier ebenfalls nur eine kleine Auswahl genannt werden soll, allen voran die sehr hilfreiche kommentierte Quellensammlung von Charles GIBSON, The black legend. Anti-Spanish attitudes in the Old World and the New, New York 1971; William S. MALTBY, The Black Legend in England. The development of anti-Spanish sentiment 1558-1660, Durham, N. C. 1971; Carlos MARTÍNEZ-SHAW, Origen y desarrollo de la Leyenda Negra, in: Miguel Ángel VEGA CERNUDA / Henning WEGENER, España y Alemania. Percepciones mutuas de cinco siglos de historia, Madrid 2002, S. 63-66.

45 „Während die Urteile über beispielsweise Frankreich, Italien, Polen oder Russland eine z.T. jahrhundertelange Konstanz aufweisen, erfuhr das Spanienbild im Deutschland des 18. Jahrhunderts einen radikalen Wandel. Aus den politisch-religiösen Kontroversen des 16. und 17. Jahrhunderts heraus und in einem zweiten Schub durch die Negativsicht der französischen Aufklärer, wurde Spanien zunächst einhellig als ein Land beschrieben, das von absolutistischer und klerikaler Willkür beherrscht werde und in dem Unwissenheit und Aberglaube regierten. Im Verlauf des Jahrhunderts wandelte sich jedoch die Wahrnehmung deutschsprachiger Literaten und Philologen, und Spanien wurde in ihrer Sicht zu einem ‚Hesperischen Zaubergarten‘ (Johann Gottfried Herder) oder einem Land voller ‚glückseliger Oerter‘ (Heinrich Wilhelm von Ger-

nige neuere Publikationen befassen sich explizit mit dem spanischen „Nationalcharakter“, dessen Genese und Wandel.[46] Forschern, die sich mit spanischen und portugiesischen Nationalstereotypen beschäftigen, dienen als Quellen für klischeegeschichtliche Untersuchungen meist die Streitschriftliteratur des 16. Jahrhunderts[47], Reiseberichte des 17. und 18. Jahrhunderts, literarische Texte[48] sowie pamphletische Schriften französischer Aufklärer[49]. Obwohl Enzyklopädien zu den Hauptträgern der Völkerbilder im 18. Jahrhundert gehörten und Basistexte für deren literarische Ausprägungen waren[50], wurden sie von der imagologischen Forschung bisher wenig beachtet.[51]

---

stenberg)“, HÖNSCH, Wege des Spanienbildes, S. V. Vgl. auch Manfred TIETZ, Das französische Spanienbild zwischen Aufklärung und Romantik: Inhalte, Funktion und Repliken, in: Komparatistische Hefte, H. 2: Literarische Imagologie – Formen und Funktionen nationaler Stereotype in der Literatur, 1980, S. 25-41.

46 Vgl. HINTERHÄUSER, Tugenden und Laster des Spaniers, S. 157-168 und das Kapitel „Character of the Spaniards“ in: Jocelyn Nigel HILLGARTH, The Mirror of Spain. 1500–1700. The formation of a myth, Ann Arbor 2000, S. 526-544.

47 Vgl. z.B. Dietrich BRIESEMEISTER, „allerhand iniurien schmehkarten pasquill vund andere schandlose ehrenrürige Schriften vnd Model“. Die antispanischen Flugschriften in Deutschland zwischen 1580 und 1635, in: Wolfenbütteler Beiträge 4, 1981, S. 147-190.

48 Vgl. z.B. Christian von ZIMMERMANN, Reiseberichte und Romanzen. Kulturgeschichtliche Studien zur Perzeption und Rezeption Spaniens im deutschen Sprachraum des 18. Jahrhunderts, Tübingen 1997 und DERS., Die Aufklärung in Spanien und Portugal im Blick der deutschen Reisenden, S. 123-136.

49 Vgl. z.B. Reiner BABEL, Frankreichs Gegner in der politischen Publizistik der Ära Richelieu, in: Franz BOSBACH (Hrsg.), Feindbilder. Die Darstellung des Gegners in der politischen Publizistik des Mittelalters und der Neuzeit, Köln / Weimar / Wien 1992, S. 95-116; Dietrich BRIESEMEISTER, Der publizistische Rangstreit zwischen Spanien und Frankreich in der frühen Neuzeit, in: Jörn ALBRECHT (Hrsg.), Translation und interkulturelle Kommunikation, Frankfurt a.M.. u.a. 1987, S. 315-338.

50 Vgl. HÖNSCH, Wege des Spanienbildes, S. 4.

51 Dies gilt nicht nur für die Iberische Halbinsel, sondern für die imagologische Forschung allgemein. Ausnahmen sind die Monographie über das Bild der Juden in (ausschließlich französischen) Wörterbüchern und Enzyklopädien von Georges-Elia SARFATI, Discours ordinaires et identités juives: la représentation des juifs et du judaïsme dans les dictionnaires et les encyclopédies de langue française (du Moyen Age au XXe siècle) (Faits et représentations), Paris 1999 (wobei Sarfati lediglich drei enzyklopädische Werke des 18. Jahrhunderts, nämlich den *Dictionnaire de Trevoux*, die *Encyclopédie* Diderots und den *Dictionnaire philosophique* von Voltaire berücksichtigt); Silvia EICHHORN-JUNG, Anthropologie et religion chinoises dans les encyclopédies françaises et allemandes du XVIIIe. Siècle des Lumières, in: Florence LOTTERIE / Darrin M. MCMAHON (Hrsg.), Les Lumières Européennes dans leurs relations avec les autres grandes cultures et religions, Paris 2002, S. 165-190 (Eichhorn-Jung benutzt als Quellen den *Zedler*, *Krünitz*, die Moréri-Ausgabe von 1740, den *Dictionnaire de Trévoux* von 1740 und Diderots *Encyclopédie*) sowie die für diese Arbeit relevanten und z.T. bereits zitierten Aufsätze von Ina Ulrike PAUL, Zur Tradierung von Nationalstereoty-

Trotz des großen Interesses an Enzyklopädien einerseits und der *Images* der iberischen Staaten andererseits existiert daher keine länder- bzw. sprachübergreifende Untersuchung von Enzyklopädie-Artikeln über Spanien oder Portugal.[52] Auf gänzlich unbearbeitetem Terrain bewegt sich die Arbeit auch im Hinblick auf die enzyklopädischen Werke Iberiens, die von der historischen Forschung (im Gegensatz zur sprachhistorischen oder linguistischen Forschung[53]) bisher kaum wahrgenommen worden sind. Nicht zuletzt aus diesem Grund soll, wie bereits im Kapitel „Aufbau der Arbeit" geschildert, den portugiesischen und spanischen enzyklopädischen Werken

---

pen, S. 198-221; dies., Niemals ohne Gewähr. Über die Quellen nationaler Eigen- und Fremdbilder in europäischen Enzyklopädien und Universallexika http://enzyklopaedie.ch/kongress/aufsaetze/paul.pdf (Abruf 30. Oktober 2006) sowie dies., Stichwort „Europa". Enzyklopädien und Konversationslexika beschreiben den Kontinent (1700–1850), in: Dieter ALBRECHT / Karl Otmar Freiherr von ARETIN / Winfried SCHULZE (Hrsg.), Europa im Umbruch 1750–1850, München 1995, S. 29-50. Madeleine Herren analysiert unter dem Thema „Globalisierung des Wissens" das Indienbild in Lexika des 18. Jahrhunderts: Madeleine HERREN, Globalisierung des Wissens in europäischen Enzyklopädien des 18. Jahrhunderts, in: Hans-Jörg GILOMEN / Margrit MÜLLER / Béatrice VEYRASSAT (Hrsg.), Globalisierung – Chancen und Risiken. Die Schweiz in der Weltwirtschaft 18.–20. Jahrhundert, Zürich 2003, S. 131-144. Es existiert außerdem ein spanischer Aufsatz über die Konstruktion des Indios in spanischen und französischen Wörterbüchern (15.–20. Jahrhundert): Raul ALCIDES REISSNER, El indio de los diccionarios, in: Comunicación y Cultura en America Latina 14, 1985, S. 5-33.

52 Der vier Seiten umfassende Aufsatz über das Bild Galiciens in Konversationslexika von Johannes Kramer untersucht vier deutschsprachige Lemmata. Kramer zählt dabei bemerkenswerterweise den *Zedler* zur Gattung des Konversationslexikons. Vgl. Johannes KRAMER, Das Bild Galiciens und des Galicischen in deutschen Konversationslexika, in: Galicion Magazin 5, 1998, S. 5-8. In einem Aufsatz über die spanische Inquisition mit dem Untertitel „Von Zedlers ... *Universal-Lexikon* (1735) zu Ersch/Grubers *Allgemeiner Encyclopädie* (1840)" zieht Harald Wentzlaff-Eggebert ausschließlich die beiden im Untertitel genannten Lexika („Zedler" und „Ersch-Gruber") heran, ansonsten beruft sich der Autor ausschließlich auf andere (literarische) Quellen. Vgl. Harald WENTZLAFF-EGGEBERT, Wie schrieb man in Deutschland über die spanische Inquisition? Von Zedlers *Großem vollständigen Universal-Lexikon* (1735) zu Ersch/Grubers *Allgemeiner Encyclopädie* (1840), in: Margit RADERS / Maria Luisa SCHILLING (Hrsg.), Deutsch-spanische Literatur- und Kulturbeziehungen. Rezeptionsgeschichte / Relaciones Hispano-alemanas en la literatura y la cultura. Historia de la Recepción, Madrid 1995, S. 103-122.

53 Die sprachwissenschaftliche Metalexikographie (d.h. die Erforschung der Geschichte von Wörterbüchern und der lexikographischen Technik) befindet sich seit den 80er Jahren im Aufschwung, vgl. Ulrike MÜHLSCHLEGEL, Enciclopedia, vocabulario, dictionario. Spanische und portugiesische Lexikographie im 17. und 18. Jahrhundert, Frankfurt a.M. 2000, S. 9. Einen Überblick über die iberischen Wörterbücher im 17. und 18. Jahrhundert liefert Mühlschlegel in ihrem Werk selbst. Weitere Werke, die sich mit portugiesischen und spanischen Wörterbüchern auseinandersetzen: Ignacio AHUMADA u.a. (Hrsg.), Diccionarios españoles. Contenido y aplicaciones, Jaén 1991; Peter BILLAUDELLE, Spanischsprachige Lexikographen im Spiegel der Prologe ihrer Werke (1780–1925), Hamburg 1999.

besondere Aufmerksamkeit gezollt werden. Innerhalb der Stereotypenforschung ist, zumindest was den hier gewählten Quellentyp anbelangt, der diskurstheoretische Ansatz noch nicht angewandt worden. Diese Arbeit versteht sich somit auch als Experiment zur Erprobung desselben.

II. THEORIE UND METHODE

II.1 STEREOTYP: DEFINITION UND BEDEUTUNG

Der Begriff „Stereotyp“, ein Kompositum aus griechisch *stereos* (starr, fest) und *typos* (Gestalt)[54], der in der Fachsprache des Buchdruckes ursprünglich den feststehenden Schriftsatz bezeichnete[55], wurde 1922 von Walter Lippman in seinem Werk *Public Opinion* für die Sozialwissenschaften übernommen. Lippman bezeichnet Stereotypen darin als „denkökonomisches Mittel“, das die komplexe Welt zu strukturieren vermag.[56] In der modernen sozialwissenschaftlichen Forschung bezeichnet das Phänomen eine „starre, zur Verallgemeinerung tendierende, der Korrektur durch autoptische Befunde sich widersetzende Vorstellung von einer sozial oder ethnisch definierten Gruppe von Menschen“[57]. Als verfestigte kollektive Zuschreibungen mit vorwiegend emotionalem, niemals neutralem Gehalt ist das Stereotyp verwandt mit *Klischee, Vorurteil, Image* etc.[58]

Über verschiedene wissenschaftliche Disziplinen hinweg besteht heute Konsens darüber, dass stereotypen- bzw. vorurteilsfreies Denken und Han-

---

54 Art. „Stereotyp“, in: Friedrich KLUGE, Etymologisches Wörterbuch der deutschen Sprache, bearb. v. Elmar SEEBOLD, 23., erw. Aufl. Berlin / New York 1999, S. 793.

55 Die ausgegossenen Druckplatten wurden „Stereotypplatten“ genannt. Vgl. HÖNSCH, Wege des Spanienbildes, S. 1.

56 „[The systems of stereotypes] are an ordered, more or less consistent picture of the world, to which our habits, our tastes, our capacities, our comforts and our hopes have adjusted themselves. ... Our stereotyped world is not necessarily the world we should like it to be. It is simply the kind of world we expect it to be“, Walter LIPPMANN, Public Opinion, New York 1949 (zuerst 1922), S. 95, 104, zit. n. HAHN / HAHN, Nationale Stereotypen, S. 25.

57 Franz K. STANZEL, Zur literarischen Imagologie. Eine Einführung, in: Ders. (Hrsg.), Europäischer Völkerspiegel. Imagologisch-ethnographische Studien zu den Völkertafeln des frühen 18. Jahrhunderts, Heidelberg 1999, S. 9-39, hier: S. 10. Uta Quasthoff definiert ein Stereotyp als „verbalen Ausdruck einer auf soziale Gruppen oder einzelne Personen als deren Mitglieder gerichteten Überzeugung. Es hat die logische Form eines Urteils, das in ungerechtfertigt vereinfachender und generalisierender Weise, mit emotional-wertender Tendenz, einer Klasse von Personen bestimmte Eigenschaften oder Verhaltensweisen zu- oder abspricht“, Uta QUASTHOFF, Soziales Vorurteil und Kommunikation. Eine sprachwissenschaftliche Analyse des Stereotyps, Frankfurt a. M. 1973, S. 27.

58 In dieser Arbeit werden diese Begriffe – wenn nicht anders kenntlich gemacht – weitgehend synonym verwandt.

deln nicht möglich ist.[59] Ein soziologisches Gesetz besagt, dass das Eigene nur in Abgrenzung von Anderem zu profilieren ist. Das bedeutet, dass das „Andere" für sich genommen nicht existiert, sondern immer nur in einem konstituierenden, reziproken Verhältnis zu dem, was als das „Eigene" verstanden wird.[60] Unsere Wahrnehmung und Definition von *den* Anderen geschieht dabei notwendigerweise in typischen Bildern.[61] Denn das Herausheben und Verallgemeinern, also die *Typisierung* der eigenen Qualitäten und der Qualitäten der anderen, konkurrierenden Gruppe, etwa mittels eingängiger Sprichwörter und fest stehender Redewendungen[62], stärken das Selbstbewusstsein und dienen dem sozialen Zusammenhalt.[63] Stereotypen sind somit konstitutiv für die Identität jeder sozialen Gruppe, sei es ein Dorf, eine Region oder eine Nation, und erfüllen überlebenswichtige sozialpsychologische Funktionen.[64] Identität hängt weniger von objektiven Fak-

---

59 Vgl. Hilde WEISS, Ethnische Stereotype und Ausländerklischees. Formen und Ursachen von Fremdwahrnehmungen, in: Karin LIEBHART / Elisabeth MENASSE / Heinz STEINERT (Hrsg.), Fremdbilder – Feindbilder – Zerrbilder. Zur Wahrnehmung und diskursiven Konstruktion des Fremden, Klagenfurt 2002, S. 17-37, hier: S. 17 sowie Änne OSTERMANN / Hans NICKLAS, Vorurteile und Feindbilder, München / Berlin / Wien 1976, S. 1. Hans-Georg Gadamer kritisiert sogar das „Vorurteil gegen das Vorurteil" und weist darauf hin, dass Vorurteilslosigkeit nicht nur eine Selbsttäuschung, sondern nicht einmal wünschenswert sei. Vgl. Hans-Georg GADAMER, Wahrheit und Methode, Tübingen ^{4}1975, S. 7f. u. S. 13.

60 Vgl. LANDWEHR / STOCKHORST, Europäische Kulturgeschichte, S. 195 sowie Michael JEISMANN, Was bedeuten Stereotypen für nationale Identität und politisches Handeln?, in: Jürgen LINK / W. WULFING (Hrsg.), Nationale Mythen und Symbole in der zweiten Hälfte des 19. Jahrhunderts. Strukturen und Funktionen von Konzepten nationaler Identität, Stuttgart 1991, S. 84-93, hier: S. 91. Zur Thematik des „Eigenen" und des „Fremden" grundlegend: Ulrich BIELEFELD, Das Konzept des Fremden und die Wirklichkeit des Imaginären, in: Ders. (Hrsg.), Das Eigene und das Fremde. Neuer Rassismus in der alten Welt, Hamburg 1998 und Urs BITTERLI, Die „Wilden" und die „Zivilisierten", München ^{2}1991.

61 Vgl. LIEBHART / MENASSE / STEINERT, Fremdbilder – Feindbilder – Zerrbilder, S. 9.

62 „To be shared, identity must be expressed in words, and catch-phrases are easily understood and remembered; they are remembered by the groups they sting as well as by those who coin them", HERR, Forms of Identity in Iberia, S. 210.

63 Vgl. Winfried SCHULZE, Die Entstehung des nationalen Vorurteils. Zur Kultur der Wahrnehmung fremder Nationen in der europäischen Frühen Neuzeit, in: Geschichte in Wissenschaft und Unterricht 46, 1995, S. 642-665, hier: S. 664.

64 Die wichtigsten sozialpsychologischen Funktionen von Stereotypen benennt Sangrador García mit der „Verteidigung des Ichs", „Rechtfertigung von Taten und Einstellungen gegenüber einer bestimmten stereotypisierten Gruppe", „Denkökonomie und Vorhersehbarkeit des Verhaltens des Gegenüber" und „Erleichterung der sozialen Identität des Individuums und die Identifikation und Integration in einer Gruppe". Vgl. das Kapitel „Las funciones de los estereotipos", in: José Luis SANGRADOR GARCIA, Estereotipos de las Nacionalidades y regiones de España, Madrid 1981, S. 30-42.

ten ab, als vielmehr von Bildern in unseren Köpfen, die die Vorstellungen von uns selbst und „den Anderen“ prägen.[65]

Auch wenn es möglich ist, positive Gegenbilder zu zeichnen, scheint ein weiteres soziologisches Gesetz zu besagen, dass besonders jene Merkmale zur Selbstbeschreibung ausgewählt werden, die die eigene Besonderheit und Größe hervorheben und an denen andere Individuen oder Gruppen gemessen und gering geschätzt werden können.[66] Was der eigenen Gemeinschaft als falsch, gottlos und pervers gilt, projiziert sie auf fremde Gemeinschaften. Schon im Alten Israel, einer Wiege unserer Kultur, wurden fremde Religionsgemeinschaften samt deren Gottheiten klischeehaft dargestellt und auf Basis gefürchteter und verabscheuter Lebensart (nicht etwa auf Basis der sachlichen Kenntnis ihrer Kultur) negativ stereotypisiert.[67] Auch heute sind Stereotypen – besonders in Kriegs- und Krisenzeiten – wichtiges Mittel der (Welt-) Politik.[68] Nach der Präsidentschaftswahl in den USA 2004 stellte Alberto Manguel, kanadischer Schriftsteller argentinischer Abstammung, die These auf, dass der Erfolg des George W. Bush u.a. darin begründet liege, dass er und seine Meinungsmacher die „Achse des Bösen“ künstlich erschaffen und am Leben gehalten hätten; und zwar durch die Konstruktion des vielgesichtigen „Anderen“, das den Rest der Welt ausmacht, als *feindlich gesinnten Gegner* – namentlich *die* „Islamischen Länder“, *die* „Asiatischen Gesellschaften“ und *das* „Alte Europa“.[69] An diesem Beispiel wird deutlich, dass es keine kulturwissenschaftliche Spielerei darstellt, die Bilder in den Köpfen zu analysieren. Sie nehmen eine nicht zu unterschätzende Rolle in der Wahrnehmung der Wirklichkeit ein und haben unmittelbare Auswirkungen sowohl auf individuelles als auch kollektives Handeln.

---

65 Vgl. LIEBHART / MENASSE / STEINERT, Fremdbilder – Feindbilder – Zerrbilder, S. 9.

66 Vgl. William BUCHANAN / Hadley CANTRIL, National Stereotypes, in: W. L. SCHRAMM (Hrsg.), The process and effects of Mass Communication, Illinois 1955, S. 191-206, hier: S. 193f.; WEISS, Ethnische Stereotype und Ausländerklischees, S. 17 sowie Hannes D. GALTER, Zwischen Isolation und Integration. Die soziale Stellung des Fremden in Mesopotamien im 3. und 2. Jahrtausend v. Chr., in: Ingomar WEILER (Hrsg.), Soziale Randgruppen und Außenseiter im Altertum, Graz 1988, S. 277-301, hier: S. 277ff.

67 Vgl. Erhard GERSTENBERGER, Andere Sitten – andere Götter, in: Ingo KOTTSIEPER / Jürgen van OORSCHOT / Diethard RÖMHELD / Harald Martin WAHL (Hrsg.), „Wer ist wie du, HERR, unter den Göttern?“ Studien zur Theologie und Religionsgeschichte Israels. FS für Otto Kaiser, Göttingen 1994, S. 127-141, hier: S. 131f. Im Alten Testament finden sich zahlreiche Belege dafür, dass die „Anderen“ abwehrend und ablehnend behandelt, beschimpft und verunglimpft werden. Vgl. ebd.

68 Vgl. NUßBECK, Europäische Nachbarn in Symbolen und Klischees, S. 5.

69 Vgl. Alberto MANGUEL, Grüne Brille, in: Süddeutsche Zeitung vom 4.11.2004, S. 14.

II.2 „NATIONALE" STEREOTYPEN IN DER FRÜHEN NEUZEIT

Beziehungen zwischen Völkern, Staaten und Nationen, jeder Kontakt zwischen Bevölkerungsgruppen verschiedener kultureller Prägung, führen – aus oben angeführten Gründen – zwangsläufig zur Entstehung von kollektiven Bildern.[70] Den nach nationalen und ethnischen Merkmalen bestimmten kollektiven Charaktertypus („Völkerstereotyp") gab es bereits vor der Ausprägung moderner Nationalstaaten.[71] Schon im archaischen und klassischen Altertum und seit den Anfängen der europäischen Ethnographie wird ein Pool literarischer Gemeinplätze geschaffen, aus dem spätere Autoren immer wieder Anleihen für ihre Beschreibungen von Völkerschaften entlehnen. Als Folge etabliert sich ein Katalog von Stereotypen, der Eingang in die byzantinische und die lateinische Literatur des westeuropäischen Mittelalters findet und wichtige Voraussetzungen für die neuzeitliche Ethnographie mit ihren Völkerklischees schafft.[72] Im Mittelalter manifestierten sich die Erfahrungen im Umgang der Völker miteinander vor allem in Reimsentenzen und lateinischen Sprichworten[73], die in oft widersprüchlicher Verallgemeinerung willkürlich, zufällig und apodiktisch Völkervergleiche und Vorurteile festschreiben. Meist als Lasterkatalog angelegt, bilden sie ein Arsenal von austauschbaren oder zu erweiternden negativen Attributen, Tiervergleichen, Beschimpfungen. Da gleicht der Spanier dem Teufel (dunkler Teint und schwarze Haare), der Italiener ist ein Mann, der Franzose ein Weib, der Brite ein Engel (Verwechslung von *angelus*), der Deutsche ist wie eine Statue (Stärke der Eiche) etc.[74]

In der Frühen Neuzeit, in deren Verlauf sich durch zunehmende wirtschaftliche Verflechtung, Fernhandel und beginnende Ausbildung eines Staatensystems die Beziehungen zwischen unterschiedlichen Bevölkerungsgruppen verdichteten, erhalten die Stereotypen einen neuen Stellenwert.[75]

70 Vgl. Marius-François GUYARD, La Littérature comparée, Paris 1951, 24. Zu den unterschiedlichen Sichtweisen grundlegend: William BUCHANAN / Hadley CANTRIL, How nations see each other. A study in public opinion, Urbana 1953.

71 Vgl. Franz K. STANZEL, Zur literarischen Imagologie. Eine Einführung, in: Ders. (Hrsg.), Europäischer Völkerspiegel. Imagologisch-ethnographische Studien zu den Völkertafeln des frühen 18. Jahrhunderts, Heidelberg 1999, S. 9-39, hier: S. 9.

72 Vgl. Ingomar WEILER, Ethnographische Typisierungen im antiken und mittelalterlichen Vorfeld der „Völkertafel", in: Ebd., S. 97-118, hier: S. 102f.

73 Europäische „National"-Stereotypen im Mittelalter behandeln z.B. Ludwig SCHMUGGE, Über „nationale" Vorurteile im Mittelalter, in: Deutsches Archiv für Erforschung des Mittelalters 38, 1982, S. 439-459 und Karl Ferdinand WERNER, Les nations et le sentiment national dans l'Europe médiéval, in: Révue historique 244, 1970, S. 285-304.

74 Vgl. BRIESEMEISTER, Das Bild des Spaniers in der deutschen Literatur, S. 4.

75 Peer SCHMIDT, Spanische Universalmonarchie oder „teutsche Libertet": das spanische Imperium in der Propaganda des Dreißigjährigen Krieges, Stuttgart 2001, S. 234.

Auf Grundlage einer der hippokratischen Humoralphysiologie verpflichteten Anthropologie und der durch Reiseberichte, Botschafterbriefe usw. angereicherten Informationen über fremde Länder und ihre Bewohner entwikkelte sich ein Schema nationaler Temperamente, das mit Oppositionen und Vergleichen den Wettkampf unter den Völkern widerspiegelt. Historiographie und Erdbeschreibung des 16. und 17. Jahrhunderts sind voll von Charakterkonstruktionen oder Seelenbildern (*icon animorum*).

Seit Beginn des 18. Jahrhunderts erleben nationale Stereotypen eine Hochkonjunktur.[76] Nicht zufällig gleichzeitig mit der Entstehung des modernen Nationalbewusstseins verdichten sich Vorstellungen von (fremden) Völkern zu ausgefeilten „Nationalcharakteren".[77] Als staatlicher Zusammenhalt nicht mehr über dynastische Grundlagen legitimierbar schien, wurden Abstammung, Geschichte, Sprache, Literatur und Lebensformen zu Quellen politisch-nationalen Selbstverständnisses. Die Struktur nationaler Stereotypen lässt sich hervorragend im Bildmedium der Völkertafel[78] erkennen. Dieses seit dem Mittelalter verbreitete Genre zeigt, aufgereiht nach dem Revueprinzip, Vertreter unterschiedlicher Nationen, deren Physiognomie, Kleidung und Attribute den Stereotyp kenntlich machen, mit dem die Zeitgenossen ihre jeweilige Nation belegten.[79]

---

76 Vgl. Heinz DUCHHARDT, Distanciamentos y alienación: La imagen de España en Alemania desde la Paz de Westfalia a Federico II., in: Miguel Ángel Vega CERNUDA / Henning WEGENER (Hrsg.), España y Alemania. Percepciones mutuas de cinco siglos de historia, Madrid 2002, S. 67-78, hier: S. 68 sowie JEISMANN, Was bedeuten nationale Stereotypen, S. 87f.

77 Vgl. SCHULZE, Entstehung des nationalen Vorurteils, S. 644.

78 Maßgeblich zu den Völkertafeln: Franz K. STANZEL, Europäer. Ein imagologischer Essay, Heidelberg ²1998; ders. (Hrsg.), Europäischer Völkerspiegel. Imagologisch-ethnographische Studien zu den Völkertafeln des frühen 18. Jahrhunderts, Heidelberg 1999.

79 Vgl. LANDWEHR / STOCKHORST, Europäische Kulturgeschichte, S. 202.

Abb. 1: „Völkertafel", Ölgemälde, anonym, Steiermark, ca. 1720/1730[80]

Bis ins 18. Jahrhundert treibt die auf das *corpus politicum* der Nationen übertragene Temperamenten- und Verhaltenslehre ihre Blüten. Auch die Klimazonenlehre, die bereits in der Antike bei der Zuweisung von Qualitäten an einzelne Völker eine wichtige Rolle spielte, erfuhr im frühen 18. Jahrhundert eine Wiederbelebung.[81] In Übereinstimmung mit antiken Autoritäten und Lehrmeistern der Klimatheorie vertraten zahlreiche Wissenschaftler die These von der Konstanz nationaler Eigenschaften trotz des Austausches von Bevölkerungsgruppen, aber auch von der allmählichen Anpassung von Völkern an ihren neuen Lebensraum.[82]

Dass Menschen nur wahrnehmen, was sie (begrifflich) einordnen können, ist ein Paradigma der modernen Wissenschaft[83] und für die Entstehung

80 Abbildung entnommen aus: STANZEL, Europäer, S. 15.

81 Vgl. Waldemar ZACHARASIEWICZ, Klimatheorie und Nationalcharakter auf der „Völkertafel", in: STANZEL (Hrsg.), Europäischer Völkerspiegel, S. 119-137, hier: S. 119.

82 Vgl. ebd., S. 120.

83 Vgl. FREY, Bedeutung nationaler Stereotypen, S. 39 sowie (für die biologisch-neurologische Seite dieses Phänomens) Wolf SINGER, Wahrnehmen, Erinnern, Vergessen. Über Nutzen und Vorteil der Hirnforschung für die Geschichtswissenschaft: Eröffnungsvortrag des 43. Deutschen Historikertags, in: FAZ vom 28. September 2000, S. 10: „Bestehen bestimmte Erwartungen, richtet sich die Aufmerksamkeit auf die Sinneskanäle, welche die erwarteten Ereignisse übertragen werden. Diese kommen dann

und Verbreitung von Stereotypen von großer Bedeutung. So bilden erhöhte Mobilität, vermehrter „Fremdenverkehr", der Aufschwung der Reiseliteratur ab dem späten 17. Jahrhundert und der Diskurs über vermeintlich nachweisbare Nationalcharaktere einen Zusammenhang, der nur scheinbar paradox ist:[84] Auch und gerade der Reisende sieht nur das, was er sehen *kann* und *will*, findet also in der Fremde nur das vor, was er bereits weiß. Seine Vorurteile werden nicht widerlegt, sondern bestätigt.[85] Zudem schärft sich in fremder Umgebung der Blick für das Eigene[86], das in aller Regel stärker wahrgenommen wird.[87] Bedrohungen von außen oder innere Krisen versucht der Reisende durch Betonung des Eigenen zu konterkarieren.[88] Die dualistische Grundstruktur eines Stereotyps, die man *grosso modo* mit „Wir sind besser als die Anderen" beschreiben kann[89], impliziert auch, dass, wer

---

bevorzugt, aber natürlich auf Kosten anderer Vorgänge zur Verarbeitung, die erwarteten Inhalte werden schneller verarbeitet, schneller identifiziert und gelangen dann meist auch bevorzugt ins Bewußtsein und in den Langzeitspeicher." Demnach gibt es keinen objektiven, „idealen" Beobachter, weil „die Beobachtung den Prozeß beeinflusst" und „selbst Teil des Prozesses" ist. Vgl. ebd.

84 Vgl. Manuel FREY, Bedeutung nationaler Stereotypen, S. 38. Zum Umgang mit Reiseberichten als historischer Quelle siehe z.B. Brigitte BÖNISCH-BREDNICH, Reiseberichte. Zum Arbeiten mit publizierten historischen Quellen des 18. und 19. Jahrhunderts, in: Silke GÖTTSCH / Albrecht LEHMANN (Hrsg.), Methoden der Volkskunde. Positionen, Quellen, Arbeitsweisen der Europäischen Ethnologie, Berlin 2001, S. 123-137 sowie Achim LANDWEHR, Die Stadt auf dem Papier durchwandern. Das Medium des Reiseberichts im 17. Jahrhundert, in: Jahrbuch für Kommunikationsgeschichte 3, 2001, S. 48-70.

85 „Individuell Erfahrenes stellt das Stereotyp im Normalfall nicht in Frage, sondern gilt als Ausnahme. So ist es nicht verwunderlich, daß der moderne Massentourismus bisher keineswegs zum Abbau nationaler Stereotypen beigetragen hat, sondern im Gegenteil sie eher zu festigen scheint", HAHN / HAHN, Nationale Stereotypen, S. 22. Die Resistenz des Stereotyps gegenüber falsifizierenden Erfahrungen und sein apriorischer Charakter implizieren auch den Anspruch auf „dauernde Gültigkeit, auf Ewigkeit". Vgl. HAHN, Stereotypen in der Geschichte, S. 200.

86 Vgl. FREY, Bedeutung nationaler Stereotypen, S. 39.

87 Identitätsmanifestationen häufen sich deshalb gerade in Zeiten des buchstäblich starken Fremdenverkehrs. Dies gilt für Individuen ebenso wie auf kollektiver, regionaler oder nationaler Ebene. Vgl. Ana BARRO / Klaus DIRSCHERL, Spanien und das Fremde, in: Walther L. BERNECKER / Klaus DIRSCHERL (Hrsg.), Spanien heute. Politik – Wirtschaft – Kultur, Frankfurt a.M. 1998, S. 427-454, hier: S. 431.

88 Vgl. ebd. Der Rückgriff auf dichotonomische Wahrnehmungsmuster sicherte zugleich auch die wohlwollende Aufnahme des Reiseberichts im bildungs- und besitzbürgerlichen Publikum, dessen Interesse an gruppenspezifischen Normen und Wertvorstellungen kontinuierlich wuchs. Vgl. FREY, Bedeutung nationaler Stereotypen, S. 40. Anders gesagt: „Man reiste nicht (nur) zur Überwindung von Vorurteilen, sondern auch, um neue, nationale Vorurteile bestätigt zu finden und in der eigenen sozialen Gruppe weiter zu verbreiten", ebd., S. 38.

89 Vgl. HAHN, Stereotypen in der Geschichte, S. 198 sowie FREY, Bedeutung nationaler Stereotypen, S. 49.

die anderen als „faul“ charakterisiert, seine eigene Gemeinschaft implizit als „fleißig“ bezeichnet – und so sieht.

Stereotypen spielen eine große Bedeutung bei der Entwicklung eines modernen Nationalbewusstseins. Spätestens seit den Werken Eric Hobsbawms[90] und Benedict Andersons[91] wird von Historikern gewusst bzw. liegt diskurstheoretisch betrachtet „im Wahren“, dass keine Nation[92] jemals organisch wächst, „einfach da ist“ oder etwa zwangsläufig nach logischen Regeln entsteht, sondern *konstruiert* wird. Jede Nation ist zunächst *Fiktion*. Und ohne Stereotypen und nationale Mythisierung, so formuliert Winfried Schulze (nach eigenen Worten überspitzt), existiert keine Staats- und Nationsbildung.[93] Das Vorurteil (anderen Bevölkerungsgruppen gegenüber) gehört nach Schulze zu den „Konstitutionsbedingungen der Bildung von Nationalstaaten“.[94] Waren nationale Differenzierungen im Mittelalter noch ständisch, konfessionell und territorial geprägt und von Obrigkeiten abhängig[95] und Nationalismus bzw. Protonationalimus ein Eliten- und kein Mas-

---

90 Eric J. HOBSBAWM, Nationen und Nationalismus. Mythos und Realität seit 1780, Frankfurt a.M. u.a. 1992. Hobsbawm prägte die Tätigkeit der „invention of tradition“. Seiner Meinung nach haben Patriotismus und die Bereitschaft, (im Krieg) für ein abstraktes Gebilde wie den Staat zu sterben „nichts Natürliches“. Vgl. ders., Nación, Estado, Etnicidad y Religión: Transformaciones de la Identidad, in: Anuario. Segunda época 16,1993/94, S. 9-19, hier: S. 9.

91 Benedict ANDERSON, Die Erfindung der Nation. Zur Karriere eines folgenreichen Konzeptes, Berlin 1998. Anderson bezeichnet Nationen als „imagined communities“. Max Weber nannte sie „geglaubte Gemeinschaften“.

92 Zur Begriffsgeschichte von „Nation“ siehe auch Reinhart KOSELLECK, Volk, Nation, Nationalismus, Masse, in: Otto BRUNNER / Werner CONZE / Reinhart KOSELLECK (Hrsg.), Geschichtliche Grundbegriffe. Historisches Lexikon zur politisch-sozialen Sprache in Deutschland, Bd. 7, Suttgart 1992, S. 141-432 sowie Ulrich DIERSE / Heinrich RATH, Nation, Nationalismus, Nationalität, in: Joachim RITTER / Karlfried GRÜNDER (Hrsg.), Historisches Wörterbuch der Philosophie, Bd. 6, München 1986, S. 406-408. Einen Überblick über Forschungstendenzen zu „Nation“ und „Nationalismus“ in der Frühen Neuzeit gibt Reinhard STAUBER, Nationalismus vor dem Nationalismus. Eine Bestandsaufnahme der Forschung zu „Nation“ und „Nationalismus“ in der Frühen Neuzeit, in: Geschichte in Wissenschaft und Unterricht 47, 1996, S. 139-165, hier: S. 139.

93 Vgl. SCHULZE, Entstehung des nationalen Vorurteils, S. 645.

94 Vgl. ebd. Eugen Lemberg betonte bereits 1964, dass in der negativen bzw. positiven Stereotypisierung einer anderen und der eigenen Bevölkerungsgruppe die Sehnsucht der Menschen nach einer transzendenten Gemeinschaftsidee (als wichtiger Aspekt der Nations-Imaginierung) deutlich hervortrete. Vgl. Eugen LEMBERG, Nationalismus, Bd. 1, Reinbek 1964, S. 16ff. Zum Thema „Nation als Stereotyp“ siehe auch: Hans Manfred BOCK, Nation als vorgegebene oder vorgestellte Wirklichkeit? Anmerkungen zur Analyse fremdnationaler Identitätszuschreibung, in: Ruth FLORACK (Hrsg.), Nation als Stereotyp. Fremdwahrnehmung und Identität in deutscher und französischer Literatur, Tübingen 2000, S. 11-36.

95 Vgl. SCHULZE, Entstehung des nationalen Vorurteils, S. 647.

senphänomen[96], kam es in der Frühen Neuzeit zu einer Exklusionspolitik. Exklusion wurde nicht mehr nur von Familien oder von „totalen Institutionen“ (z.B. Kloster, Schiff) praktiziert, sondern sie manifestierte sich auch als Bestandteil der Politik der Zünfte und Territorialstaaten.[97] Für die Exklusion benötigte man ein wie auch immer geartetes kollektives Bild für die eigene, zu integrierende bzw. für die andere, zu exkludierende Gruppe. In dieser Funktion findet sich eine Analogie zum modernen Nationalismus (als Prozess, der eine Nation schafft und formt): Indem der Nationalismus die eigene Nation als die wichtigste Gruppe propagiert, der unbedingte Loyalität gebührt, will und soll er zugleich nach innen integrieren und nach außen abgrenzen. Ebenso wird auch durch Stereotypen bzw. ein Stereotypensystem nach innen integriert, die „Wir“-Gruppe gestärkt und nach außen abgegrenzt, indem deutlich gemacht wird, wer nicht zur „Wir“-Gruppe gehört.[98] Es kann daher kein Zweifel bestehen, schreibt auch Hans Henning Hahn, dass nationale Stereotypen eine wichtige Rolle in *nation-building*-Prozessen spielen.[99]

Da die Entstehung von europäischen Nationen zudem in engem Zusammenhang stand mit wachsendem Sprachbewusstsein[100], der Etablierung einer Nationalsprache und dem Schreiben von Wörterbüchern zur Festigung eben dieser[101], erscheint es als besonders wichtig, ja unverzichtbar für die

---

96 Vgl. Herfried MÜNKLER, Nationen als politische Idee im frühneuzeitlichen Europa, in: Klaus GARBER (Hrsg.), Nation und Literatur im Europa der Frühen Neuzeit. Akten des I. Internationalen Osnabrücker Kongresses zur Kulturgeschichte der Frühen Neuzeit, Tübingen 1989, S. 56-87, hier: S. 59.

97 Vgl. Niklas LUHMANN, Inklusion und Exklusion, in: Helmut BERDING (Hrsg.), Nationales Bewußtsein und kollektive Identität, Frankfurt a.M. 1996, S. 15-45, hier: S. 23f. sowie Herfried MÜNKLER, Nationen als politische Idee, S. 59.

98 Vgl. JEISMANN, Was bedeuten nationale Stereotypen, S. 91.

99 Vgl. HAHN, Stereotypen in der Geschichte, S. 201.

100 Die Nation als *Idee* ging der Nation als *Realität* systematisch wie zeitlich voraus. In ihrer spezifischen Ausprägung ist sie stets das Werk jener Intellektuellen, die sie als Idee entfaltet und propagiert haben. Nach neueren Erkenntnissen waren es ausgerechnet Humanisten, jene universalistisch ausgerichteten und universal gebildeten, polyglotten, philologisch, ethnographisch und historisch interessierten Intellektuellen der Frühen Neuzeit, die zur Entwicklung nationaler Identitäten maßgeblich beigetragen haben. Sie waren es, die den zuvor polysemantischen Begriff „Nation“ auf einen monosemantischen Begriff verengten. Vgl. MÜNKLER, Nationen als politische Idee im frühneuzeitlichen Europa, S. 56-87 sowie Gerhart SCHRÖDER, Sprache, Literatur und kulturelle Identität in der spanischen Renaissance, in: Klaus GARBER (Hrsg.), Nation und Literatur im Europa der Frühen Neuzeit. Akten des I. Internationalen Osnabrücker Kongresses zur Kulturgeschichte der Frühen Neuzeit, Tübingen 1989, S. 305-317, hier: S. 307f.

101 Der Zusammenhang von nationaler Identität und Sprache erwies sich in der Geschichte immer wieder als bedeutsam. Antonio Nebrija wurde bereits einleitend in dieser Angelegenheit zitiert. In Florenz befasste sich seit 1582 die *Accademia della Crusca*

Untersuchung der Identitätsentwicklung von (europäischen) Nationen, nationale Eigen- und Fremdbilder in frühneuzeitlichen Wörterbüchern und Enzyklopädien zu untersuchen.[102] Tatsächlich fanden nationale kollektive Charakterbeschreibungen als Bestandteil der Diskurse über fremde Länder, aber auch über das Eigene, Eingang in diese Medien, die ab dem ausgehenden 17. Jahrhundert einen großen Aufschwung erlebten.[103] Unter der Bezeichnung „natura gentium", „caractère des nations", „particular character of each nation" oder „Naturell der Völcker" trifft man i.d.R. auf Charakterbeschreibungen, deren kollektive Gültigkeit nicht angezweifelt wurde.[104] „Man pflegt den Unterscheid der Naturelle so wohl auf Seiten des Verstandes, als des Willens, auch nach dem Unterscheid der Nationen und Völcker zu bemercken", heißt es z.B. im Lemma „Naturell der Völcker" des Zedlerschen „Universallexicons". Es sei dies eine Sache, die schon die „Alten" wahrgenommen hätten.[105] Wie die Bewohner der Iberischen Halbinsel *sind*, welche Charaktere und Sitten sie haben, muss sich auch – dies ist die anfangs formulierte und zu überprüfende These – in den frühneuzeitlichen Lemmata zu Portugal und Spanien finden.

II. 3 DISKURSTHEORIE UND -BEGRIFF

Diese Arbeit hat zum Ziel, stereotype Vorstellungen über das Iberien der Frühen Neuzeit diskurstheoretisch zu analysieren. Die Diskursanalyse nach

---

mit der Pflege der italienischen Sprache, und ähnliche Institutionen entstanden später in Frankreich (*Academie française*, 1635) und, wie bereits erläutert, in Spanien (*Academia Real*, 1714). LANDWEHR / STOCKHORST, Europäische Kulturgeschichte, S. 185.

102 Im vom Titel her vielversprechenden Aufsatz „Eighteenth-Century Encyclopedias and National Identity" von Clorinda Donato kommt die Verfasserin in der einen Satz umfassenden „Conclusion" lediglich zu dem Ergebnis, dass Intellektuelle verschiedener Länder deshalb die französische *Encyclopédie* adaptierten (übersetzten oder nachahmten), weil sie dem nationalen Image ihres jeweiligen Landes einen Anstrich von „Modernität, Kompetenz und Originalität" geben wollten. Vgl. Clorinda DONATO, Eighteenth-Century Encyclopedias and national Identity, in: History of European Ideas 16/ 4-6, 1993, S. 959-965, hier: S. 964.

103 Vgl. dazu PAUL, Zur Tradierung von Nationalstereotypen, S. 198-221. Waldemar Zacharasiewicz weist darauf hin, dass die Redaktoren von Sammelwerken sich auf einschlägiges, aus älteren Autoritäten exzerpiertes (völkerpsychologisches) Lehrgut stützten und z.T. mit neuen Nachrichten und Reiseberichten anreicherten, und diese an die Kompilatoren, wie z.B. Johann Georg Walch (Philosophisches Lexicon, zuerst 1726) weiterreichten. Vgl. ZACHARASIEWICZ, Klimatheorie und Nationalcharakter auf der „Völkertafel", S. 121.

104 Vgl. PAUL, Zur Tradierung von Nationalstereotypen, S. 198.

105 ZEDLER, Art. „Naturell der Völcker", Bd. 23, 1740, Sp. 1246-1251.

Michel Foucault, wie sie Achim Landwehr in seiner „Geschichte des Sagbaren“[106] erklärt und definiert hat, soll dabei das methodische Rüstzeug liefern, den „Raum des Sagbaren“ (Foucault) oder genauer: den Raum des „In-Enzyklopädien-Sagbaren“ zu eröffnen. Dem methodischen Vorgehen geht eine kurze Skizze von Diskurstheorie und -begriff (nach Foucault bzw. Landwehr) voran.

Die Diskurstheorie geht von der Prämisse aus, dass die Vorstellung und die Rede von der Realität niemals identisch sind mit der Realität, dass also Sprache niemals Wirklichkeit widerspiegelt, sondern diese *konstruiert*. Diskurstheoretiker bestreiten dabei nicht, dass es in der Welt Dinge gibt, die tatsächlich geschehen bzw. geschehen sind, sie bestreiten jedoch die Möglichkeit, sich bei der Wahrnehmung von (und bei der Kommunikation über) Wirklichkeit jenseits von Sprache zu bewegen.[107] Welche Rolle aber spielen Diskurse? Diskurse sind die geregelten Bahnen, innerhalb derer menschliche Kommunikation stattfindet und erst stattfinden kann. Sie besitzen eine definitorische Kraft, produzieren „Wahrheiten“ und formen ein Feld des allgemein akzeptierten Wissens, wobei sie ihre gestaltende Kraft aus der Regularität der Aussagen und aus ritualisierten Wiederholungen von Normen schöpfen. Diskurse sind gleichzeitig „Verpackung“ und „Inhalt“, denn sie strukturieren einerseits und umfassen andererseits inhaltlich alles, worüber Menschen zu einer bestimmten Zeit miteinander kommunizieren, worüber sie nachdenken, also das, was zu einer bestimmten Zeit buchstäblich angesagt, wichtig und *richtig* ist oder, um es mit Foucault zu sagen, „im Wahren“ liegt. Die Analyse eines oder mehrerer Diskurse kann für einen bestimmten Ort und eine bestimmte Zeit den „Raum des Sagbaren“ abstekken und uns so die Vorstellungswelt der Menschen eröffnen.[108] Und auch wenn unsere heutige Vorstellungswelt ebenso konstruiert ist wie jede vergangene, können eine veränderte Perspektive und zeitlicher Abstand helfen, bestimmte Strukturen „besser“ zu erkennen.

Foucault betont, dass Diskurse nicht der Mentalität oder dem Bewusstsein von Individuen entspringen. Aus diesem Grund lehnt er auch die Frage nach der Person ab, die „hinter“ einer Aussage steht, ihre souveräne Freiheit ausübt oder aber sich (unwissend und unbewusst) fremden Zwängen unterwirft. Die Aussagen, die gemacht wurden, sind gemacht worden – dieser

106 Achim LANDWEHR, Geschichte des Sagbaren. Einführung in die historische Diskursanalyse, Tübingen ^{2}2004.

107 Vgl. Philipp SARASIN, Diskurstheorie und Geschichtswissenschaft, in: Reiner KELLER u.a. (Hrsg.), Handbuch sozialwissenschaftliche Diskursanalyse, Bd. 1: Theorien und Methoden, Opladen 2001, S. 59.

108 Vgl. Berit PLEITNER, Die ‚vernünftige‘ Nation. Zur Funktion von Stereotypen über Polen und Franzosen im deutschen nationalen Diskurs 1850 bis 1871, Frankfurt a.M. / Berlin / Bern u.a. 2001, S. 63.

Umstand ist ausreichend für Begründung und Gegenstand der Analyse.[109] Da der Diskurs die Differenz darstellt zwischen dem, was jemand zu einer bestimmten Zeit nach den Regeln der Grammatik und Logik korrekterweise sagen konnte, und dem, was er tatsächlich gesagt hat, stehen die Aussagen selbst im Zentrum der Aufmerksamkeit – und die Frage, warum ausgerechnet sie und keine anderen zu einer bestimmten Zeit an einer bestimmten Stelle auftauchen. Darüber hinaus ist es zunächst nicht nötig, auf Intentionen, Mentalitäten oder Interessen zu schließen. Anders gesagt: Die historische Diskursanalyse versucht nicht mittels hermeneutischer Verfahren den „verborgenen" oder „eigentlichen" Sinn einer Textaussage zu entschlüsseln, sondern fragt, wie und in welcher Form die Aussagen existieren, was es bedeutet, dass sie existieren, und was es bedeutet, dass sie Spuren hinterlassen[110] bzw. was es bedeutet, dass sie einer langen Traditionsbahn folgen und ihrerseits woanders und/oder später wieder aufgegriffen werden.

Der Vorteil des diskurstheoretischen Ansatzes bei der historischen Erforschung von Stereotypen liegt darin, dass der Forschende nicht gezwungen ist, „in den Kopf des Individuums zu gucken"[111], d.h. im speziellen Fall in die Köpfe der ohnehin meist unbekannten Autoren, die Lexikon-Artikel über Spanien und Portugal verfasst haben. (Die Anonymisierung des Wissens, seine Verobjektivierung und Allgemeinheit waren Absicht: Der Konzeption und Anlage nach sind Enzyklopädien und Universal-Lexika Dokumente der Bemühung, Wissen und Einsicht, Kenntnis und Erkenntnis gleichzusetzen.[112]) Vorausgesetzt wird vielmehr, dass der einzelne Lemma-Autor seine Argumentationen nicht neu entwickelt, sondern auf bereits vorhandene Traditionsbahnen und Schriften, kurz: auf schon vorhandenes Wissen zurückgreift, das nicht selten in einer weit zurückliegenden Vergangenheit entstanden ist.[113] Jeder Einzeltext, jeder Enzyklopädienartikel, wird daher nur im Zusammenhang mit anderen Texten lesbar.

II.4 METHODISCHES VORGEHEN

Viele Wissenschaftler, insbesondere Historiker, haben die Unschärfe des Foucault'schen Diskursbegriffes kritisiert und die Diskursanalyse abge-

109 LANDWEHR, Geschichte des Sagbaren, S. 79.

110 Ebd., S. 79f. u. S. 112f.

111 Werner BERGMANN, Was sind Vorurteile?, in: Informationen zur politischen Bildung 271, 2001 S. 3-9, hier: S. 8.

112 Vgl. SCHNEIDER / ZEDELMAIER, Wissensapparate, S. 362.

113 Vgl. BERGMANN, Was sind Vorurteile?, S. 8.

lehnt.[114] Und doch sind Diskurse nicht mehr, aber auch nicht weniger als institutionalisierte bzw. institutionalisierbare Redeweisen, deren Regeln und Funktionsmechanismen von Historikern positiv ermittelt werden können – und müssen![115] Konstitutive Elemente des Diskurses sind Aussagen (*énoncés*), wobei nach Foucault unter einer Aussage „ein regelmäßig auftauchender und funktionstragender Bestandteil eines Diskurses" zu verstehen ist.[116] Um das Bedeutungsgeflecht einer Kultur (ihre Diskurse) analysieren zu können, schlägt Achim Landwehr mit Philipp Sarasin vor, einzelne „Fäden" zu isolieren. Dieser Fäden – bzw. Aussagen – soll sich die Diskursanalyse annehmen.[117] Berücksichtigt man zusätzlich den Vorschlag Hans Henning Hahns, Stereotypen als Elemente des Diskurses, als „verfestigte Redeweise" zu behandeln und zu analysieren[118], ergibt sich folgende sinnvolle methodische Herangehensweise: In Längs- und Querschnitten durch die frühneuzeitliche Lexikon- bzw. Enzyklopädienlandschaft Europas sollen einzelne Aussagen (*énoncés*) der diskursiv erzeugten portugiesischen und spanischen Identitäten untersucht werden.[119] Bildhaft gesprochen: Einige Fäden, aus

114 Auch wenn gerade in letzter Zeit das Interesse von Historikern an der Diskurstheorie und ihrem prominentesten Vertreter, Michel Foucault, merklich zunimmt, ist das Verhältnis der Geschichtswissenschaft zur Diskurstheorie nach wie vor zwiespältig. Vgl. Philipp SARASIN, Diskurstheorie und Geschichtswissenschaft, in: Reiner KELLER u.a. (Hrsg.), Handbuch sozialwissenschaftliche Diskursanalyse. Bd. 1: Theorien und Methoden, Opladen 2001, S. 53-79, hier: S. 59. Zur Bedeutung Foucaults für den Historiker siehe – neben Achim Landwehr – auch: Ulrich BRIELER, Die Unerbittlichkeit der Historizität. Foucault als Historiker, Köln / Weimar / Wien 1998; Michael MASET, Diskurs, Macht und Geschichte. Foucaults Analysetechniken und die historische Forschung, Frankfurt a.M. 2002; Jürgen MARTSCHUKAT (Hrsg.), Geschichte schreiben mit Foucault, Frankfurt a.M. 2002.

115 Vgl. LANDWEHR, Geschichte des Sagbaren, S. 78.

116 Vgl. ebd., S. 111. Einmalig Gesagtes werden nach Foucault deutlich unterschieden und *Äußerungen* genannt. Vgl. ebd., S. 82. Eine andere Definition findet sich an anderer Stelle: Ein „Diskurs wird man eine Menge von Aussagen nennen, insoweit sie zur selben diskursiven Formation gehören. ... [Der Diskurs] wird durch eine begrenzte Zahl von Aussagen konstituiert, für die man eine Menge von Existenzbedingungen definieren kann", Michel FOUCAULT, Archäologie des Wissens, Frankfurt a.M. ^{8}1997, S. 170, zit.n. ebd., S. 83.

117 Definiert werden die „Fäden" als „historisch eingrenzbare Redezusammenhänge", welche „die Möglichkeiten und Grenzen sinnvoller Rede" bestimmen. Vgl. Philipp SARASIN, Subjekte, Diskurse, Körper. Überlegungen zu einer diskursanalytischen Kulturgeschichte, in: Wolfgang HARDTWIG / Hans-Ulrich WEHLER (Hrsg.), Kulturgeschichte Heute, Göttingen 1996, S. 131-164, hier: S. 142. Siehe auch LANDWEHR, Geschichte des Sagbaren, S. 174.

118 HAHN / HAHN, Nationale Stereotypen, S. 43ff.

119 Gerade für die Erforschung (nationaler) Identitäten wird in der modernen Forschung der diskurstheoretische Ansatz präferiert. Vgl. z.B.: Alexandra LÜBCKE, „Welch ein Unterschied aber zwischen Europa und hier ...". Diskurstheoretische Überlegung zu Nation, Auswanderung und kultureller Geschlechteridentität anhand von Briefen deut-

denen die spanischen und portugiesischen *Images* „gestrickt" sind, sollen isoliert und, wenn möglich, bis zu ihrem Ursprung aufgewickelt werden.

Trotz der anfangs zitierten Prämisse, dass menschliche Wirklichkeit untrennbar mit der Sprache verbunden ist, will die historische Diskursanalyse den Text und die Sprache nicht zum Selbstzweck werden lassen. Die Informationsträger sind vielmehr Grundlage für den größeren historischen Zusammenhang des Diskurses. Daher ist es statthaft, ja unbedingt nötig, den jeweiligen Einzeltext nicht als Entität zu untersuchen, sondern bestimmte Merkmale in den Mittelpunkt zu rücken.[120] Im Mittelpunkt dieser Untersuchung stehen qualitativ *wertende* Aussagen über Portugal und Spanien bzw. *die* Portugiesen und *die* Spanier, jene Aussagen also, die auf eine Wert- oder aber Geringschätzung der beiden Länder und Nationen hindeuten, und etwa mit „Spanien ist ..." oder „Die Portugiesen sind ..." eingeleitet werden oder werden könnten. Genealogien, Abfolge und Regierungsdaten von Herrschern (die „natürlicher" Bestandteil historischer Wörterbüchern und Enzyklopädien sind), Aufzählungen der einzelnen Regionen eines Staates sowie die – im Fall der iberischen Staaten oft unvermeidlichen – minutiösen Aufzählungen der überseeischen Besitzungen und alle weiteren eher technischen Daten sollen hier, auch aus arbeitsökonomischen Gründen, keine Beachtung finden.

---

scher Chileauswanderinnen des 19. Jahrhunderts, Frankfurt a.M. 2003 sowie den Sammelband: Francisco DOMÍNGUEZ (Hrsg.), Identity and discursive practices. Spain and Latin America, Bern / Berlin / Bruxelles u.a. 2000.

120 LANDWEHR, Geschichte des Sagbaren, S. 113f.

III. ENZYKLOPÄDISCHE LEXIKA DER FRÜHEN NEUZEIT

III.1 ALLGEMEINES: BEGRIFF, HERKUNFT, GESCHICHTE

Der Begriff „Enzyklopädie" – ein Kompositum aus griechisch *enkýklios* („im Kreislauf des Jahres, alltäglich") und *paidéia* („Bildung")[121] – als Definition und Bezeichnung von Werken, die die Gesamtheit des menschlichen Wissens zum Inhalt haben, ist eine Neuschöpfung des ausgehenden 15. Jahrhunderts.[122] Doch die Geschichte jener Werke, zu denen man auch unseren heutigen *Brockhaus* zählen kann, ist lang und beginnt im Alten Orient: Enzyklopädische Unternehmungen lassen sich bis auf die Keilschrifttafeln der Sumerer und Eblaiter im 3. Jahrtausend v. Chr. oder in den Archiven der mesopotamischen Könige, z.B. in denen Assurbanipals (668–627 v. Chr.), zurückverfolgen.[123] Bei den Griechen entfaltete sich das Schreiben enzyklopädischer Werke zur (ersten) vollen Blüte, und der römische Drang, die Welt zu ordnen, fand seinen Ausdruck in einer Vielzahl großer Wissenssammlungen, von denen die 37-bändige *Naturgeschichte* Plinius' des Älteren (23–79 n. Chr.) nur eine ist.[124] Im Mittelalter und bis ins 16. Jahrhundert hinein orientieren sich die lateinischsprachigen enzy-

121 Art. „Enzyklopädie", in: Kluge Etymologisches Wörterbuch, bearb. v. Elmar SEEBOLD, Berlin / New York ^{23}1999, S. 225.

122 Vgl. Ulrich DIERSE, Enzyklopädie. Zur Geschichte eines philosophischen und wissenschaftlichen Begriffs, Bonn 1977, S. 7f. Ein Substantiv *enkyklopaideia* ist antik nicht belegt. Der älteste Beleg für das Lexem findet sich in einem Brief an den Florentiner Humanisten Angelus Politianus (1454–1494), in dem ihm ein Schüler für die Übersendung des Werkes *Miscellanea* (1489) dankt, besonders für die strahlende Einkleidung jener *enkyklopaideia*. Vgl. Klaus VOGELSANG, Zum Begriff ‚Enzyklopädie', in: Theo STAMMEN / Wolfgang E. J. WEBER (Hrsg.), Wissenssicherung, Wissensordnung und Wissensverarbeitung. Das europäische Modell der Enzyklopädien, Berlin 2004, S. 15-23, hier: S. 19.

123 Vgl. Antoine CAVIGNEAUX, Art. „Lexikalische Listen", in: Reallexikon der Assyriologie, Bd. 6, Berlin 1983, S. 609-641; Philipp BLOM, Das vernünftige Ungeheuer. Diderot, d'Alembert, de Jaucourt und die Große Enzyklopädie, Frankfurt a.M. 2005, S. 13. Einige Listen von Gegenständen, die nach Thema, Ähnlichkeit, Wortwurzel oder Assonanz geordnet sind, lesen sich wie eine Schöpfung von Jorge Luis Borges oder auch wie eine „Litanei pflanzlichen Elends: Palme, wilde Palme, junge Palme, Palmpflanze, welke Palme, vertrocknete Palme, tote Palme, stinkende Palme, abgebrochene Palme, von Parasiten zerfressene Palme, von Parasiten befallene Palme, abgesägte Palme, zerlegte Palme, beschnittene Palme, entrindete Palme, zersplitterte Palme, geborstene Palme, gespaltene Palme, Stamm einer toten Palme …". Ebd., S. 13f.

124 Vgl. ebd., S. 14.

klopädischen Werke, die meist unter Titeln wie „Theatrum", „Thesaurus" oder „Bibliotheca" erscheinen[125], inhaltlich und klassifikatorisch an den *septem artes liberales*[126], die das Fundament mittelalterlicher Schulbildung darstellten.[127] Mit Werken wie der *Encyclopaedia septem tomis distincta* (1630) des deutschen Universalgelehrten und reformierten Theologen Johann Heinrich Alsted beginnt schließlich die Begriffsgeschichte mit der Geschichte der Enzyklopädie als Buchgattung zusammenzuwachsen.[128]

Parallel zu den lateinischen Enzyklopädien entstehen, ebenfalls aus der Feder und in den Heften der Humanisten[129], seit dem ausgehenden 15. Jahrhundert die ersten nationalsprachlichen Wörterbücher alphabetischer Ordnung.[130] Spanische Gelehrte übernahmen bei der Wörterbuchproduktion Europas die Führung: Antonio de Nebrija (1444–1522) verfasste nicht nur die erste moderne nationalsprachliche Grammatik Europas, sondern auch das erste zweisprachige Wörterbuch (*Dictionarium latinum-hispanum*

---

125 „Enzyklopaedia" war im 17. Jahrhundert noch ein selten verwendetes Fremdwort. Vgl. SCHNEIDER / ZEDELMAIER, Wissensapparate, S. 350. Ingrid Tomkowiak weist darauf hin, dass Enzyklopädien je nach Programmatik und Tradition, außerdem „Schatzkammer", „Schauplatz", „Speculum", „Katalog", „Kompendium", „Summe", „Lexikon" oder auch „Handbuch" und „Hausbuch" heißen können. Vgl. Ingrid TOMKOWIAK, Vorwort, in: Dies. (Hrsg.), Populäre Enzyklopädien. Von der Auswahl, Ordnung und Vermittlung des Wissens, Zürich 2002, S. 9-14, hier: S. 9.

126 Das sprachwissenschaftliche Trivium (Grammatik, Dialektik, Rhetorik) und das mathematisch-naturwissenschaftliche Quadrivium (Arithmetik, Geometrie, Musik, Astronomie) bestanden seit der Spätantike. Vgl. Hans ZOTTER, Parallele Modelle von Wissenssicherung und Ordnung, in: Theo STAMMEN / Wolfgang E. J. WEBER (Hrsg.), Wissenssicherung, Wissensordnung und Wissensverarbeitung. Das europäische Modell der Enzyklopädien, Berlin 2004, S. 25-37, hier: S. 29.

127 Vgl. DIERSE, Enzyklopädie, S. 9f.

128 Vgl. BLOM, Das vernünftige Ungeheuer, S. 18. Alsted versuchte, die Wissenschaften in systematischer Weise abzuhandeln und eine *methodische* Zusammenfassung dessen zu bieten, was ein Mensch lernen kann. Vgl. DIERSE, Enzyklopädie, S. 19f.

129 Die vom Humanismus propagierte Auseinandersetzung mit der Antike fand ihren Ausdruck nicht nur in der Lektüre antiker Texte, sondern zugleich in der Erstellung von Exzerpten ebendieser in speziellen Heften (*cadernos*). Vgl. Gilbert HEß, Enzyklopädien und Florilegien im 16. und 17. Jahrhundert. *Doctrina, Erudition* und *Sapientia* in verschiedenen Thesaurierungsformen, in: STAMMEN / WEBER (Hrsg.), Wissenssicherung, Wissensordnung und Wissensverarbeitung, S. 39-57, hier: S. 39ff.

130 Im 17. Jahrhundert taucht auch der Begriff „Lexikon" (eine Entlehnung von spätgriechisch *lexikon*) auf, der zunächst gleichbedeutend mit „Glossar" oder „Wörterbuch" verwandt wird. Sowohl im 17. als auch im 18. Jahrhundert überschneiden sich die Begriffe *Enzyklopädie* und *Lexikon/dictionary/dictionnaire*, d.h. mit „Lexikon" oder „dictionary" werden auch Werke mit enzyklopädischem Anspruch bezeichnet. Vgl. BEHRNDT, Nationskonzeptionen in Enzyklopädien, S. 3 und COLLISON, Encyclopaedias, S. 94f.

1495).[131] Auch für das erste *einsprachig*-volkssprachliche alphabetische Wörterbuch zeichnet ein Spanier verantwortlich:[132] Sebastián de Covarrubias legte mit seinem „Wortschatz“[133] 1611 ein enzyklopädisches Werk vor, das die Wörterbuchproduktion in Spanien und Portugal, aber auch in England und Frankreich entscheidend beeinflussen sollte – der *Tesoro* war u.a. Vorbild für die Werke von César Oudin (ab der Ausgabe von 1616)[134], Pierre Richelet[135] und Antoine Furetière[136], die in Europa eine weite Verbreitung fanden.

Der Beginn des „Zeitalters der Enzyklopädien“, dessen Kernland Frankreich war[137], wird allgemein 1674 mit Erscheinen des *Grand Dictionnaire Historique* von Louis Moréris datiert. Nominell ein Wörterbuch, gilt dieses Lexikon als erste nationalsprachliche und alphabetisch verschlagwortete Enzyklopädie des Abendlandes.[138] Da die Aufwertung von Kenntnis, Erfahrung und Wissen als Grundlage der Vernunft charakteristisch für den Prozess der europäischen Aufklärungen war, nahmen enzyklopädische Werke in diesem Prozess fortan eine besondere Stellung ein; als Instrument einer möglichst vollständigen Wissenserfassung (*Universalitäts*- oder *Totalitätsanspruch*) erlebten sie im 18. Jahrhundert einen einzigartigen Auf-

---

131 Vgl. Mechtild BIERBACH, Die Wörterbücher des Jerónimo Cardoso (ca. 1500–1569) als Zeugnisse humanistischer Lexikographie, in: Annette ENDRUSCHAT / Eberhard GÄRTNER (Hrsg.), Untersuchungen zur portugiesischen Sprache, Frankfurt a.M. 1996, S. 47-62, hier: S. 54f.

132 Vgl. Manuel SECO, El Tesoro de Covarrubias, in: Manuel SECO, Estudios de lexicografia española, Madrid 1987, S. 97-110.

133 Sebastian de COVARRUBIAS, Tesoro de la lengua castellana o española, Madrid 1611 [Nachdruck: Madrid ²1995].

134 César OUDIN, Tesoro De Las Dos Lenguas Francesa Y Española: Auquel Est Contenue L'Explication de toutes les deux respectiuement l'une par l'autre; Diuisé en deux parties = Thresor Des Deux Langues Françoise Et Espagnolle, Reueu, corr., augm., ill. & enrichy en ceste 2. Ed. d'un grand nombre de Dictions & Phrases: & d'un Vocabulaire des mots de jargon en langue Espagnolle, Paris (Orry) 1616.

135 Pierre RICHELET, Dictionnaire françois contenant les mots et les choses, Genf (Jean Herman Widerhold) 1680. Der *Dictionnaire françois* von Pierre Richelet ist das erste Definitionswörterbuch des Französischen. Zwischen 1680 und 1811 wurden 65 Fassungen aufgelegt. Vgl. die Website des Harald Fischer-Verlags: www.haraldfischer verlag.de/ hfv/index_mf_deutsch.html?/hfv/AEL/ael_2-16.htm (Abruf: 30. Oktober 2006).

136 Antoine FURETIERE, Dictionnaire Universel, Den Haag / Rotterdam (Arnout & Reinier) 1690. Zur Rezeption und Nachahmung des Tesoro siehe: Brigitte LEPINETTE, Contribution à l'étude du Tesoro de la lengua castellana o española (1611) de Sebastián de Covarrubias, in: Historiographia Linguistica 16/3, 1989, S. 257-310.

137 Vgl. VOGELSANG, Zum Begriff ‚Enzyklopädie‘, S. 20.

138 Vgl. YEO, Encyclopaedic Visions, S. 17.

schwung.[139] Nicht in Latein, sondern in der jeweiligen Muttersprache verfasst, alphabetisch verschlagwortet[140] und nicht auf die Wissenschaft im engeren Sinne begrenzt[141], kamen sie der aufklärerischen Absicht entgegen, einem breiteren Publikum Wissen, Bildung und „nützliche" Kenntnisse zu vermitteln.[142] Ihre unmittelbare Zugänglichkeit nicht nur für Gelehrte, sondern auch für den alphabetisierten Laien, trug dazu bei, dass sie zu einem wichtigen Hilfsmittel bürgerlicher Selbstaufklärung wurden.[143] Alles wissen zu *können* und zu *dürfen*, schien in Zeiten des bedingungslosen Fortschrittglaubens den Weg in ein besseres, ein „vernünftiges" Zeitalter zu weisen.[144] (Schon immer galt außerdem, dass derjenige, der über Wissen verfügte, auch Macht hatte.[145]) Betrachten wir die frühneuzeitlichen Enzyklopädien heute, erkennen wir, dass sie eine doppelte Funktion hatten: Sie sind aufgrund ihres *Reliabilitätsanspruches*[146] einerseits Repräsentanten des Wissens, das in einer Epoche als „Wahrheit" kanonisiert wurde, andererseits sind sie selbst Institutionen, die zu einer solchen Kanonisierung we-

---

139 Die Enzyklopädie ist *per definitionem* ein Universalbuch, das eine Totalität, eine Gesamtordnung des Wissbaren anstrebt. Vgl. MEIER, Enzyklopädischer Ordo und sozialer Gebrauchsraum, S. 519.

140 Ab dem späten 17. Jahrhundert wird bei den Enzyklopädien die alphabetische Ordnung vorherrschend. Vgl. SCHNEIDER / ZEDELMAIER, Wissensapparate, S. 358.

141 Vgl. Helmut VOLPERS, Idee und Begriff der Enzyklopädie im Wandel der Zeit, in: Hermann RÖSCH (Hrsg.), Enzyklopädie im Wandel. Schmuckstück der Bücherwand, rotierende Scheibe oder Netzangebot, Köln 2002, S. 6-35, hier: S. 13.

142 Dadurch, dass populäre Enzyklopädien das für nötig erachtete Wissen ihrer Zeit speichern und einem breiteren Publikum vermitteln, stellen sie ein „Scharnier" zwischen Wissenschaft und Alltagswissen dar. Vgl. TOMKOWIAK, Vorwort, S. 9. Zur Bedeutung der Enzyklopädien für die Popularaufklärung siehe: Holger BÖNING, Popularaufklärung – Volksaufklärung, in: Richard VAN DÜLMEN / Sina RAUSCHENBACH (Hrsg.), Macht des Wissens. Die Entstehung der modernen Wissensgesellschaft, Köln / Weimar / Wien 2004, S. 563-581.

143 Vgl. Helga BRANDES, Das Frauenzimmer-Lexicon von Amaranthes, in: Das Achtzehnte Jahrhundert 22/1, 1998, S. 22-30, hier: S. 22. Zum Buchmarkt, den Leser/innen und der Sozialgeschichte des Lesens siehe (für Deutschland) z.B.: Jost SCHNEIDER, Sozialgeschichte des Lesens. Zur historischen Entwicklung und sozialen Differenzierung der literarischen Kommunikation in Deutschland, Berlin u.a. 2004.

144 Die heutige so genannte Wissensgesellschaft wird nicht mehr uneingeschränkt als das *Non-plus-Ultra* gesehen. Vgl. den kritischen Feuilleton-Artikel von Ulf von RAUCHHAUPT mit sprechendem Titel: Fragen Sie nach Risiken und Nebenwirkungen. Wir feiern die Wissensgesellschaft, doch hinter diesem Wort steht ein Phänomen – keine Idee und erst recht keine Verheißung, in: FAZ vom 28. Mai 2005, S. 39.

145 Richard van DÜLMEN / Sina RAUSCHENBACH, Einleitung, in: Dies. (Hrsg.), Macht des Wissens, S. 1-12, hier: S. 1.

146 Dies ist der Anspruch, nur „gesichertes Wissen" zu verzeichnen. Vgl. Peter HÖLZLE, Art. „Enzyklopädie", in: Günther SCHWEIKLE / Irmgard SCHWEIKLE (Hrsg.), Metzler Literaturlexikon. Begriffe und Definitionen, Stuttgart ^{2}1990, S. 125f., hier: S. 126.

sentlich beitrugen. Denn durch sie wurde der jeweilige Wissensstand fixiert, verbreitet und überliefert.[147]

III.2 DAS QUELLENKORPUS

Ein Diskurs lebt davon, dass er immer wieder aufgegriffen und immer wieder behandelt wird. Das zentrale Kriterium für die Korpusbildung einer diskurstheoretischen Untersuchung ist die Wiederholung und die Gleichförmigkeit von immer wieder ähnlich Gesagtem oder Geschriebenem.[148] Die ausgewählten Texte sollten sich repräsentativ für einen bestimmten Diskurs erweisen, in ausreichender Zahl vorhanden sein und sich seriell über einen gewissen Zeitraum erstrecken.[149] Quellen dieser Arbeit sind, wie bereits im Titel namhaft gemacht, frühneuzeitliche enzyklopädische Lexika Europas, also jene alphabetisch verschlagworteten Werke, die – im Unterschied zu definitorischen, „reinen" Wörterbüchern – umfangreiche Sachinformationen enthalten. Zur Unterscheidung sei Andreas B. Kilcher zitiert: „Das Wörterbuch beruht auf Definition, die Enzyklopädie dagegen auf Interpretation"[150], heißt es in seinem Werk „*mathesis* und *poiesis*". Während das Sprachwörterbuch Wörter beschreibe, beschreibe das enzyklopädische Wörterbuch Dinge; das eine konstituiere also „Sprachwissen", das andere „Weltwissen".[151] Da eine Trennung von Sprache und Welt jedoch weder sinnvoll noch möglich ist, bietet sich die pragmatischere Unterscheidung an,

147 Vgl. ZELLE, Zu diesem Heft, S. 7.

148 Vgl. LANDWEHR, Geschichte des Sagbaren, S. 106.

149 Vgl. ebd., S. 107.

150 Andreas B. KILCHER, *mathesis* und *poiesis*. Die Enzyklopädik der Literatur 1600 bis 2000, München 2003, S. 183. Kilcher liefert an anderer Stelle eine noch ausführlichere Definition: „Das Sprachwörterbuch rubrifiziert das gesamte lexikalische Inventar einer Sprache, das enzyklopädische Wörterbuch hingegen legt den Schwerpunkt auf offene Paradigmen, auf Substantive also, auf systematische und wissenschaftliche Terminologien und auf Namen mit historischem, geographischem und sachlichem Index. Das Sprachwörterbuch enthält linguistische Beschreibungen der einzelnen Lemmata, die im enzyklopädischen Wörterbuch fehlen, während das enzyklopädische Wörterbuch wiederum Abbildungen und Illustrationen enthalten kann, die im Sprachwörterbuch nicht vorkommen." Ebd., S. 220.

151 Ebd., S. 218. Kilcher verweist bei dieser umstrittenen Differenzierung in einer Fußnote u.a. auf Luis Fernando LARA, Dictionnaire de langue, encyclopédie et dictionnaire encyclopédique: le sens de leur distiction, in: Franz Josef HAUSMANN / Oskar REICHMANN /Herbert Ernst WIEGAND / Ladislav ZGUSTA (Hrsg.), Wörterbücher, Dictionaries, Dictionnaires. Ein internationales Handbuch zur Lexikographie (3 Bde.), Berlin 1989–1991, hier: Bd. 1, S. 280-287. Eine ausführliche Debatte über die Unterscheidung zwischen Wörterbuch und Enzyklopädie findet sich bei KILCHER, *mathesis* und *poiesis*, S. 217ff.

nach der Enzyklopädien i.d.R. mehr Konkreta („Baum“, „Ästhetik“) und weniger Verben und Adjektive verzeichnen.[152] Nach Kilcher werden Wörterbücher „genau dann enzyklopädisch, wenn sie einen Schwerpunkt auf substantivische Lemmata legen und wissenschaftliche, historische, biographische und geographische Nomenklaturen enthalten oder bevorzugen.“[153] Auf Grundlage dieser Definition, die nicht absolut ist, da es Mischformen zwischen Enzyklopädie und Wörterbuch gibt, wurden alphabetisch verschlagwortete Werke in englischer, französischer, deutscher, niederländischer, italienischer, portugiesischer und spanischer Sprache ausgewählt, die unter den Substantiva „Spanien/España/Spain“ etc. und „Portugal/Portogallo“ etc. umfangreiche Sachinformationen zu Land und Leuten verzeichnen. Nur wenige der ausgewählten Nachschlagewerke führen keine Einträge zu diesen Stichworten – in dem Fall wurden andere Lemmata in der Analyse berücksichtigt.

Aus dem virtuellen oder idealen Quellenkorpus, nämlich der Gesamtheit aller enzyklopädischen Lexika, die im Europa der Frühen Neuzeit entstanden, wurden – bedingt u.a. durch die Nicht-Verfügbarkeit einiger Lexika, von denen die meisten bibliophile Raritäten sind[154] – 36 Werke des 17. und 18. Jahrhunderts ausgewählt, die den oben genannten Kriterien entsprechen und gemeinsam das reale Korpus bilden. Das Quellenkorpus umfasst „echte“ Enzyklopädien (wie die *Encyclopédie* Diderots oder die *Encyclopaedia Britannica*), aber auch Universallexika (z.B. den deutschen *Zedler*) sowie historische Wörterbücher (*Moréri* und Filiationen), geographische Wörterbücher (*Echard* und Filiationen), einen „Wortschatz“, einige zweisprachige enzyklopädische Wörterbücher (wie der lateinisch-portugiesische *Vocabulário*), ein Zeitungs- oder Konversationslexikon und ein „Frauenzimmer-Lexicon“. Die Vergleichbarkeit der Werke über knapp zwei Jahrhunderte (das älteste Werk datiert von 1611, das jüngste von 1792) und über alle Sprachgrenzen hinweg ist durch die Ähnlichkeit der Texte (Lexikoneinträge) und durch die gemeinsame Programmatik, nur positives, „gesicher-

---

152 Vgl. VOLPERS, Idee und Begriff der Enzyklopädie, S. 7.

153 Vgl. KILCHER, *mathesis* und *poiesis*, S. 220.

154 Vgl. FLOECK, Masson de Morvilliers Spanien-Artikel, S. 42. Die meisten in dieser Arbeit zitierten Werke finden sich in der Staatsbibliothek Berlin oder im Iberoamerikanischen Institut Preußischer Kulturbesitz, einige jedoch in der British Library in London (DICCIONARIO GEOGRAPHICO LA-SERNA 1750), der Staats- und Universitätsbibliothek Göttingen (ENCYCLOPEDIA METHODICA und GRAN DICCIONARIO HISTORICO), der Herzog-August-Bibliothek Wolfenbüttel (DICTIONNAIRE GEOGRAPHIQUE PORTATIF 1747 und 1748; BRUZEN LA MARTINIÈRE, DICTIONNAIRE GEOGRAPHIQUE ET CRITIQUE; DICTIONNAIRE UNIVERSEL CORNEILLE sowie einzelne Bände verschiedener Auflagen des GRAND DICTIONNAIRE HISTORIQUE) und der Universitätsbibliothek Bielefeld (DICCIONARIO GEOGRAPHICO CAPMANY Y MONTPALAU 1783 und 1794).

tes“ Wissen zu verzeichnen, kurz: durch ihren *Reliabilitätsanspruch*, gegeben.

III.3 BEISPIELE FÜR DIE VERNETZUNG DER FRÜHNEUZEITLICHEN LEXIKA: ZWEI EUROPÄISCHE WÖRTERBUCHFAMILIEN

Seit dem ausgehenden 17. Jahrhundert nahm fast überall in Europa die Zahl der publizierten Lexika und Wörterbücher, die das Wissen ihrer Zeit sammeln und für möglichst viele Menschen zugänglich machen sollten, deutlich zu.[155] Die Verbreitung der frühneuzeitlichen enzyklopädischen Werke (durch Adaption und Übersetzung) soll im Folgenden anhand zweier großer Lexikon-„Familien“ beispielhaft dargestellt werden. Besondere Berücksichtigung erfahren dabei jeweils die spanischen Versionen.

III.3.1 Der Grand Dictionnaire Historique von Moréri und seine Filiationen

Der *Grand Dictionnaire historique, ou melange curieux de l'histoire sacrée et profane* des französischen Klerikers Louis Moréri (1643–1680) war, wie bereits erwähnt, das erste groß angelegte alphabetische und nationalsprachliche Lexikon und gilt als erste europäische Enzyklopädie bzw. als deren direkter Vorläufer.[156] Moréris Werk erschien zuerst 1674 zweibändig in Lyon, wurde seines großen Erfolges wegen mehrfach überarbeitet und erweitert. Bis 1759 erschien es, mittlerweile auf zehn Bände angewachsen, an verschiedenen Orten (Lyon, Utrecht, Paris, Basel, Amsterdam) insgesamt 20 Mal in französischer Sprache, wobei Moréri selbst aufgrund seines frühen Todes nur an den beiden ersten Auflagen mitwirkte. Zudem wurde der *Dictionnaire* ins Englische, Deutsche und Niederländische übertragen.

155 Vgl. Frank A. KAFKER, Encyclopedias, in: Alan Charles KORS (Hrsg.), Encyclopedia of the Enlightenment Bd. 1, Oxford 2003, S. 398.

156 Vgl. YEO, Encyclopaedic Visions, S. 17. Moréris Werk umfasste vorwiegend historische Artikel sowie die Biographien bedeutender Personen, war also keine Enzyklopädie im eigentlichen Sinne. Vgl. Art. „Moréris ‚Dictionnaire‘“, in: LENZ, Kleine Geschichte großer Lexika, S. 98. Für die Entwicklungsgeschichte und Herausbildung der modernen Enzyklopädie haben die historisch-geographischen Realwörterbücher, zu denen auch der *Grand Dictionnaire* zählt, jedoch eine herausragende Rolle gespielt. Vgl. VOLPERS, Idee und Begriff der Enzyklopädie, S. 8.

Abb. 2: Frontispiz und Titelblatt der französischen Moréri-Ausgabe von 1681[157]

1730 nahm José Antonio de Miravell y Casadevante[158] (1690–1744), ein Gelehrter aus Cádiz, die Übersetzung des in Europa bereits weithin rezipierten *Grand Dictionnaire* ins Spanische in Angriff – ein Projekt, das nur langsam voranschritt: Die zehn Bände in Folio-Format erschienen erst 1753 unter dem Titel *Gran Diccionario Historico*[159] in Paris und Lyon.[160] Da das

157 Quelle: Eigene Digitalfotografie eines Exemplars der Staatsbibliothek Berlin.

158 Im biographischen Archiv erscheint MIRAVEL Y CASADEVANTE als MIRAVEL Y HERRERA. Die biographischen Angaben des Vorworts stimmten mit denen des biographischen Archivs überein. Vgl. Miravel y Herrera (José Antonio), in: Archivo Biográfico de España, Portugal e Iberoamérica, MF 609, 328.

159 GRAN DICCIONARIO HISTORICO, o Miscellanea Curiosa de la Historia Sagrada y Profana, Traducido del Frances de Luis Moreri: Con amplissimas Adiciones y curiosas investigaciones relativas à los Reynos pertenecientes à las coronas de España y Portugal assi en el antiguo como en el nuevo mundo. Por Don Joseph de Miravel y Casadevante, de la Real Academia de Historia, y Canonigo del Sacro monte de Granada (10 Bde.) Paris (Libreros Privilegiados) / Lyon (Gebrüder Detournes) 1753.

160 Zum *Diccionario Historico* siehe das Kapitel „La versión española del Gran Diccionario de Moréri“, in: Horacio CAPEL, Los Diccionarios Geográficos de la Ilustración Española, in: Geocrítica 31, 1981, S. 1-51, hier: S. 8ff.

Vorwort der spanischen Herausgeber[161] sowohl interessante Einblicke in die Geschichte des *Grand Diccionnaire* in Europa als auch in den Entstehungsprozess und die Probleme eines so aufwendigen und kostspieligen verlegerischen Unternehmens gewährt, soll es – inklusive notwendiger Ergänzungen – im Folgenden ausführlich dargestellt werden:

Im fünfeinhalb Seiten umfassenden Vorwort wird zunächst die von Grammatikern eingeführte alphabetische Ordnung für historische Wörterbucher als „die beste" gepriesen und zudem konstatiert, dass „wenige Werke" einen „größeren" und „universaleren Nutzen" hätten als die historischen Wörterbücher, denn sie sammelten das Wissen „aller Jahrhunderte und aller Nationen".[162] Nach einem kurzen Überblick über die (antike) Herkunft und Geschichte des historischen Wörterbuches[163] werden die zahlreichen Auflagen des *Dictionnaire Historique* von Moréri aufgelistet (erste und zweite Auflage in Lyon 1674 und 1681, Supplement in Paris 1689, weitere französische Auflagen in Holland 1696, 1698, 1702).[164] Doch all die Auflagen seien nicht ausreichend gewesen, den „allgemeinen Wunsch" (*general deseјo*) nach solch „exzellentem Werk" zu stillen. Die Nationen, die der französischen Sprache nicht mächtig seien, hätten sich zudem von der Nutzung historischer und geographischer Sammlungen „ausgeschlossen" gefühlt und Moréris Werk schließlich durch Übersetzung in ihre eigene Sprache zugänglich gemacht – nicht ohne „gelehrte Zusätze" und „gelungene Verbesserungen" der Gelehrten der jeweiligen Nation. Die Engländer seien die ersten gewesen, die 1694 eine nationalsprachliche Ausgabe geschaffen haben.[165] Die Deutschen, da sie sowohl „Freunde der Geschichte" (*amigos de*

161 Prefacio de los Libreros, in: GRAN DICCIONARIO HISTORICO Bd. 1, 1753, S. i-vi.

162 Ebd., S. ij. Es handelt sich bei diesem Auszug um die Übersetzung des „sehr gelehrten" Vorworts des 1699 erschienenen französischen *Moréri*. Dieses Vorwort bezeichnen die spanischen *Libreros* als ideal, dem (spanischen) Leser den Nutzen eines historischen Wörterbuchs zu vermitteln.

163 Zitiert werden Estevan de Byzancio mit seinem geographischen Wörterbuch und die Suda (*Suidas*). Die Suda ist das umfangreichste erhaltene byzantinische Lexikon. Es entstand vermutlich um 970 und ist alphabetisch geordnet. Als erstes neuzeitliches Werk führt der Verfasser (oder die Verfasser) das historische, geographische und poetische Wörterbuch des Roberto Estevan (1596) an.

164 Die von den *Libreros* gemachten Angaben sind nach heutigem Forschungsstand im Wesentlichen korrekt. Vgl. Madeleine HERREN / Paul MICHEL u.a., Allgemeinwissen und Gesellschaft. Enzyklopädien als Indikatoren für Veränderung der gesellschaftlichen Bedeutung von Wissen, Bildung und Information, http://www.enzyklopaedie.ch (Abruf: 24. Oktober 2006). Auf dieser hervorragenden Website findet sich eine ausführliche Zusammenstellung von Enzyklopädien und Forschungliteratur.

165 Great Historical, Geographical and Poetical Dictionary: being a curious miscellany of sacred and profane history … Collected from the best historians, chronologers, and lexicographers … but more especially out of Lewis Moreri … his sixth edition corrected and enlarged by Monsieur Le Clerk … Now done into English. To which are added … the lives, most remarkable actions, and writings of the illustrious families of

la Historia) als auch „großer Sammlungen“ (*grandes Colecciones*) und zudem in dieser Art der Gelehrtheit „sehr versiert“ seien, hätten ebenfalls nicht lange gewartet, und so sei die erste deutsche Auflage mit einem Vorwort des „hochberühmten“ (*celebre*) Buddeus 1709 in Leipzig erschienen.[166] Die deutschen Herausgeber hätten sich allerdings nicht mit einer „bloßen Übersetzung“ begnügt, sondern Verbesserungen und „bemerkenswerte Ergänzungen“ gemacht, vor allem, was die Geschichte und Geographie Deutschlands anginge. Die zweite Auflage sei 1722 ebenfalls in Leipzig erschienen, eine weitere Auflage 1726 in Basel unter der Aufsicht von drei Gelehrten der dortigen Universität.[167] Später sei wiederum eine dreibändige Ausgabe in Leipzig gefolgt.

Auch die Holländer seien nicht damit zufrieden gewesen, in ihrem Land den *Moréri* auf Französisch gedruckt zu haben und übersetzten ihn 1725 in ihre eigene Sprache.[168] Nicht sicher sind sich die *Libreros*, ob das Projekt

---

our English, Scotch and Irish nobility, gentry, eminent clergy, and most famous men of all arts and sciences: as also an exact description of these kingdoms ... By several learned men. Wherein are inserted the last five years historical and geographical collections of Edmond Bohun ... never existant till in this work (2 Bde.), London (Henry Rhodes) 1694.

166 Johann Franz Buddeus' „Allgemeines Historisches Lexicon“ (oft „Leipziger Lexikon“ genannt) war das erste deutschsprachige historische Lexikon und erschien tatsächlich erstmals 1709 in Leipzig. Es beruht auf den beiden wichtigen französischen Lexika Louis Moréris (1643–1680) und Pierre Bayles (1647–1706). Pierre Bayle brachte, zunächst vom Wunsch getrieben, einzelne Lemmata von Moréris Werk zu „verbessern“, ein eigenes zweibändiges Wörterbuch, den „Dictionnaire Historique et Critique“ (1697), heraus. Dabei nutzte er Moréris Lemmata als Vehikel für eigene kritische theologische, philosophische und wissenschaftliche Kommentare. Johann Franz Buddeus (1667–1729) und sechs weitere Mitarbeiter kompilierten aus beiden genannten Werken (wobei Moréris *Dictionnaire* vorrangig als Grundlage diente). Da z.B. bei Bayle keine Lemmata zu den einzelnen europäischen Staaten auftauchen (Bayles Werk hat einen eindeutig historisch-biographischen Schwerpunkt), kann davon ausgegangen werden, dass Moréris Werk als Grundlage für die Spanien- und Portugal-Artikel bei Buddeus diente.

167 Auf der Grundlage des so genannten „Leipziger Lexikons“ und in Anlehnung an Moréri erarbeitet, erschien 1726/27 in Basel ein „Neu vermehrtes Historisch- und Geographisches Allgemeines Lexicon“ in vier Bänden. Die Vorrede unterzeichnete als Herausgeber Jacob Christoph Iselin, ein Schweizer Historiker (1681–1737), der als Professor der Geschichte in Marburg und der Kirchengeschichte in Basel und hier auch als Direktor der Universitätsbibliothek tätig war. Das als sehr reichhaltig – besonders für Begriffe aus der Biographie, Genealogie und Topographie – geschätzte Werk erlebte 1742–1744 eine dritte Auflage in 6 Bänden. Vgl. Art. „Basler Lexikon“, in: LENZ, Kleine Geschichte großer Lexika, S. 42f.

168 Groot algemeene historisch, geographisch, genealogisch en oordeelkundig Woordenboek, behelzende zo het voornaamste dat vervat is in de Woordenboeken van Morery, Bayle, Buddeus, enz. als de gehele kerkelyke en wereldlyke geschiedenis ..., hrsg. v. David HOOGSTRATEN / Matthaeus Brouërius VAN NIDEK / Jan Lodewijk SCHUER (8

des Zaren von Moskau, das Wörterbuch von Moréri auf Russisch zu drukken, erfolgreich war[169] – ins Italienische sei das Werk jedenfalls *nicht* übersetzt worden. Der Grund: Jene Italiener, die des Französischen nicht mächtig seien, „begnügten" sich mit dem *Mapamondo Istorico* des Italieners R. P. Foreti [sic!][170], der ihnen als *Móreri* diene.

Blieben also nur die Spanier und die Portugiesen, denen es an einem historischen Wörterbuch in ihrer Sprache fehlte. Die Königliche Akademie (*Real Academia*) hätte ihrer „wissbegierigen Nation" soeben ein „exzellentes Wörterbuch der kastilischen Sprache"[171] beschert, als eine „göttliche Vorsehung" den „sehr gelehrten" Madrilenen Joseph de Miravel y Casadevante anregte, die Nation mit der Übersetzung von Moréris Werk zu „beschenken". Miravel begann 1730, den ersten Band der Pariser Auflage von 1725 zu übersetzen, und nach eigenen Angaben ermutigten die Verleger ihn, „volle Kraft" (*entera salida*) zu geben. Seine Majestät Philipp V. habe Don Joseph mit den königlichen Privilegien ausgestattet[172], und 1734 gaben die *Libreros* eine Anzeige in den Zeitungen Madrids auf, in der sie Gelehrte (*Letrados*) aufforderten, bei der Fertigstellung des „ebenso mühsamen wie teuren Unternehmens" zu helfen. Als Miravel über Madrid nach Frankreich reiste, um den Druck seines Werkes zu überwachen und zu leiten, wurde er 1737 in der *Academia Real de Historia* aufgenommen, kurze Zeit später sei jedoch sein „Lebensfaden" abgeschnitten worden.[173]

Der Druck des Wörterbuches verzögerte sich danach durch „große Hindernisse": Bei Einsicht des Manuskripts stellten die Verleger fest, dass alles „ein einziges Chaos" gewesen sei (*todo era confusion*), da Miravel keine alphabetische Ordnung hergestellt habe; aufgrund der differierenden Anfangsbuchstaben ist diese auf Kastilisch naturgegeben eine andere als auf Französisch. Außerdem sei die Schrift so schlecht gewesen, dass die Drukker das Manuskript nur mühsam entziffern konnten. Die Supplement-Bän-

---

Bde.), Amsterdam (Brunel, Wetsteins, Waesberge, de Coup, Humbert) / Utrecht (Willem van de Water) / Leiden (Samuel Luchtmans, van Dole, Vaillant u.a.) 1725–1733.

169 Weder in der Forschungsliteratur noch im Online-Katalog der russischen Staatsbibliothek (Russian State Library) gibt es einen Hinweis auf eine russische Moréri-Übersetzung.

170 Gemeint ist: P. Antonio FORESTI, Mappamondo istorico cioè ordinata narrazione dei quattro sommi imperii del mondo da Nino sino al regnante Leopoldo Austriaco e della monarchia di Christo da S. Pietro sino a nostri dì (3 Bde.), Parma 1690–1691. Das Werk ist nicht alphabetisch verschlagwortet.

171 Gemeint ist der Diccionario de la Lengua Castellana (das so genannte „Diccionario de Autoridades") en que se explica el verdadero sentido de las Voces, su Naturaleza y Calidad ..., hrsg. v. der Real Academia Española (6 Bde.), Madrid (Francisco del Hierro, Impressór de la Real Académia Española) 1726–1739.

172 Prefacio dos Libreros, S. iv.

173 Zur Ursache seines Todes wird im Vorwort nichts gesagt. Auch im biographischen Archiv finden sich keine Angaben darüber.

de, die zwischenzeitlich 1735 in Paris und 1743 in Basel erschienen sowie die Neuauflage des Moréri in Holland (1740), die „sehr viel Material" (*abondantes materiales*) zur Bereicherung der spanischen Ausgabe liefern konnten, seien weitere triftige Gründe gewesen, alles in den „Schmelztiegel" (*crisol*) zu werfen, um das Werk hinterher „makelloser und perfekter" (*mas acendrada y mas perfecta*) herauszuholen. Der spanischen Version seien Artikel aus den gerade erschienenen (französischen) Supplementbänden hinzugefügt worden sowie „unzählige" andere, die „viele Gelehrte" aus Spanien, Portugal und Amerika[174] beigesteuert hätten. Man habe außerdem nicht die Kosten gescheut, zwei Spanier von Madrid nach Paris zu beordern, die das Manuskript Miravels in schönerer Schrift abschrieben, neu erschienene französische Artikel übersetzten und alle Lemmata zu einem „neuen Werk" zusammenfügten. Nach 20 Jahren ununterbrochener Arbeit habe man das gewünschte Ziel erreicht und könne mit der dargebotenen Auswahl in „sauberem und korrektem Druck" das Publikum zufrieden stellen. Die spanische Übersetzung, so die Autoren des Vorworts, übertreffe das französische Original durch „zahlreiche Vorteile", die unter vier Punkten aufgelistet werden:

1. Genealogien „wenig bedeutender" französischer Familien oder Individuen seien durch Genealogien berühmter und adeliger spanischer und portugiesischer Familien und Individuen ersetzt worden.
2. Die für Spanier „überflüssigen und unnützen" Artikel seien großteils weggelassen worden – an ihre Stelle seien andere historische und geographische Lemmata, die Spanien und die *Indias*[175] betreffen, getreten. Die Aktualisierung der Genealogien und Integrierung der Artikel des kürzlich gedruckten zweiten Supplements des französischen *Moréri* mache „ärgerliche" Supplements überflüssig; dadurch übertreffe das spanische Werk „alle vorherigen".
3. Mit äußerster Aufmerksamkeit (*Con la más escrupulosa atención*) sei all jenes aus dem Wörterbuch entfernt worden, das die spanische Nation beleidigen (*ofender*) könnte; bei religiösen Aspekten sei darauf geachtet worden, nichts zuzulassen, das der gesunden (*sana*) Doktrin der „heiligen Mutter", der römisch-katholischen Kirche, widerspräche.[176]

Zum Schluss des Vorworts äußern die *Libreros* die bescheidene Hoffnung, mit ihrem Projekt den Weg für „größere und bessere" Unternehmungen

---

174 Als „berühmte" und „gelehrte" Personen, die bei der Erstellung des spanischen Werkes geholfen haben, werden genannt: Luis Conde de Ericeira, Fr. Manuel Medrano, Patricio Bravo de Lagunez y Castro und Sahagun Ladron y Guevarra.

175 *Las Indias* war in den iberischen Staaten lange Zeit ein gängiger Begriff für Amerika. Vgl. Günter KAHLE, Lateinamerika-Ploetz. Die Geschichte der lateinamerikanischen Länder zum Nachschlagen, Freiburg / Würzburg ^{2}1993, S. 50.

176 Prefacio dos Libreros, in: GRAN DICCIONARIO HISTORICO, S. v.

gleicher Art geebnet zu haben.[177] De facto sollte erst knapp 40 Jahre später wieder eine Enzyklopädie in Spanien erscheinen, und zwar wieder als Übersetzung eines französischen Werkes: die *Encyclopedia Metodica*.

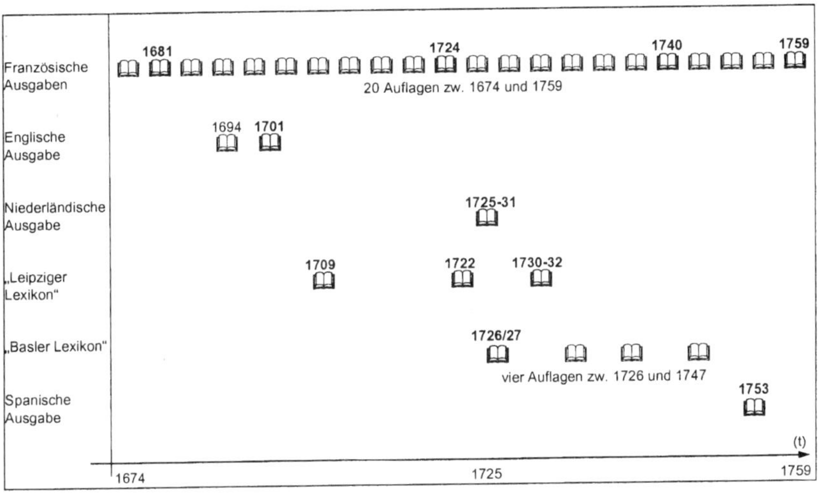

Abb. 3: Untersuchte Werke der Moréri-Familie[178]

Von den französischen Auflagen werden in dieser Arbeit – zur Überprüfung der longue durée bestimmter Aussagen – vier Auflagen zwischen 1681 und 1759 untersucht, außerdem je eine englische (1701) und niederländische Version (1725–1731), die drei Leipziger Auflagen (1709–1732), die erste Basler Ausgabe (1726/27) sowie der spanische *Gran Diccionario Historico*. Die analysierten Werke sind in Abb. 3 hervorgehoben.

177 Ebd., S. vj.

178 Quelle: eigene Darstellung.

III.3.2 Das geographische Zeitungslexikon des Laurence Echard und seine Filiationen

Eine weitere interessante, bisher kaum untersuchte europäische Wörterbuchfamilie bilden die Werke Echards und deren Filiationen. Laurence Echard (1670–1730)[179], Theologe und Historiker aus Suffolk, war der „Erfinder" des geographischen Zeitungslexikons. Sein *Gazetteer's or newsman's Interpreter* erschien erstmals 1692 in London.[180] Die Idee des Werkes: Ein Zeitungsleser sollte bei der Lektüre ihm unbekannte Orte nachschlagen können. Die geographischen Namen sind alphabetisch sortiert und mit kurzen Informationen versehen. Das *Gazetteer's* erscheine im „Pocket-Format" (12°), heißt es im Vorwort zur 15. Auflage, damit man es in ein Kaffeehaus oder an andere Orte mitnehmen könne, an denen es *News* gäbe. Jede beliebige Stadt, jedes Dorf und jede Burg von Belang in Europa solle mithilfe des *Gazetteer's* sofort verortet werden können, man solle darin seine Lage erfahren, wohin (und zu wem) es gehöre etc.[181] Das Werk war so erfolgreich, dass in kurzer Folge weitere Auflagen erschienen, die zweite bereits 1693, die dritte 1695, die vierte 1703. Die 16. und jüngste Auflage des *Gazetteer's* datiert von 1744.[182]

Für die Untersuchung von Nationalstereotypen sind die Werke Echards wenig ergiebig, da das *Gazetteer's* ausschließlich europäische Städte und Ortschaften, keine europäischen Staaten verzeichnet und die Lemmata weder Hinweise auf die Beschaffenheit der Orte geben noch deren Bewohner charakterisieren. Es werden in der Regel nur die geographische Lage und die Klassifizierung des Namens geliefert. Die Länder anderer Kontinente sind indes knapp und nüchtern beschrieben. Von Brasilien z.B. erfährt man im entsprechenden Lemma, dass es 1501 von den Portugiesen entdeckt wurde und dass darin „viele verschiedene Völker" (*a great many Sorts of People*) leben, die zwar aufgezählt (*Maraguayas, Toupinambours, Morphi-*

---

179 Laurence Echard (auch Laurence Eachard, Lawrence Echard, Lorenz Echard und Lorenzo Echard) wurde in Barsham geboren, studierte in Cambridge und war Archidiakon von Stow. Er übersetzte zahlreiche historische Werke und kompilierte viele geographische und historische Werke. Als sein Hauptwerk gilt seine Geschichte Englands, die den Zeitraum von den Römern bis zu seiner Lebenszeit abdeckte, erschienen 1707–1720. Eine Biographie des Autors schrieb: Richard William GOULDING, Laurence Echard. Author and achdeacon, Worksop [1928].

180 Diese Angabe ist dem „Integrated Catalogue" der British Library in London entnommen.

181 Laurence ECHARD, The Gazetteer's or, Newsman's Interpreter, London (S. Ballard, D. Midwinter, R. Ware, C. Rivington, A. Ward, J. and P. Knapton u.a.) 1741, ohne Paginierung.

182 Diese Angaben sind dem „Integrated Catalogue" der British Library in London entnommen.

ous etc.), aber weder näher beschrieben noch mit Adjektiven versehen werden. Selbst der in dieser Zeit so weit verbreitete Hinweis auf die brasilianischen Menschenfresser fehlt.[183]

Umso interessanter für die Stereotypenforschung sind jene geographischen Wörterbücher, die von Echards Zeitungslexikon inspiriert wurden: Die 13. Auflage des *Gazetteer's* von 1731[184] diente – glaubt man Titeln und Vorworten sämtlicher ausländischer Ausgaben – als Vorlage für eine französische Übersetzung, die in zahlreichen Auflagen zwischen 1747 und 1851 erschien.[185] Der französische Abbé und „Homme de lettres" Jean-Baptiste Ladvocat (1709–1765) war ab 1740 Professor und Bibliothekar der Sorbonne und verfasste (neben einer hebräischen Grammatik und diversen anderen Werken) unter dem Pseudonym „Vosgien" den *Dictionnaire géographique portatif.* Vosgiens Adaption, die im Octav-Format (8°) erschien und damit doppelt so groß wie der *Gazetteer's* war, stützte sich nach heutiger Erkenntnis jedoch nicht ausschließlich auf Echards Zeitungslexikon, sondern maßgeblich auch auf den *Grand Dictionnaire Historique et Critique* von Antoine Augustin Bruzen de la Martinière (1662–1746).[186]

---

183 Vgl. z.B. Art. „Brasilien" in: ZEDLER, Bd. 4 (1733), Sp. 1099: „[Die Einwohner] sind auf nichts bedacht als auf Krieg und Rache, und pflegen ihre Feinde, die sie gefangen bekommen, zu fressen."

184 The Gazetteer's; or, Newsman's Interpreter ... The thirteenth edition, corrected and ... enlarged, London (J. Knapton, R. Robinson; and S. Ballard u.a.) 1731.

185 Jean Baptiste LADVOCAT, Dictionnaire géographique portatif ou Description de tous les royaumes... traduit de l'anglois sur la treiziéme edition de Laurent Echard, avec des additions & des corrections considérables, par Monsieur Vosgien, chanoine de Vaucouleurs, Paris (Didot) 1747. Die zweite Auflage (Seconde édition, revue, augmentée & corrigée) erschien bereits im selben Jahr, ebenfalls in Paris (Didot).

186 Vgl. Durand ECHEVERRIA / Everett C. WILKIE, The French image of America. A chronological and subject bibliography of French books printed before 1816 relating to the British North American colonies and the United States, Metuchen (NJ) / London 1994, S. 126. Hier heißt es: „Vosgien is a pseudonym for Jean Baptiste Ladvocat. This first French edition is loosely based on the 13th edition of Echard's *The Gazeteer's, or Newsman's Interpreter* (London 1731), the 1st edition of which was London, 1692. Ladvocat heavily supplemented Echard's work with material from Bruzen de la Martinière's *Grand dictionnaire.* Subsequent editors and revisers deleted entries, added others, and expanded existing ones. Editions published in other countries were revised to meet local needs." Vgl. auch Dennis Channing LANDIS / John ALDEN, European Americana: a chronological guide to works printed in Europe relating to the Americas Bd. 6: 1726–1776, New Canaan, Connecticut 1988, S. 392. Auch hier heißt es: „[The Dictionnaire géographique] purports to be transl. from Laurence Echard's *The gazetteer's or newsman's interpreter* (1st publ., London, 1692–1704), but is adapted from it & from A. A. Bruzen de La Martinière's *Le grand dictionnaire géographique et critique*, 1st publ., The Hague, Amsterdam, & Rotterdam, 1726–39." Auch Antoine François Delandine (1756–1820) beschreibt in seinen Memoiren, dass der *Dictionnaire historique* von Vosgien zwar das englische Werk Echards als Vorbild angebe, aber eigentlich ein „gute Zusammenfassung von Bruzen de la Martinières

Abb. 4: Frontispiz und Titelblatt des *Geographischen Handwörterbuchs* (1764/65)[187]

Die französischen Ausgaben dienten wiederum als Vorlage für die (ebenfalls im Oktav-Format erschienenen) Übersetzungen ins Italienische[188], ins Deutsche[189], ins Spanische und Polnische[190]. Die spanischen, jeweils erwei-

Dictionnaire geographique" (*bon abrégé du Dictionnaire géographique de Bruzen de la Martinière*) sei, Antoine François DELANDINE, Mémoires bibliographiques et littéraires, Paris / Lyon (Renouard) [1816], S. 117f.

187 Quelle: Eigene Digitalfotografie eines Exemplars der Staatsbibliothek Berlin.

188 Dizionario Geografico portatile, Traduzione dall'originale Inglese [„The Gazetteer's] nel Francese, e da questo nell'Italiano, seconda edizione (2 Bde.), Venezia 1761.

189 Herrn Vosgien Chorherrn zu Vaucouleurs, Geographisches Handwörterbuch, oder Beschreibung der Königreiche, Provinzen, Städte, Patriarchate, Erzbißthümer ... Ein zur Erkänntniß der neuern Geschichte und des gegenwärtigen Zustandes der Welt sehr nützliches Werk, Aus dem Englischen nach der dreyzehenden Ausgabe des Lorenz Echard ins Französische; und jetzt mit sehr vielen Verbesserungen und Zusätzen ins Deutsche übersetzt, Ulm (Albrecht Friederich Bartholomäi) 1764/65.

190 Dykcyonarzyk Geograficzny czyli opisanie krolestw, prowincyi ... (3 Bde.) Warschau 1782/83. Das Werk ist im Katalog der Staatsbibliothek Berlin verzeichnet, wurde aber auf Nachfrage als „Kriegsverlust" deklariert.

terte und veränderte Übersetzungen des Ladvocat'schen Lexikons erschienen in zwei verschiedenen Versionen: Die erste erschien ab 1750 (übersetzt von Juan de La-Serna[191]) in drei Auflagen.[192] Ab der vierten Auflage, die zugleich eine neue, erweiterte Version des Werks darstellt, zeichnet der spanische Aufklärer Antonio de Capmany y Montpalau[193] (1742–1813) verantwortlich.[194]

191 Diccionario geographico, ò Descripcion de todos los Reynos, Provincias, Islas ... de las quatro partes del mundo... Obra Util para la Inteligencia de la Historia Moderna, y negocios presentes, Escrita primeramente en el Idioma Inglès por Lorenzo Echard Traducida al Francès de la XIII. Ediccion de Londres por Mr. Vosgien, Canonigo de Vaucoulers, con muchas correcciones, y adicciones: y ahora nuevamente al Castellano de la ultima impression de Paris, con varias correcciones, y adicciones, por lo que mira à España, y aumento de un numero considerable de Pueblos de ella: por D. Juan de La-Serna, Madrid (Imprenta de la Viuda de Peralta) [1750].

192 Zu den spanischen Versionen siehe die Kapitel „La versión del Diccionario de Echard por La Serna" und „Las correcciones al Diccionario de La Serna", in: Horacio CAPEL, Los Diccionarios Geográficos de la Ilustración Española, in: Geocrítica 31, 1981, S. 1-51, hier: S. 14ff.

193 Capmanys veröffentlichtes Werk umfasst historische, philosophische und literaturkritische Schriften wie *Filosofía de la elocuencia* (1777), *El teatro histórico-crítico de la elocuencia española*, eine Verteidigung der spanischen Literatur gegen Kritiker wie Masson de Morvilliers (5 Bde, 1780–1794) und viele andere. Capmany war ständiger Sekretär der Real Academia de la Historia in Madrid und während der französischen Besetzung Abgeordneter der Cortes von Cádiz. Unter dem Pseudonym Pedro Fernandez veröffentlichte Capmany 1773 eine Entgegnung auf Montesquieus 78. Brief der *Lettres persanes*. Vgl. Antonio de CAPMANY, in: Spanien und Europa, in: Hans HINTERHÄUSER (Hrsg.), Spanien und Europa. Stimmen zu ihrem Verhältnis von der Aufklärung bis zur Gegenwart, München 1979, S. 47-53, hier: S. 47.

194 Von Capmanys dreibändigen Version des *Diccionario Geografico* konnte der erste Band aus der 4. und die beiden anderen Bände aus der 5. Auflage eingesehen werden: Diccionario geográfico universal que comprehende la descripción de las quatro partes del mundo y de las naciones, imperios, reynos, repúblicas y otros estados, por Antonio de Capmany y de Montpalau, 4. Aufl., Bd. 1 [A–F], Madrid (Real Comp. de Impresores, Libreros etc. Marin Dr.) 1783 und 5. Aufl. Bd. 2 [G–O] u. 3 [P–Z], Madrid (Real Comp. de Impresores, Libreros etc. Marin Dr.) 1793.

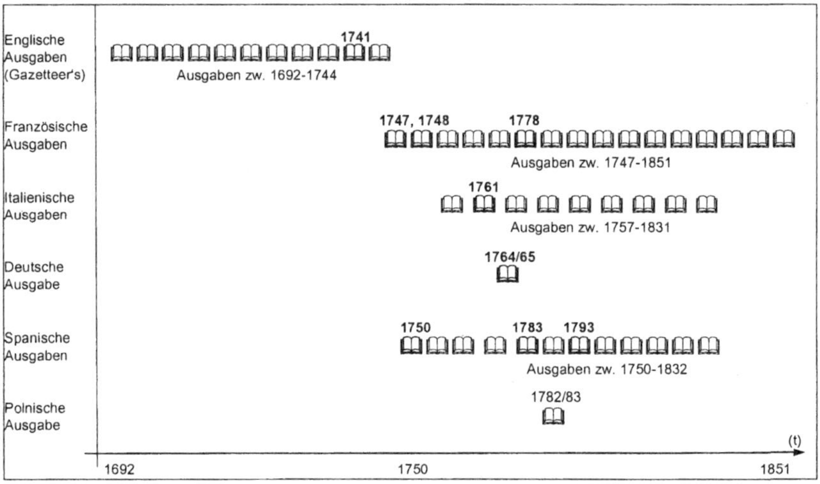

Abb. 5: Untersuchte Werke der Echard-Familie[195]

Die Lemmata zu den europäischen Staaten umfassen jeweils eine recht kurze geographische Beschreibungen (Lage, Flüsse, Berge). Am Ende findet sich meist in Form einer Kette von Adjektiven ein Eintrag zu Wesen und „Nationalcharakter" der Einwohner. In Längs- und Querschnitten durch die Echard-Familie wurden neun Werke des 18. Jahrhunderts untersucht; diese sind in Abb. 5 hervorgehoben.

III.3.3 Enzyklopädische Lexika in Spanien und Portugal

Spanische und portugiesische enzyklopädische Lexika

Am Anfang der Suche nach verwertbaren Quellen für die historische Enzyklopädienforschung steht die Erkenntnis, dass es weder im 17. noch im 18. Jahrhundert originär (!) spanische oder portugiesische Werke gab, die den Titel „Enzyklopädie" oder „Universallexikon" trugen. Das 18. Jahrhundert kann in den iberischen Ländern eher als Jahrhundert der Wörterbücher[196]

195 Quelle: Eigene Darstellung.

196 Vgl. Werner THIELEMANN, Wörterbücher im 18. Jahrhundert, ihre Traditionen, ihre Wurzeln und ihre Zielstellungen. Bemerkung zum Wörterbuch von P^{e} Raphael Bluteau, in: Sybille GROẞE / Axel SCHÖNBERGER (Hrsg.), Dulce et decorum est philologiam colere. Festschrift für Dietrich Briesemeister zum 65. Geburtstag Bd. 2, Berlin 1999, S. 1169-1187, hier: S. 1169 sowie Werner KRAUSS, Aufklärung in Spanien, Portugal und Lateinamerika, München 1973, S. 118f.

denn als Jahrhundert der Enzyklopädien bezeichnet werden, da die enzyklopädische Tradition hier nicht so stark ausgeprägt war wie etwa in Frankreich, England oder im deutschen Sprachraum. Die portugiesische und spanische enzyklopädische Lexikographie entstand aus der Tradition des Sprachwörterbuches heraus und steht damit z.B. im Gegensatz zur deutschen Lexikographie: Hier waren die ersten nationalsprachlichen alphabetischen Lexika als enzyklopädische Werke angelegt.[197]

Selbstverständlich können und sollten auch definitorische und zwei- oder mehrsprachige Wörterbücher (der iberischen Länder) Gegenstand historischer Forschung sein.[198] Der so genannte *Diccionario de Autoridades* (1726–1737)[199] oder das Wörterbuch von Estaban de Terreros y Pando[200],

---

197 Vgl. KILCHER, *mathesis* und *poiesis*, S. 222.

198 Seit dem Paradigmenwechsel („linguistic turn"), wie ihn die Zeitschrift „Annales" seit den 1920er Jahren vollzog, arbeitet die Geschichtswissenschaft zunehmend mit der Linguistik zusammen bzw. bedient sich deren Theorien und Methoden, z.B. im Rahmen der Begriffsgeschichte (Reinhart Koselleck), der historischen Semantik (Rolf Reichardt), der Intellectual History (Quentin Skinner und John G. A. Pocock) und der Narrativität (Hayden White). Vgl. das Kapitel „Forschung – Sprache als Gegenstand der Geschichtswissenschaft", in: LANDWEHR, Geschichte des Sagbaren, S. 23-64.

199 Im ersten Wörterbuch der *Real Academia Española* tauchen keine Substantive zu den Ländern auf. Dennoch ist das Wörterbuch für die Enzyklopädienforschung nicht uninteressant: Unter dem Sichwort „Diccionario" wird erörtert, dass es verschiedene Arten von Wörterbüchern gibt, nämlich einsprachige „wie jenes von Treboux [sic!]", das in französischer Sprache verfasst sei, historische „wie das von Moréri" und geographisch ausgerichtete wie das von „Tomás Cornelio" (gemeint ist Thomas Corneille). Ferner unterscheide man zwischen einem *Diccionario* und einem *Vocabulario*. Letzterer enthielte „nur" Wörter, die in einer anderen Sprache übersetzt wiedergegeben werden oder aber eine einfache Erklärung in Form eines Synonyms (*contiene solo las voces traducidas en otra Lengua ò explicadas mui simplemente por algun sinónimo*). Als Beispiel wird dafür César Oudins Wörterbuch angeführt. Der kurze Eintrag beweist Kenntnis und Rezeption von ausländischen Werken. Vgl. Diccionario de la Lengua Castellana, en que se explica el verdadero sentido de las Voces, su Naturaleza y Calidad..., hrsg. v. der Real Academia Española Madrid (Francisco del Hierro, Impressór de la Real Académia Española) 1726–1739, Bd. 1 (1726), S. 376. Mehr Informationen hierzu bei Helgunde HENSCHEL, Zur Theorie und Praxis des „Diccionario de Autoridades" im Zusammenhang mit den Bemühungen um eine spanische Sprachreform, Berlin 1969.

200 Für die Stereotypenforschung interessant ist der 14-zeilige Eintrag zu „Nacion". Mit Verweis auf den *Dictionnaire de Trevoux* finden sich in nur einem Satz sechs gängige europäische Nationalstereotypen wieder: So sagten „einige", wenn sie über Nationen redeten, „flink und leichtfüßig wie der Franzose, närrisch und verspielt wie der Italiener, ernst wie der Spanier, ruchlos wie der Engländer, grausam wie der Schotte, betrunken wie der Deutsche, verlogen wie der Grieche". („Algunos dicen hablando de las naciones, lijero y fácil como el Frances, loco, y jugueton como el Italiano, serio como el Español, malvado como el Ingles, fiero como el Escoces, ebrio como el Aleman, embustero como el Griego, &c."), vgl. Art. „Nacion", in: Estaban de TERREROS Y PANDO, Diccionario castellano con las voces de ciencias y artes y sus correspondi-

sind jedoch für die vorliegende Untersuchung von eher geringem Wert, da diese keine Substantiva zu einzelnen (europäischen) Ländern verzeichnen[201] und deshalb keine unmittelbare Vergleichbarkeit gewährleistet werden kann. Im Folgenden sollen jedoch zwei iberische Werke vorgestellt werden, die sich für die Stereotypenforschung eignen, deshalb in das Quellenkorpus integriert wurden, und durchaus einen Platz in der europäischen Enzyklopädienlandschaft und -forschung verdienen.[202]

Das älteste der untersuchten Lexika, der bereits erwähnte *Tesoro de la lengua castellana, o española* (1611) des Klerikers Sebastián de Covarrubi-

---

entes en las tres lenguas francesa, latina e italiana (4 Bde.) Madrid 1786–1793, Bd. 2, 1786, S. 645.

201 In der modernen spanischen *Enciclopedia Universal Ilustrada* findet sich bezeichnenderweise unter dem Stichwort „Enciclopedia" in 19 Spalten eine ausführliche Geschichte der Enzyklopädien Europas (vor allem Frankreichs) – Hinweise auf spanische enzyklopädische Werke (mit Ausnahme einer kurzen Erwähnung der bereits mehrfach angesprochenen *Encyclopedia Metodica*, die jedoch nicht korrekt datiert und zudem mit falscher Bandanzahl wiedergegeben ist) sucht man jedoch vergebens, Art. „Enciclopedia" in: ESPASA 19 (o.J.), S. 1165-1174. In einer anderen spanischen Enzyklopädie werden die *Etimologias* Isidor de Sevillas (um 623 n.Chr.) als erste spanische Enzyklopädie angegeben und noch die *Lugares comunes de conceptos, dichos, y sentencias, en diversas materias* (Sevilla 1595) von Juan de Aranda angeführt. Dann heißt es: „Außer diesen aufgezeigten sehr primitiven Exemplaren sind spanische Enzyklopädien bis ins 20. Jahrhundert äußerst selten (*escasísimas*)", Art. „Enciclopedia", in: Gran Enciclopedia de España, Bd. 8, 1992, S. 3548-3550, hier: S. 3549. Auch in modernen, auf spezielle Anfrage von Bibliothekaren der spanischen Nationalbibliothek empfohlenen Bibliographien sind die enzyklopädischen Werke nicht aufgeführt. Vgl. Homero SERÍS, Manual de bibliografía de la literatura española, New York 1948 sowie ders., Bibliografía de la lingüística española, Bogotá 1964. Andere Standard-Verzeichnisse enzyklopädischer Werke wie Gerd A. ZISCHKA, Index lexicorum: Bibliographie der lexikalischen Nachschlagewerke, Wien 1959 oder Martin PECHE, Bibliotheca lexicorum. Kommentiertes Verzeichnis der Sammlung Otmar Seemann. Eine Bibliographie der enzyklopädischen Literatur von den Anfängen bis zur Gegenwart, unter besonderer Berücksichtigung der im deutschen Sprachraum ab dem Jahr 1500 gedruckten Werke, bearb. v. dems. Nach einem von Otmar Seemann erstellten Gesamtverz. und mit einer mehr als 3000 Titel umfassenden Bibliographie zur Geschichte der Lexikonistik, hrsg. v. Hugo WETSCHEREK, Wien 2001 verzeichnen das Wörterbuch von Terreros y Pando als einziges iberisches Werk des 18. Jahrhunderts.

202 Einen Überblick zur sprachhistorisch und linguistisch geprägten Forschung liefert Dieter WOLL, Portugiesische Lexikographie. in: Wörterbücher, Dictionaries, Dictionnaires. Ein internationales Handbuch zur Lexikographie, 2. Teilbd., Berlin / New York 1990, S. 1723-1735 sowie Manuel ALVAR EZQUERRA, Spanisch. Lexikographie, in: Günter HOLTUS / Michael METZELTIN / Chr. SCHMITT (Hrsg.), Lexikon der romanistischen Sprachen (LRL) Bd. 6,1: Aragonesisch-Navarresisch, Spanisch, Asturianisch-Leonesisch, Tübingen 1992, S. 636-651. Siehe außerdem ders., Tradición en los diccionarios del español, in: Revista española de lingüística 22/1, 1992, S. 1-23; Inmaculada ANAYA REVUELTA, Sobre el carácter enciclopédico de los diccionarios del español, in: Boletín de la Real Academia Española 80/280, 2000, S. 177-207.

as (1539–1613)[203], ist nominell ein Wortschatz der kastilischen oder spanischen Sprache.[204] Aufgrund der ausführlichen Erklärung von Personen- und Ortsnamen, der zahlreichen Sprichworte und Redewendungen, der umfangreichen Sachinformationen, der historischen Daten, der ausführlichen Be- und Umschreibungen bzw. „Assoziationsketten und Abschweifungen“[205] in fast allen 11.000 Lemmata (mit Sublemmata 16.900)[206], und nicht zuletzt wegen der anekdotischen Schreibweise des universalgebildeten Verfassers erhält dieser jedoch enzyklopädischen Charakter.[207]

Ziel des Autors ist der Nachweis der Nähe des Spanischen zu den klassischen Sprachen Latein, Griechisch und Hebräisch. In einem Brief an König Philipp III. (1598–1621), der dem lexikalischen Teil vorangestellt ist, formuliert Covarrubias den Wunsch, dass das Spanische mit anderen europäischen Kultursprachen „gleichziehen“ solle.[208] Der Aufbau der Einträge ist in den meisten Fällen wie folgt: Lemma (in Majuskeln), Etymologie des Wortes und enzyklopädische Informationen. Den Abschluss bilden eine Belegstelle oder ein Zitat[209], das meist auf lateinische und griechische Autoren sowie Autoren des Mittelalters und der Renaissance (z.B. Aristoteles, Stra-

---

203 Covarrubias gehörte einer Familie an, die Schriftsteller, Architekten und Kirchenmänner hervorbrachte und Verbindungen zum Hof unterhielt. Nach dem Studium der Theologie in Salamanca erhielt er 1567 die Priesterweihe, 1579 wurde er zum Stiftsherrn in Cuenca ernannt. 1596 ging er auf Befehl des Königs als Lehrer für die *Moriscos* nach Valencia, wo er bis 1600 blieb. Die folgenden Jahre verbrachte er in Cuenca. Covarrubias starb am 8.10.1613. Vgl. MÜHLSCHLEGEL, Enciclopedia, S. 131.

204 Der Verfasser konzipierte das Werk zunächst als etymologisches Wörterbuch; der ursprüngliche Titel, wie ihn D. Pedro Frías im Vorwort erwähnt, lautete *De Hispaniae linguae etymologiis*. Zu seiner Zeit ist das Wörterbuch daher auch unter dem Titel *Etimologías* bekannt. Als Quellen dienten Covarrubias Wörterbücher der alten Sprachen sowie moderne zweisprachige Wörterbücher wie z.B. de las Casas von 1570, außerdem konsultierte er etymologische Studien, u.a. von Sánchez de las Brozas und Aldrete. Vgl. MÜHLSCHLEGEL, Enciclopedia, S. 132.

205 Vgl. ebd., S. 145f.

206 Vgl. ebd., S. 135 sowie Dolores AZORÍN FERNANDEZ, La labor lexicográfica de Sebastián de Covarrubias, in: Boletín de la Asociación Europea de Profesores de Español 36/37, 1989, S. 81-90, hier: S. 87.

207 Das Lemma „Elefante“ umfasst bspw. 21 Spalten und ist mit zahlreichen Anekdoten angereichert. Vgl. MÜHLSCHLEGEL, Enciclopedia, S. 53. Besonders im ersten Teil (Buchstaben A bis C) werden – entsprechend der ursprünglichen Konzeption des Werkes – die Etymologien besonders ausführlich debattiert. Vgl. ebd., S. 151. Zu den Quellen seiner Etymologien: Brigitte LÉPINETTE, Contribution à l'étude du Tesoro de la lengua castellana o española (1611) de Sebastián de Covarrubias, in: Historiographia Linguistica 16/3, 1989, S. 257-310, besonders S. 269-301.

208 Vgl. MÜHLSCHLEGEL, Enciclopedia, S. 138.

209 Vgl. ebd., S. 144.

bo, Plinius, Vergil, Isidor von Sevilla, Abraham Ortelius[210]) oder auf die Bibel verweist.[211]

Covarrubias pflegt in seinem Lexikon den Dialogstil. Der Leser wird häufig mit „du wirst sehen“ oder „du wirst merken“ (*verás, notarás*) direkt angesprochen bzw. mit „wir sagen“ oder „wir nennen“ (*dezimos, llamamos*) in die Gemeinschaft der Spanischsprecher integriert; Covarrubias selbst tritt als Autor in der ersten Person auf (*bien veo*).[212] Zwar liefert das Vorwort des Autors keinerlei Hinweise auf Quellen und Vorbilder des *Tesoro*[213], aber Covarrubias zitiert diverse in Europa erschienene historische und geographische Werke und religiöse Schriften, u.a. Texte in italienischer und französischer Sprache[214]; in 8% der Lemmata zitiert er andere Lexika, wobei jenes von Antonio Nebrija den größten Anteil ausmacht.

Der *Tesoro*, der in einer für das frühe 17. Jahrhundert stolzen Auflage von 1.000 Exemplaren gedruckt wurde, ist nicht nur das erste einsprachige Wörterbuch Spaniens, sondern das erste einsprachig-volkssprachliche Werk dieser Art in Europa[215], und als solches wurde es, wie bereits erwähnt, Vorbild für zahlreiche andere Wörterbücher.[216] Ein Lemma zu Portugal wird man in Covarrubias' Werk vergeblich suchen – die Zeit seines Erscheinens fällt in jene der Annexion Portugals durch Spanien (1580–1640). Das Lemma zu Spanien umfasst drei Spalten und wird im Analyseteil berücksichtigt.

---

210 Vgl. ebd., S. 167 sowie LEPINETTE, Contribution à l'étude du Tesoro, S. 261f. Eine Aufstellung der Autoren, die Covarrubias als literarische Quellen heranzieht, und jeweils einiger Lemmata, unter denen sie auftreten, nimmt vor: Manuel SECO, Autoridades literarias en el Tesoro de Covarrubias, in: Manuel SECO: Estudios de lexicografía española, Madrid 1987, S. 111-128.

211 Die Autorennamen und/oder Werke (z.T. mit Angabe der Verse und Kapitel) werden abgekürzt. Da es jedoch weder eine Liste der benutzten Quellen noch eine Aufschlüsselung der Abkürzungen gibt, bleibt es dem (gelehrten) Benutzer überlassen, die genannten Werke zu identifizieren. Vgl. MÜHLSCHLEGEL, Enciclopedia, S. 165f.

212 Vgl. ebd., S. 161.

213 Vgl. ebd., S. 139.

214 Da Covarrubias nicht alle diese Sprachen beherrscht, benutzt er polyglotte Werke oder greift auf das Lateinische als Metasprache zurück. Vgl. LÉPINETTE, Contribution à l'étude du Tesoro, S. 299.

215 Vgl. Manuel SECO, El Tesoro de Covarrubias, in: Ders., Estudios de lexicografía española, Madrid 1987, S. 97-110.

216 Außerdem noch für Gilles Ménage, Les Origines de la langue Françoise (Paris 1650), England: Minsheu (1617) und Stevens (1706), Italien: Franciosini (1620). Vgl. MÜHLSCHLEGEL, Enciclopedia, S. 135 sowie die Studie zur Rezeption und Nachahmung des Tesoro in anderen Wörterbüchern: LÉPINETTE, Contribution à l'étude du Tesoro, S. 257-310. Zur Rezeption bei europäischen Gelehrten, Philosophen und Schriftstellern siehe: Manuel SECO, Covarrubias en la Academia, in: Anales Cervantinos 25/26, 1987/88, S. 387-398.

Das einzige portugiesische Werk, das enzyklopädische Charakteristika aufweist und sich daher in das Quellenkorpus dieser Arbeit integrieren lässt, ist ein *Vocabulario*, also ein Wörterbuch, aus dem ersten Drittel des 18. Jahrhunderts. Sein Verfasser war der Theatiner-Mönch und gebürtige Franzose Raphael Bluteau (1638–1734), der erst im Erwachsenenalter nach Portugal kam, am Hof in Lissabon als Rhetoriker, Schriftsteller, Ratgeber und Wissenschaftler tätig war und eine „herausragende Persönlichkeit des Aufklärungsjahrhunderts in Portugal“[217] darstellt. Bluteau, der zuvor in Frankreich, England und Italien gelebt, studiert und gearbeitet hatte und sechs Sprachen beherrschte[218], gilt zudem als der erste portugiesische Lexikograph moderner Prägung und als Begründer der portugiesischen Sprachwissenschaft.[219] Sein *Vocabulario Portuguez e Latino*[220], an dem er nach eigenem Zeugnis 30 Jahre lang gearbeitet hat, ist nominell ein zweisprachiges portugiesisch-lateinisches Wörterbuch, vom Charakter her aber eindeutig ein *enzyklopädisches* Wörterbuch[221], da enzyklopädische Beschreibungen überwiegen und das Latein in die Rolle einer abhängigen Sprache tritt.[222] Das Werk führt im Titel 57 Adjektive von *aulico* bis *zoologico*, die bereits einen Hinweis auf seinen Universalanspruch geben. Auch der beträchtliche Umfang (acht reguläre und zwei Supplementbände) macht deutlich, dass Bluteaus Wörterbuch enzyklopädisch ausgerichtet ist.[223] Laut Vorwort ist es ein „universales Wörterbuch“, und damit „eine Nomenklatur für alles, was das Universum einschließt“[224].

---

217 Vgl. THIELEMANN, Wörterbücher, S. 1171.

218 Raphael Bluteau, geboren 1638 in Frankreich unter dem Familiennamen Chevalier, emigrierte im Alter von sechs Jahren mit seiner Familie nach England und nahm dort den Namen des Lord Blutaw an, der die Familie beherbergte. Er studierte in Paris, Reims, Florenz, Verona und Rom, wo er dem Orden der Theatiner beitrat. Dieser entsandte ihn 1668 nach Portugal. Vor seinem Weggang nach Portugal bekleidete er das Amt des Predigers bei Henriette-Marie von Frankreich (1609–1669), der vormaligen Königin von England und Frau des 1649 hingerichteten Königs Charles I. Vgl. THIELEMANN, Wörterbücher, S. 1171f. Wegen des Verdachts einer politischen Intrige musste er von 1687–1704 in Frankreich weilen. Nach seiner Rückkehr nach Portugal verbrachte er seinen Lebensabend als geschätzter Gelehrter im Kreis seiner Schüler. Vgl. HOLTUS / MÜHLSCHLEGEL, Raphael Bluteau, S. 173.

219 Vgl. Martin FRANZBACH, Abriß der spanischen und portugiesischen Literaturgeschichte in Tabellen, Frankfurt a.M. / Bonn 1968, S. 207.

220 *Vocabulario Portuguez e Latino*, Bde. 1–4: Coimbra 1712–1713; Bde. 5–8: Lissabon 1716–1721 sowie zwei Ergänzungsbände (*Suplemento ao Vocabulario Portuguez e Latino* Lissabon 1727–1728).

221 Vgl. THIELEMANN, Wörterbücher, S. 1175.

222 Vgl. ebd., S. 1172 sowie MÜHLSCHLEGEL, Enciclopedia, S. 105.

223 Vgl. THIELEMANN, Wörterbücher, S. 1173.

224 BLUTEAU, Vorwort „An den gelehrten Leser“, in: VOCABULARIO, Bd. 1, 1712, ohne Paginierung.

Wie sehr die „Verteidigung“ bzw. Institutionalisierung einer Sprache auch mit nationaler Identitätsbildung zusammenhängt, wird am Beispiel des *Vocabulario* deutlich: Vehement widerspricht Bluteau der Meinung des „größten Teils der Ausländer“, dass das Portugiesische keine eigenständige Sprache sei wie das Französische und das Italienische, sondern eine „verderbte Variante“ (*corrupçam*) des Spanischen. Dies bezeichnet Bluteau als „falsches Verständnis“. Zwar negiert er nicht die Nähe des Portugiesischen zum Spanischen (und erwähnt u.a. lobend die Lexikographen Nebrija und Covarrubias), das Kriterium der Eigenständigkeit liegt für ihn aber im Vorhandensein des Hofes und dessen Sprache.[225] Das Selbstbewusstsein des absolutistischen Herrschaftssystems schlägt sich hier in seiner Sprachnorm nieder. Bluteau postuliert, dass das, was er im Wörterbuch erfasse, „feinstes Portugiesisch“ sei. Vorbild sei das – und damit vertritt Bluteau die Ansichten der französischen *Académie* –, was bei Hofe und an der Spitze des Reiches gesprochen werde.[226] Am Sprach-Dünkel übt Bluteau übrigens generell Kritik, indem er erklärt, dass jede Sprache ihre Vorzüge habe und jeder Nation (*nação*) die eigene Sprache (*idioma*) die beste von allen zu sein scheine.[227]

Für die Produktion seines Wörterbuches zog Bluteau antike und moderne, gelehrte und explizit auch ungelehrte Autoren heran, da auch letztere Begriffe kennten, die es verdienen, in seinem Werk aufgenommen zu werden. Seine enzyklopädischen Erklärungen fußen nach eigener Darstellung zum einen auf der Lektüre einschlägiger Literatur[228], aber auch (wie später bei Diderot) auf dem autoptischen Prinzip, also der Besichtigung vor Ort von Werkstätten und Diskussionen mit Fachleuten. Da er sich nicht bei allen Handwerken (*Artes mecanicas*) auf portugiesische Autoren berufen konnte, habe er für die Recherche bestimmter Worte persönlich die „bescheidensten Werkstätten“ besucht und z.T. tagelang in Mühlen, „zwischen Mühlsteinen und Göpelstangen“ verweilt.[229] Ganz im Sinne der Aufklärung

225 Ebd.

226 Vgl. MÜHLSCHLEGEL, Enciclopedia, S. 105.

227 BLUTEAU, Vorwort „An den ausländischen Leser“, in: Vocabulario, Bd. 1, 1721, ohne Paginierung.

228 Er zitiert ausgiebig lateinische und portugiesische Autoritäten. Der Vorspann des Wörterbuchs enthält umfangreiche Abkürzungslisten zu den Autoren und Werken, die für Belege und Zitate herangezogen wurden. Die im Autorenkatalog genannten Quellen werden in alphabetischer Ordnung jeweils mit Titel, Ort, Verlag, Jahr und Bandzahl angegeben. Es folgen eine Auflistung der Abkürzungen der Titel und ihre Auflösung, ein Verzeichnis lateinischer Autoren mit kurzen biographischen Angaben, die Abkürzungen dieser Autoren und ihre Auflösung. Vgl. HOLTUS / MÜHLSCHLEGEL, Raphael Bluteau, S. 174.

229 BLUTEAU, Vorwort „An den pseudokritischen Leser“, in: Vocabulario, Bd. 1, 1712, ohne Paginierung. Ein Göpel ist eine (in Mühlen verwandte) mechanische Vorrichtung zur Erzeugung einer Antriebskraft durch Menschen oder Tiere.

und in geradezu beispielhafter enzyklopädischer Programmatik richtet sich der Autor des Wörterbuchs an ein nationalsprachiges und explizit auch an ein ungelehrtes Publikum. In einem seiner elf (!) Vorworte[230], die zusammen 40 Seiten umfassen, richtet er sich an den „Leitor Indouto", den ungelehrten Leser, und legt ihm dar, dass er ihn ohne die Matrikel einer Universität zum „Tempel der Weisheit" (*Templo da sabedoria*) führen und in allen wissenschaftlichen Fächern (*toda a materia scientifica universal*) bilden will.[231]

Auch wenn Bluteau dem Zeitgeist gemäß die Übernahme fremden Materials in der Wörterbuchschreibung als normal ansah und im Vorwort nichts zu seinen Vorbildern und Gewährsleuten sagt, ist erkennbar, dass er mit der europäischen Lexikographie bestens vertraut war: Im Vorwort führt er alle alle größeren ein- und zweisprachigen Wörterbücher des Portugiesischen, Spanischen, Französischen, Italienischen und Lateinischen seiner Zeit auf[232] und erwähnt u.a. auch Moréris *Dictionnaire Historique*. In einzelnen Lemmata finden sich ebenfalls Verweise auf César Oudin, Antoine Furetière und Pierre Richelet.[233] Wer im *Vocabulario* nach Lemmata zu europäischen Staaten sucht, wird schnell fündig: Der Autor selbst weist im Vorwort darauf hin, dass sein Werk deshalb so umfangreich ausfalle, weil es im Gegensatz zu den Wörterbüchern der italienischen *Accademia della*

230 Bluteau schreibt im ersten seiner Vorworte („An alle Arten von Lesern"), dass Autoren gewöhnlich einen Prolog für nur einen Leser schreiben, „als ob es nicht mehr als einen auf der Welt gäbe". Er selbst, der jeden alphabetisierten Menschen als potentiellen Leser betrachte und wisse, dass jeder mit unterschiedlicher Fähigkeit (*capacidade*) und Geist (*genio*) ausgestattet sei, wolle einen Prolog für „jede Art von Leser" machen. Sie teilen sich in folgende spezielle Vorworte auf: „An alle Arten von Lesern", „An den wohlwollenden Leser", „An den missgünstigen Leser", „An den ungeduldigen Leser", „An den portugiesischen Leser", „An den ausländischen Leser", „An den gelehrten Leser", „An den ungelehrten Leser", „An den pseudokritischen Leser", „An den impertinenten Leser", „An den knauserigen Leser".

231 BLUTEAU, Vorwort „An den ungelehrten Leser" (*Ao Leitor Indouto*), ohne Paginierung. Bluteau verspricht dem Leser außerdem, dass er – durch Üben mit dem *Vocabulário* – ohne Studium den „gelehrtesten Diskursen" folgen und das erfahren könne, was „große Meister und berühmte Professoren" nicht wüssten. Eine Lernanleitung liefert der Autor des Lexikons gleich mit: Der Leser solle jeden Tag zehn oder zwölf Vokabeln untereinander in Reihen in Hefte schreiben und in verschiedene Kategorien sortieren, z.B. die theologischen Begriffe unter „Theologie" und die astronomischen unter dem Titel „Astronomie". So werde er den Leser in vier oder fünf Jahren in allen Fächern „wissend" (*sciente*) machen. Und wenn der Leser die Worte und deren Bedeutung übe, werde er sein wie ein Theologe, Astronom, Pholosoph, Jurist oder Geograph und „sachverständig" in allen *Artes liberales & mecanicas*. Es folgen über knapp drei Seiten praktische Beispiele zum Erlernen der Begriffe.

232 Vgl. MÜHLSCHLEGEL, Enciclopedia, S. 106f.

233 Vgl. THIELEMANN, Wörterbücher, S. 1173.

Crusca und der französischen *Académie Française* geographische Namen und Beschreibungen der Länder verzeichne.[234]

Ausländische enzyklopädische Lexika auf der iberischen Halbinsel

Die Rezeption ausländischer enzyklopädischer Werke war in Spanien – aufgrund staatlicher und kirchlicher Zensur – im 17. und 18. Jahrhundert problematisch: (Französische) Philosophen und Enzyklopädisten und deren Werke standen, besonders nach 1750, unter argwöhnischer Beobachtung der Inquisition.[235] Etliche enzyklopädische Lexika, „Basiswerke der europäischen Aufklärung"[236], wurden auf den Index gesetzt und nicht ins Spanische übertragen, so z.B. Pierre Bayles *Dictionnaire philosophique et critique* (1697; indiziert in Rom 1705, in Madrid 1747), Voltaires *Dictionnaire philosophique portatif* (1764; indiziert in Paris 1765, in Rom 1765, in Madrid 1766) sowie Voltaires Aufsatz *La raison par alphabet* (1769; indiziert in Rom 1776, in Madrid 1781), wobei alle drei Werke auch für diejenigen verboten waren, die grundsätzliche Erlaubnis hatten, indizierte Bücher zu lesen.[237] In einigen Fällen verdammte die Inquisition Werke ohne sie direkt zu zensieren, so geschehen mit der *Encyclopédie* Diderots, die 1759 vom Papst verboten worden war. Die Heilige Inquisition beschränkte sich darauf, noch im gleichen Jahr die päpstlichen Sentenzen wörtlich in das eigene Edikt zu übernehmen.[238]

Andere enzyklopädische Werke aber wurden aufgrund fehlender Sprachkenntnisse zunächst nicht verboten: 1761 zeigte ein gewisser Juan Serrano bei der Inquisition in Madrid die *Cyclopædia* von Ephraim Cham-

234 „... necessita de mayor espaço, que os dittos monoglottos, em que tambem naõ entram, como neste, nomes concernentes à Geografia, ou a descripção das terras." Voculario, Bd. 1, 1712, ohne Paginierung.

235 Vgl. Marcelin DEFOURNEAUX, L'Inquisition espagnole et les livres français au XVIIe siècle, Paris 1963, S. 38 sowie KRAUSS, Die Aufklärung in Spanien, Portugal und Lateinamerika, S. 109f.

236 Vgl. Manfred TIETZ, Die spanische Literatur, in: Kindlers Literatur Lexikon. Hauptwerke der spanischen und portugiesischen Literatur. Einzeldarstellungen und Interpretationen, München 1995, S. 9-27, hier: S. 17.

237 Vgl. den Katalog der französischsprachigen *Livres Condamnés* (zwischen 1747 und 1807), Unterkapitel „Littérature philosophique et encyclopédique", in: DEFOURNEAUX, L'Inquisition espagnole, S. 167-175.

238 Ebd., S. 38f. „Ces exceptions n'infirment pas la règle générale selon laquelle de Saint-Office espagnol reste indépendant de la Congrégation romaine de l'Index, d'autant plus que le gouvernement espagnol lui-même tient à maintenier cette indépendance", ebd. (m. Fußnote 2).

bers (zuerst erschienen in London 1728)[239] an, obwohl er nach eigenen Angaben das Werk nicht (mehr) besaß, keinen Zugriff darauf hatte und auch der englischen Sprache nicht mächtig war.[240] Kurios ist auch der Fall des *Grand Dictionnaire Historique* von Louis Moréri in Spanien: Nachdem 1753 eine spanischsprachige Version (für den spanischen Markt) in Paris und Lyon erschienen war (siehe Kap. II.3.1), wurden 1762 zahlreiche französische Artikel des *Moréri* beim Tribunal in Murcia angezeigt. Zu diesem Zeitpunkt war der *Grand Dictionnaire Historique* in Spanien bereits verboten worden – allerdings nicht durch die Inquisition, sondern durch die spanische Regierung, und zwar mit dem Ziel, den Verkauf der spanischsprachigen Ausgabe nicht zu gefährden! Das Beispiel zeigt erstens, dass die Inquisition nicht unbedingt mit Weisungen der Regierung vertraut war, sondern unabhängig arbeitete, zweitens, dass offizielle Verbote bestimmte Werke nicht aus Spanien herauszuhalten vermochten[241], und drittens, dass die französischen Nachschlagewerke in Spanien – zumindest im Fall des *Moréri* – beliebter als die spanischen Ausgaben waren.[242]

Insgesamt war die Inquisition mit ihrer Zensurpraxis eine die geistesgeschichtliche Entwicklung des Landes hemmende Institution, doch war sie nach heutigem Forschungsstand durchlässiger als allgemein angenommen: Es gab Sonderlizenzen für die intellektuelle Elite und die Mühlen der Bürokratie mahlten so langsam, dass „gefährliche" Bücher häufig lange im Umlauf waren, bevor sie offiziell verboten wurden. Selbst danach verschwanden sie nicht von einem Tag auf den anderen vom Markt. Zahlreiche, vor allem französische Werke wurden zwischen 1747 und 1807 in veröffentlichten Listen und Edikten der Inquisition verdammt, aber die wiederholten Beschwerden lassen auf eine geringe Wirksamkeit der Verbote schließen.[243]

Nach Marcelin Defourneaux war mindestens die intellektuelle Elite Spaniens durchdrungen von Ideen und Maximen französischer Philoso-

239 Weitere Informationen liefert z.B.: Richard YEO, A solution to the multitude of books: Ephraim Chambers's Cyclopaedia (1728) as „the best book in the universe", in: Journal of the history of ideas 64/1, 2003, S. 61-72.

240 Vgl. DEFOURNEAUX, L'Inquisition espagnole, S. 40 (m. Fußnote 2).

241 Vgl. ebd., S. 41 (m. Fußnote 2).

242 Im Vorwort der *Encyclopedia Metodica* klagen die Verleger, dass die Subskriptionen nur „dürftige Hilfe" gebracht hätten. „Nicht ohne Erstaunen" hätten die Verleger bemerkt, dass die Zahl derer, die die französische, in Paris gedruckte Ausgabe der Enzyklopädie (*Encyclopédie Methodique*) subskribiert hätten, weitaus größer sei, als die Zahl derer, die die spanische Ausgabe subskribierten. („[H]emos experimentado, no sin admiracion, que ha sido mucho mayor el número de los que han subscripto á la edicion Francesa que se hace en Parés, que á la nuestra."), Advertencia del Impresor sobre esta Traduccion. Encyclopedia Metodica, dispuesta por orden de Materias. Historia Natural de los Animales, traducida del Frances al Castellano por D. Gregorio Manuel Sanz y Chanas. Bd. 1, Madrid (Antonio Sancha) 1788, I.

243 Vgl. DEFOURNEAUX, L'Inquisition Espagnole, S. 133.

phen.[244] Es ist noch nicht ausreichend erforscht, welche Wege „gefährliche“ ausländische Bücher und damit auch Enzyklopädien nach Spanien nahmen.[245] Dies gilt erst recht für Portugal, weswegen über die Verbreitung französischer oder anderer fremdsprachiger Lexika hier keine Aussage getroffen werden kann. Fest steht allerdings, dass Portugals Beitrag zu den enzyklopädischen Medien der Aufklärung (und zur europäischen Aufklärung allgemein) keine *quantité négligeable* war: Der portugiesische Arzt António Nunes Ribeiro Sanches, Medizinstudent in Salamanca, Schüler Boerhaves in Leyden, Leibarzt der Zarin Anna in Russland, steuerte in Paris z.B. den Artikel „Maladies vénériennes“ zu Diderots *Encyclopédie* bei.[246]

---

244 Auch Manfred Tietz ist der Meinung, dass es spanischen Aufklärern möglich war, das europäische aufgeklärte Wissen kennen zu lernen – sei es durch geschmuggelte Bücher oder aufgrund von speziellen Leseerlaubnissen der Inquisition. So gut wie unmöglich war es, so Tietz, dieses Wissen über die Bildungs- und Führungseliten hinaus in die Breite wirksam werden zu lassen. Vgl. Manfred TIETZ, Die spanische Literatur, in: Kindlers Literatur Lexikon. Hauptwerke der spanischen und portugiesischen Literatur. Einzeldarstellungen und Interpretationen, München 1995, S. 9-27, hier: S. 17.

245 Vgl. DEFOURNEAUX, L'Inquisition Espagnole, S. 133f. Das gesamte dritte (und letzte) Kapitel der Monographie („La Diffusion des Livres condamnés et Leur Influence“, S. 133-168) handelt von der Durchlässigkeit der spanischen Zensur. Auch im ausgehenden 18. Jahrhundert (und nach der Französischen Revolution) gelangte zensiertes Gedankengut nach Spanien. War unter Karl III. (1759–1788) die Macht der Inquisition eingedämmt worden, vermochte sein Sohn Karl IV. (1788–1808) den neuerlichen Machtzuwachs der Kirche nicht zu hemmen; diese beobachtete argwöhnisch die neuen Einflüsse aus Frankreich. Dennoch drangen die Ideen der französischen Revolution auch zu aufgeklärten Kreisen, zu den „Afrancesados“, nach Spanien durch. Vgl. Manja WILKENS, „... er vergaß sich zuweilen soweit, mich ‚die Spanierin‘, ‚die Fremde‘ zu nennen!“ Das Bild der spanischen Frau im Frankreich des Zweiten Kaiserreiches: eine klischeegeschichtliche Untersuchung, Frankfurt a.M. 1994, S. 20. Zum Ende des aufgeklärten Absolutismus unter Karl IV. siehe auch: Reinhard LIEHR / Hartmut HEINE, Die Französische Revolution und Spanien, in: Winfried ENGLER (Hrsg.), Die Französische Revolution, Stuttgart 1992, S. 159-165, hier: S. 160.

246 Vgl. Hans-Joachim LOPE, Art. „Portugal“, in: Werner SCHNEIDERS (Hrsg.), Lexikon der Aufklärung. Deutschland und Europa, München 2001, S. 327.

IV. IBERIEN IM SPIEGEL FRÜHNEUZEITLICHER ENZYKLOPÄDISCHER LEXIKA

IV.1 GEOGRAPHIE UND ÖKONOMIE

IV.1.1 Die geographische Gestalt Spaniens

Die Beschreibung eines Staates („Reiches“) beginnt in den Nachschlagewerken der Frühen Neuzeit (wie auch heute) meist mit seiner Geographie. Im Falle Spaniens spielt die geographische Gestalt des Landes eine besondere Rolle. Wie sah es also aus, das Spanien, welches die frühneuzeitlichen Lexikonautoren ihren Lesern vor Augen führten? Die Antwort ist so verblüffend wie einfach: Die Form Spaniens sei vergleichbar mit einer „ausgebreiteten Rinderhaut“, heißt es – unter Berufung auf Strabo – im Lemma „España“ des *Tesoro*.[247] Sebastián de Covarrubias, Autor des ältesten hier untersuchten Lexikons (1611), benutzt bei der Beschreibung seines Heimatlandes dieses Bild und stützt sich dabei – gemäß der humanistischen Tradition[248] – auf eine antike Quelle. Der in augusteischer Zeit lebende Geograph, Ethnograph und Historiker Strabo (ca. 63 v. Chr. – 23 n. Chr.) aus dem pontischen Amaseia schrieb: „[Iberien] ähnelt einer Rinderhaut, die der Länge nach von Westen nach Osten (mit dem Vorderteil im Osten) und in der Breite von Norden nach Süden gespannt ist.“[249] Zur Entstehungszeit des *Tesoro* gehörte Portugal zum spanischen Reich – es war von der geographischen Ausdehnung also tatsächlich identisch mit dem Iberien, das Strabo im dritten Buch seiner *Geographika* meint. Aber auch die Beschreibungen in den Ausgaben des *Moréri* von 1681 und 1724 beginnen ähnlich – lange nach der wiedererlangten Unabhängigkeit Portugals (1640): „Einige Geographen“ (*quelques Geographes*) heißt es dort übereinstimmend, beschrieben das einleitend als „westlichste Land Europas“ (*Royaume le plus Occidental de l'Europe*) vorgestellte Land viereckig (*quarrée*), andere dreieckig (*triangulaire*), wieder andere verglichen sie mit einer „auf dem Boden ausgebreiteten Rinderhaut“ (*peau de bœuf étenduë sur la terre*). Seine „wahre Figur“ (*veritable figure*) sei jedoch die einer Halbinsel, umgeben im Nor-

247 Art. „España“, in: TESORO, S. 550-551, hier: S. 551.

248 „Die gesamte humanistische Kultur war eine philologische Assimilierung des griechischen und römischen Altertums“; Vincenzo CAPPELLETTI, Humanistische und aufgeklärte Wissenschaft, in: Richard TOELLNER (Hrsg.), Aufklärung und Humanismus, Heidelberg 1980, S. 251-260, hier: S. 252.

249 STRABO, Geographika III 1,3 (Edition Stefan Radt 2002).

den, im Westen und im Süden vom Ozean, im Süden teilweise auch vom Mittelmeer, und im Norden und Osten durch die Pyrenäen von Frankreich separiert.[250] In den Auflagen von 1740 und 1759 fällt der kritische Zusatz über die „wahre Figur“ weg. Nun heißt es zu Anfang der Beschreibung Spaniens, das zugleich als das „westlichste“ und „südlichste“ Königreich (*Royaume le plus occidental & en même tems le plus méridional de l'Europe*) vorgestellt wird: „Strabon comparoit l'Espagne à une peau de bœf étendue; & il est vrai que la maniére dont on la répresente est assez conforme à cette idée.“[251] In der spanischen Fassung des Moréri findet sich diese Beschreibung wortgleich wieder.[252] Wenn es Covarrubias war, der den Vergleich Strabos in den enzyklopädischen Diskurs einführte, kehrt er 1753 also wieder in sein Ausgangsland zurück.

Im *Grand Dictionnaire Géographique et Critique* (1726–1739) von Antoine Augustin Bruzen de la Martinière (1662–1746)[253] heißt es von Spanien, dass es eine „Halbinsel und ein Königreich“ im „Mittleren Westen“ (*Midi Occidental*) des europäischen Kontinents sei; in dieser Definition sei Portugal inbegriffen. Auch er führt Strabo und andere antike Geographen bei der Beschreibung der geographischen Gestalt an: „Strabon ... la compare pour la figure à un cuir de boeuf, Justin ... lui donne une figure quarrée, Orose & Ethicus le Cosmographe lui donnent une figure triangulaire. Elle n'est ni quarrée, ni triangulaire à parler juste.“[254] Nicht mit einem Rinderfell, sondern mit einem Kalbfell vergleicht der Lemma-Autor des Zedlerschen Lexikons das Land: „Unter dessen liegen die Provintzien in der Län-

---

250 Art. „Espagne“, in: GRAND DICTIONNAIRE HISTORIQUE, Bd. 1, 1681, S. 1203-1206, hier: S. 1203 und Art. „Espagne“, in: Ebd., Bd. 3, 1724, S. 451-456, hier: S. 451.

251 Art. „Espagne“, in: Ebd., Bd. 3, 1740, S. 131-143, hier: S. 131f. und Bd. 4, 1759, S. 193-210, hier: S. 193.

252 Art. „España“, in: Ebd., Bd. 3, 1753, S. 1005-1032, hier: S. 1005.

253 Antoine Augustin Bruzen de la Martinière, geboren in Dieppe, gestorben in La Haye (Den Haag), war ein sehr einflussreicher Polygraph und Geschichtsschreiber in der ersten Hälfte des 18. Jahrhunderts, der u.a. offizielle Funktionen wie die des „Géographe de sa Majesté Catholique“ (Hofgeograph des spanischen Königs) bekleidete. Bekannt wurde er durch sein großes, in zahlreichen Auflagen vorliegendes *Dictionnaire géographique et critique*, aber auch durch eine ganze Reihe von anderen Werken wie der *Introduction générale à l'étude des sciences et des lettres* (1731), die in erster Linie im Kontext seiner langjährigen Holland- und Deutschland-Aufenthalte entstanden sind. Bruzen la Martinière wurde in der Forschung bisher kaum berücksichtigt. Vgl. die Ankündigung im Internet zum Vortrag von Hans-Jürgen Lüsebrink (Saarbrücken): Enzyklopädismus und transkulturelle Erfahrung – europäische Dimensionen von Werk und Biographie Bruzen de la Martinières (1662–1746) auf dem XXIX. Deutscher Romanistentag am 25.–29. September 2005 in Saarbrücken: http://www.romanistentag.de/sektionen/abstracts/abstracts22.htm (Abruf: 24. Oktober 2006).

254 Art. „Espagne“, in: DICTIONNAIRE GEOGRAPHIQUE ET CRITIQUE, Bd. 3, 1736, S. 321-331, hier: S. 321.

ge und in der Quere, so dass das gantze Land allbereit von den alten Erdbeschreibern mit einem ausgebreiteten Kalb-Felle ist verglichen worden."[255] Die erste und dritte Auflage des Ladvocat'schen geographischen Handwörterbuchs schreiben in ihrer knappen, kryptischen Art: „ESPAGNE, *Hispania*, R. consid. d'Eur. bor. par la mer, le Port. & les Pyrénées ... Strabon le compare pour la figure à un cuir de boeuf, en y comprenant le Por."[256] Der Übersetzer und Autor der ersten Fassung des spanischen *Diccionario Geographico* (1750), Juan de La-Serna, verwirft sowohl das Rind als auch das Kalb und leitet sein Lemma mit einer von Strabo angeblich aufgezeigten Ähnlichkeit zwischen Spanien und einem *Stier*fell ein: „Su figura (segun Estrabon) es semejante á la piel de un Toro."[257] Vom gleichen Jahr datiert jener Band der venezianischen Enzyklopädie von Giovanni Francesco Pivati (1698–1764)[258], in dem „Spanien" ein Lemma gewidmet ist. Dort heißt es etwas ausführlicher (ebenso wie im *Grand Dictionnaire Geographique et Critique*): „Strabone la paragona ad un cujo di bue, Guistino le dà una figura quadrata, Orosio ed Ettico il Cosmografo la fanno triangolare, e giustamente parlando non è nè quadra, nè triangolare."[259] Die ebenfalls in Venedig erschienene italienische Fassung des *Dictionnaire geographique-portatif* stimmt damit, zumindest was Strabons Vergleich angeht, überein: „Strabone nella figura, paragona la Spagna ad una pelle distesa di bue"[260].

Kritischer ist wiederum das deutsche *Geographische Handwörterbuch*. Der Übersetzer und Autor berücksichtigt, dass *Iberia* nicht (mehr) gleichbedeutend ist mit der gesamten Iberischen Halbinsel wie noch zur Zeitenwende und schreibt: „In ansehung seiner gestalt hat es schon Strabo, Portugall mit einbegriffen, einer ochsenhaut verglichen."[261] Mit genaueren Literaturangaben versieht der „Historisch-Politisch-Geographische Atlas der gantzen Welt oder Großes vollständiges Geographisch- und Critisches Le-

---

255 Art. „Spanien", in: ZEDLER, Bd. 38, 1743, Sp. 1107-1164, hier: Sp. 1110.

256 Art. „Espagne", in: DICTIONNAIRE GÉOGRAPHIQUE PORTATIF, 1747, ohne Paginierung und Bd. 1, 1748, S. 271.

257 Art. „España" in: DICCIONARIO GEOGRAPHICO LA SERNA, Bd. 1, 1750, S. 283.

258 Literatur zum Nuovo Dizionario: Silvano GAROFALO, L'enciclopedismo italiano. Gianfrancesco Pivati, Ravenna 1980; Ders., Gianfrancesco Pivati's *Nuovo Dizionario*, in: Franz A. KAFKER (Hrsg.), Notable Encyclopedias of the Seventeenth and Eighteenth Centuries. Nine Predecessors of the Encyclopédie, Oxford 1981, S. 197-218. Allgemein zum Enzyklopädismus im Italien des 18. Jahrhunderts: Guido ABBATTISTA (Hrsg.), L'enciclopedismo in Italia nel XVIII secolo, Napoli 1996.

259 Art. „Spagna", in: NUOVO DIZIONARIO, Bd. 9, 1750, S. 482-490, hier: S. 483.

260 Art. „Spagna", in: DIZIONARIO GEOGRAFICO PORTATILE, Bd. 2, 1761, S. 213f., hier: S. 213.

261 Art. „Spanien", in: GEOGRAPHISCHES HANDWÖRTERBUCH, Bd. 2, 1765, S. 1158f., hier: S. 1159.

xicon", eine deutsche Adaption des *Grand Dictionnaire Historique et Critique*, die Angaben der antiken griechischen Geographen und Geschichtsschreiber. Hier heißt es: „Strabo L.III. vergleicht es in Ansehung seiner Figur, mit einer Ochsen-Haut, Justinus LXLIV. schreibet ihm eine viereckigte [sic!] Figur zu, und Orosius und Ethicus der Cosmographus, stellt dessen Figur als ein Dreyeck vor. Es ist aber, genau zu reden, weder ein Viereck noch ein Dreyeck."[262]

Die englische und die niederländische Moréri-Version reproduzieren den Rinderhaut-Vergleich Strabos nicht. So heißt es in der englischen Version von 1701: „SPAIN, ... one of the most considerable Kingdoms of Europe, ... lies in the Form of a great Peninsula"[263] Auch in Hübners Zeitungs- und Konversationslexikon[264] von 1758 steht, dass „Spanien, ... *Hispania*" eine „Halb=Insel in Europa" sei, „welche gegen Nord=Ost von Franckreich durch das Pyrenäische Gebürge abgesondert" werde, „sonsten aber an den Oceanum, das Stretto di Gibraltar und das Mittelländ. Meer" grenze.[265] In beiden zuletzt zitierten Fällen wird jedoch deutlich, dass auch hier das antike Iberien – inkorrekterweise – mit Spanien gleichgesetzt wird.

Einige wenige Lexika, wie z.B. die *Encyclopédie* Diderots, erwähnen weder Strabos Rinderhaut-Vergleich noch setzen sie Spanien mit der (gesamten) Iberischen Halbinsel gleich. Doch die Inklusions-Formel ist auch in Werken der Spätaufklärung noch zu finden: In ebenso bilderloser Sprache wie der englischen *Moréri* und Hübners Lexikon, aber differenzierend zwischen antiker und moderner Bezeichnung (wie das deutsche *Geographische Handwörterbuch*), vernimmt sich die erste Auflage der *Encyclopœdia Britannica* (1770). Hier wird Spanien, „including Portugal" – noch neutraler – nicht „great", sondern „large peninsula" genannt.[266] In der erweiterten spanischen Fassung des geographischen Wörterbuchs von Antonio Capmany y Montpalau heißt es von Spanien, das als „eines der bemerkenswertesten Reiche Europas" (*uno de los Reynos mas considerables de Europa*) bezeichnet wird, es sei, „Portugal einschließend", eine „perfekte Halbinsel" (*perfecta península)*.[267] Masson de Morvilliers beschreibt Spanien in sei-

262 Art. „Spanien", in: GEOGRAPHISCH- UND CRITISCHES LEXICON, Bd. 10, 1748, Sp. 1255-1295, hier: Sp. 1255.

263 Art. „Spain", in: GREAT HISTORICAL DICTIONARY, Bd. 2, 1701, ohne Paginierung.

264 Das Lexikon Hübners erschien zuerst 1704 im Verlagshaus Gleditsch in Leipzig. Literatur zu Johann Hübner (1668–1731): Walther KILLY, Grosse Deutsche Lexika und ihre Lexikographen 1711–1835. Hederich, Hübner, Walch, Pierer, München 1992. Hier finden sich außerdem Informationen zum Verleger Johann Friedrich Gleditsch (1653–1716).

265 Art. „Spanien", in: Johann HÜBNER, Neu=vermehrtes und verbessertes Reales Staats= Zeitungs= und Conversationslexicon, Regensburg / Wien 1759, S. 1065.

266 Art. „Spain", in: ENCYCLOPÆDIA BRITANNICA, Bd. 3, 1771, S. 619.

267 Art. „España", in: DICCIONARIO GEOGRAFICO CAPMANY, Bd. 1, 1783, S. 421f., hier: S. 421.

nem folgenreichen Artikel sogar ohne Rücksicht auf Portugal als eine Halbinsel: „Espagne, royaume considerable de l'Europe ... forme une presqu'ile".[268] In der spanischen *Encyclopedia Metodica* heißt es wiederum korrekter, dass Spanien „einschließlich Portugal" (*incluyendo á Portugal*), eine „perfekte Halbinsel" (*perfecta Península*) sei.[269]

Wie nachhaltig indes das von Strabo gewählte Bild der Rinderhaut gewirkt hat, lässt sich an einem modernen Lexikon exemplifizieren: In der spanischen *Gran Enciclopedia Rialp* von 1984 heißt es: „Semejante a la piel desplegada de un toro, cuyo cuello lo forma la parte que toca con la galia, decia Estrabón que era la forma de la península Ibérica."[270] Die genauere Übereinstimmung mit Strabos Vers in der *Geographika* deutet darauf hin, dass der Lemma-Autor der lexikographischen Tradition folgt, aber zudem den Originaltext berücksichtig haben muss – die Information, dass das vordere Teil des Stierfells bei Strabos Vergleich im Osten liegt, wird zumindest in den Lexika des 17. und 18. Jahrhunderts nicht geliefert.

Auch wenn der Strabon'sche Rinderhautvergleich keine *wertende* Aussage über Spanien darstellt, verdeutlicht das Beispiel verschiedene Aspekte des frühneuzeitlichen enzyklopädischen Iberien-Bildes. Erstens: Der Rückgriff auf antike Autoren ist nicht nur kennzeichnend für die humanistische Lexikographie des 15. bis frühen 17. Jahrhunderts. Auch Lexikonautoren des späten 17. und des 18. Jahrhunderts benutzen die Texte der „Alten" und reproduzieren ihre Aussagen.[271] Rund 1700 Jahre alte kartographische Messungen, Beobachtungen oder Vermutungen fließen auf diese Weise in das „gesicherte" Wissen der frühneuzeitlichen Enzyklopädien ein. Zweitens: Da es kaum Zufall sein kann, dass eine beträchtliche Zahl der untersuchten Lexika unterschiedlichster Herkunft über einen Zeitraum von 1611 bis 1792 (bzw. bis 1984) den Rinderhaut-Vergleich zu Beginn ihrer Spanien-Lemmata ziehen, muss von einer engen Vernetzung in Europa ausgegangen werden – einem enzyklopädischen Meta-Diskurs.

---

268 Masson de Morvilliers, Art. „Espagne", in: ENCYCLOPEDIE METHODIQUE, S. 554.

269 Velasco, Art. „España", in: ENCYCLOPEDIA METODICA, S. 79.

270 Art. „España", in: GRAN ENCICLOPEDIA RIALP (GER) (25 Bde.), Madrid 1971–1989, Bd. 9 (1984), S. 28-133, hier: S. 33.

271 Die humanistische Tradition, vor allem in der Wissenschaft und in der Literatur, sei in der Aufklärung noch „allgegenwärtig", schreibt Richard Toellner. Vgl. Richard TOELLNER, Zur Einführung, in: Ders. (Hrsg.), Aufklärung und Humanismus, Heidelberg 1980, S. 11-19, hier: S. 11. Zum Rückgriff auf die Antike durch den bedeutendsten Enzyklopädisten des 18. Jahrhunderts, Denis Diderot, siehe: August BUCK, Diderot und die Antike, in: Ebd., S. 131-144. Diderot ist nach Buck der „bedeutendste Exponent" des „wiederbelebten Interesses an der Antike", der von der „Unentbehrlichkeit" eines steten Dialogs mit der Antike überzeugt war. Vgl. ebd., S. 133 und S. 140. Einerseits wurde im 18. Jahrhundert die Überlegenheit der Moderne in den Wissenschaften anerkannt, andererseits wurde die „überzeitliche Gültigkeit" gewisser Leistungen der Antike nicht bezweifelt. Vgl. ebd., S. 131.

Wie die verschiedenen Varianten ein- und derselben Aussage belegen, handelt es sich in den meisten Fällen nicht um bloßes Abschreiben, sondern um die Reproduktion eines Topos, der den Lexikon-Autoren plausibel und *wahr* erschien, und den sie für wert befanden, öffentlich gemacht zu werden. Auch diese Erkenntnis ist von großer Bedeutung für die weitere Analyse. Denn aus ihr folgt, dass eine bestimmte Aussage (im diskurstheoretischen Sinne) nicht an einen bestimmten Begriff gebunden ist. Anders gesagt: Die *Signifikanten*, also die bedeutenden Begriffe, sind – nicht nur aufgrund der Übersetzung in verschiedene Sprachen, sondern auch innerhalb eines Sprachsystems – variabel (Rinderhaut, Ochsenfell, Kalb-Fell, Stierfell etc.). Das Bild jedoch, also die Annahme, dass die Haut eines vierbeinigen Wiederkäuers mit der geographischen „Figur" Spaniens vergleichbar sei, bleibt das gleiche.

IV.1.2 Überbordende Bodenschätze und unendliche natürliche Reichtümer

Neben seiner Lage und Gestalt umfasste die Beschreibung eines Staates in den frühneuzeitlichen Lexika i.d.R. auch die Beschreibung seiner natürlichen Reichtümer wie Edelsteine, Gold, Silber und andere Metalle sowie die Früchte (im wörtlichen wie übertragenen Sinne) der Landwirtschaft.[272] So finden sich in nahezu allen Lexikonbeiträgen Informationen über die iberischen Bodenschätze und agrarischen Güter.

Spanien habe gute Früchte (*bons fruits*) und zudem Kupfer-, Quecksilber-, Eisen-, Blei- und Salzminen, auch Gold- und Silberminen, heißt es im Wesentlichen unverändert in den französischen Moréri-Lexika von 1681 bis 1759. Die Gold- und Silberminen Asturiens, Galiciens und Portugals, so heißt es weiter, hätten den Römern „immense Summen" beschert.[273] Über die landwirtschaftlichen Erträgen erfährt man, dass es in Spanien einen Mangel an Getreide (*manque de grains*) gäbe, man aber als „Kompensation" (*en recompense*) dort „exzellente Weine", „gute Früchte" (die Güte der Früchte wird an mehreren Stellen der Lemmata betont) und „sehr begehrte"

272 Die meisten enzyklopädischen Lexika des 18. Jahrhunderts folgen einem – dem moderner Nachschlagewerken ähnlichen – systematischen Aufbau der Lemmata zu Ländern bzw. „Reichen": Etymologische Erklärung des Namens (manchmal inkl. dem Gründungsmythos), Topographisches (Grenzen, Besiedlung), die Regimentsform(en) im Wandel der Geschichte und bis in die Gegenwart, die (Staats-)Religion, die „natürlichen" Beschaffenheiten des Landes" (Fauna, Flora, Bodenschätze, Staatswirtschaft etc.), Charakterisierung der Einwohner samt „Sitten und Neigungen". Vgl. PAUL, Zur Tradierung von Nationalstereotypen, S. 200.

273 Art. „Espagne", in: GRAND DICTIONNAIRE HISTORIQUE, Bd. 1, 1681, S. 1204; Bd. 2, 1724, S. 451; Bd. 3, 1740, S. 133; Bd. 4, 1759, S. 199.

(*très-recherchées*) Öle fände.[274] Der Hinweis auf die Römer lässt – zumal nach der Begegnung mit Strabo bei der Umschreibung der „Figur" Spaniens – sogleich einen Verdacht aufkommen: Haben die Lexikonautoren auch zur Beschreibung der spanischen Bodenschätze wieder antike Quellen gewählt? Sie haben, wie ein Blick in das *Great Historical Dictionary* (1701) zeigt, das ein wahrhaft paradiesisches Bild Spaniens entwirft. Antike Historiker hätten demnach bestätigt, dass Spanien „alles, was Ehrgeiz oder Notwendigkeit verlangten", im „Überfluss" gehabt habe (*abounded with whatsoever Ambition or Necessity required*), „voll von Menschen und Pferden" gewesen sei (*being full of Men and Horses*) und außerdem über Gold- und Silberminen sowie Messing-, Eisen-, Blei-, Quecksilber- und Salzminen verfügt habe. Es habe Getreide, Wein, Öl „im Überfluss" (*in abundance*) produziert und sei „extrem fruchtbar" (*extreamly fruitful*) gewesen.[275] Nonius habe unter Berufung auf Livius geschrieben, dass Spanien „in wenigen Jahren" große Mengen an Silber (*600.000 pound of Silver unwrought, 40.000 of coarse Silver*) und rund 10.000 Pfund Gold nach Italien gesandt habe, neben einer „riesigen Menge" geprägten Geldes. Die von Hannibal erschlossenen Minen hätten jedes Jahr 400 Pfund gebracht (wobei der Autor hier nicht darauf eingeht, ob er damit Gold oder Silber meint). Im Präsens spricht der Autor von weiteren Vorzügen des Landes: Der Sand des Flusses Tagus sei „mit Gold vermischt", und das Königreich sei wegen seiner Pferde bekannt, wobei jene aus Asturien, welche die Römer „Astorcones" genannt hätten, die „stärksten" seien. Von den portugiesischen, welche die schnellsten seien, hätten „die Alten" gesagt, dass sie vom Wind empfangen wurden (*conceiv'd by the Wind*).[276]

Während sich in den vier französischen Moréri-Ausgaben an einer Stelle der Hinweis findet, dass die Minen Spaniens nach der Entdeckung Amerikas, „geschont" würden (*ont été épargnées*), fehlt diese Bemerkung in der englischen Version. Doch wurden die Minen tatsächlich *geschont*? Die Hispania war in der Kaiserzeit tatsächlich eines der reichsten Bergbaugebiete des römischen Imperiums. Plinius berichtet im dritten Band seiner enzyklopädischen *Naturgeschichte*, der sich der Geographie Europas widmet, dass fast ganz Spanien über reiche Lagerstätten von Blei, Eisen, Kupfer, Silber und Gold verfügte.[277] Strabo bestätigt, dass das Land der Iberer reiche Me-

274 Art. „Espagne", in: GRAND DICTIONNAIRE HISTORIQUE, Bd. 1, 1681, S. 1204; Bd. 2, 1724, S. 451; Bd. 3, 1740, S. 135; Bd. 4, 1759, S. 201.

275 Bei STRABO, Geogr. III, 6 heißt es: „Exportiert wird aus Turdetanien [im Südwesten der Iberischen Halbinsel] viel Getreide und Wein, sowie Öl (nicht nur viel, sondern auch von ausgezeichneter Qualität); auch Wachs, Honig und Pech wird exportiert und viel Kermes und Rötel."

276 Art. „Spain", in: GREAT HISTORICAL DICTIONARY, Bd. 2, 1701, ohne Paginierung.

277 PLINIUS, Historia Naturalis 3, 30 (Edition u. Übers. v. Roderich König, Joachim Hopp und Wolfgang Glöckner, München 1973). Vgl. auch José Maria BLÁZQUEZ, Die iberi-

tallschätze barg und dass insbesondere die Baetica bzw. „Turdetanien und das angrenzende Gebiet“ (im Südwesten der Iberischen Halbinsel) so große Mengen an hochwertigem Gold, Silber, Kupfer und Eisen besaßen, wie sie bis dato nirgends sonst gefunden worden seien:

Während das besagte Land mit so vielen guten Dingen versehen ist, dürfte man nicht am wenigsten, sondern sogar am meisten seine Eignung zum Bergbau loben und bewundern. Turdetanien ... und das ihm benachbarte Land lassen ... Lobrednern keine angemessenen Worte übrig. Denn weder Gold noch Silber noch auch Kupfer oder Eisen hat sich bis heute irgendwo in der Welt in solcher Menge und solcher Qualität gefunden. Das Gold wird nicht nur unter Tage gefördert, sondern auch geschwemmt: die Flüsse und die Gießbäche führen den goldhaltigen Sand herab, den es vielerorts auch an wasserlosen Stellen gibt; aber dort kann man ihn nicht erkennen, an überschwemmten Stellen dagegen erglänzen die Goldkörnchen. Auch die wasserlosen Stellen überspülen sie mit herangebrachtem Wasser und machen so die Goldkörnchen glänzend, und indem sie Zisternen graben und andere Verfahren erdenken, scheiden sie durch Waschen des Sandes das Gold ab: und heutzutage sind die sogenannten Goldwäschereien zahlreicher als die Goldgruben (Str. Geogr. III 1,8).

Reich an Silber waren nach Strabo die Gebiete von Ilipa und Sisapo (Geogr. III, 142), und metallhaltige Berge erstreckten sich vom Guadiana bis zum Tajo. Ausgedehnte Goldsandfelder führten die in den Atlantik mündenden Flüsse Duero, Sil, Fajo und Genil.[278] Plinius hat eine vollständige Liste der zahlreichen und in großen Mengen in der Hispania geförderten Mineralien hinterlassen: Salz, Blei, Zink und Zinn, und von ihm sind auch genaue Angaben über die Ergiebigkeit der Bergwerke im Nordwesten und über die Abbaumethoden überliefert. Asturien, Galicien und Lusitanien lieferten demnach große Mengen Gold im Jahr, wobei Asturien an der Spitze lag (Hist. Nat. 33, 76-78). Das spanische Silber der Sierra Morena war zu seinen Zeiten das begehrteste (Hist. Nat. 33, 96-97, 106); das Abbauzentrum lag in Córdoba. Die berühmten Silbergruben von Carthago Nova, dem heutigen Cartagena, wurden in den beiden ersten Jahrhunderten betrieben (Str. Geogr. 3, 147-148), während die Abbautätigkeit in den Gold-, Silber-, und Kupferminen des Südwestens ihren Höhepunkt im letzten Viertel des 1. Jahrhunderts erreichte. Doch schon während der Spätantike spielte die Ausbeutung der hispanischen Bergwerke für die Wirtschaft des römischen Imperiums keine bedeutende Rolle mehr[279] und im 18. Jahrhundert war der Abbau von Edelsteinen, Edelmetallen und Mineralien (außer von Bausteinen und Salz) in Spanien weder systematisch noch ertragreich.[280] Mit ande-

---

sche Halbinsel, in: Friedrich VITTINGHOFF (Hrsg.), Europäische Wirtschafts- und Sozialgeschichte in der Römischen Kaiserzeit, Stuttgart 1990, S. 511-534, hier: S. 525.

278 Vgl. BLÁZQUEZ, Iberische Halbinsel, S. 525.

279 Vgl. ebd., S. 527.

280 Vgl. Angelus H. JOHANSEN, Spanien und Portugal 1640/68–1833/68, in: Ilja MIECK (Hrsg.), Europäische Wirtschafts- und Sozialgeschichte von der Mitte des 17. Jahrhunderts bis zur Mitte des 19. Jahrhunderts, Stuttgart 1986, S. 796-836, hier: S. 825.

ren Worten: Die Minen der Iberischen Halbinsel, die zu Zeiten der Römer berühmt waren, brachten in der Neuzeit schlicht nichts ein.

„Wie hält es aber um die Bergwercke in Spanien?", fragt der Autor des Spanien-Lemmas im *Zedler*, doch anders als die Frage vermuten lässt, findet sich in einem Sublemma von einer halben Spalte Länge keinerlei Hinweis auf die aktuelle Situation: Unter Berufung auf antike Quellen erfährt man, dass das Land an Bergwerken „gewiß niemahls einigen Mangel gehabt" habe. Schon zu „Zeiten der Römer und noch vorhero" seien sie „lange bereits bekannt gewesen". Und wer wisse nicht „deutlich" aus der „Geschicht=Kunde", was die „alten Römer" aus den Bergwerken in Asturien, Galicien, und Portugal „ehemahls vor unsägliche Summen gezogen"? Der „glaubwürdige Diodor" habe im vierten Buch seiner Geschichte berichtet, dass die Gold- und Silbergruben in Spanien bereits „eine unerschöpfliche Quelle der Reichthümer vor die Carthaginenser gewesen" sei, wodurch diese „in den Stand gesetzet worden, so langwierige Kriege wider die Römer auszuhalten". Die „eingebohrnen Inhaber des Landes" indes, und diese Aussage über die Ureinwohner Iberiens ist besonders interessant, hätten lange Zeit nicht geahnt, dass solche Schätze im „Schoß ihrer Erde" verborgen lagen, zumindest sei ihnen „der Gebrauch und der Werth desselben unbekannt".[281]

Das *Geographisch- und Critische Lexicon* reproduziert zehn Jahre später als der *Zedler* – ebenfalls mit Quellenangaben – die antiken Berichte über die ergiebigen Minen der Iberischen Halbinsel: „Die Bergwercke in Spanien sind schon vor der Römer Zeiten berühmt gewesen, wovon man bey dem Diodore L.IV nachsehen kann." Die Phönizier hätten sie „zuerst" entdeckt und Polybius, „wie in Strabo LIII anführt", habe gesagt, dass zu seiner Zeit 40.000 Menschen „nur mit den Bergwercken, die um Carthagena herum gelegen", beschäftigt gewesen seien, und dass sie den Römern täglich 4.166 Taler eingetragen hätten.[282] Immerhin bemerkt er, dass es „[h]eut zu Tage" noch „vortrefliche Kupfer-Eisen-Quecksilber-Bley-Zinnober-Minen" gäbe, aber die Gold- und Silberbergwerke „in keinem sonderlichen Ruffe" mehr stünden.[283]

Die landwirtschaftlichen Produkte Spaniens werden in einigen Lexika aufgezählt und „sehr gut" bewertet („[In Spanien] wachsen viel Baumfrüchte, an Sinesischen Aepfeln, Pomeranzen, Citronen, Oliven, u.v.m. auch ist

281 ZEDLER, Bd. 38, 1743, Sp. 1112f.

282 Bei STRABO, Geogr. III, 10 heißt es: „Polybios, von den Silbergruben bei Neu-Karthago sprechend, sagt, sie seien gewaltig groß, etwa zwanzig Stadien von der Stadt entfernt, und umfassten einen Umkreis von vierhundert Stadien; dort hielten sich vierzigtausend Menschen auf, die dort arbeiteten und damals für das römische Volk täglich fünfundzwanzigtausend Drachmen heraufgebracht hätten."

283 Art. „Spanien", in: GEOGRAPHISCH-HISTORISCHER ATLAS, Bd. 10, 1748, Sp. 1285f.

die Wolle und der Wein daselbst sehr gut."[284]), in anderen findet man die Güte der spanischen Früchte im Superlativ: „Alle Früchte, die in diesem Reich geerntet werden, übertreffen in Geschmack und Vortrefflichkeit (*eccellenza*) alle anderen in Europa."[285] Etwas verhaltener beschreiben die deutschen Moréri-Versionen die Reichtümer Spaniens. Bei Buddeus findet sich in keiner Auflage ein Hinweis auf Silber- oder Goldvorkommen in Spanien und die restlichen Reichtümer des Landes werden vergleichsweise leidenschaftslos aufgezählt: Seide, Flachs, Hanf, Safran, Wachs, Öl, Rosinen, Mandeln, Feigen, Zitronen, Reis, Seife, Eisen, Kupfer, Quecksilber, Blei, Salz und „absonderlich gute weine". Was Fruchtbarkeit, Witterung und Luft des Landes anbelangt, seien sie „nicht überall von gleicher güte". (Auch Strabo differenziert in seiner *Geographika* die Regionen Iberiens und beschreibt ihre jeweiligen Vorzüge einzeln.) Andalusien könne „vor das korn=magazin und vor den keller des gantzen landes paßiren", Murcia verdiene den „beynamen des Spanischen Gartens, wegen der vielen baumfrüchte", Estremadura sei an „pomerantzen, feigen und citronen fruchtbar", in Neukastilien gäbe es „gesunde lufft", an der Küste „viele schaafe", an Pferden aber „daselbst ziemlichen mangel". Die, die sich dort fänden, seien „obwohl ziemlich klein, jedoch ... sehr schnell und daurhafft".[286] Eng an die deutsche Version angelehnt beschreibt das *Groot algemeen Woordenboek* die Beschaffenheit Spaniens, wobei einzelne Aussagen jedoch geringfügig abgewandelt sind: Andalusien wird als „Vorratshaus" und *Wein*keller (nicht Keller) bezeichnet, außerdem geht der niederländische Autor auf den Mangel an Pferden ein, ohne ihre Attribute (klein, aber schnell und ausdauernd) zu erwähnen (*Op de zeekusten vindt men vele schapen; maar het heest gebrek aan paarden*).[287]

Zwar seien die spanischen Provinzen nicht alle von gleicher Fruchtbarkeit, heißt es auch im *Zedler*, doch was die eine zu wenig brächte, könnten andere „hinlänglich" ersetzen. So habe Andalusien einen „ungemein fruchtbaren Boden" und gälte daher als „Korn-Magazin" und „Keller" des Landes. Murcia sei „voller Annehmlichkeit" und wegen seiner „herrlichen Früchte" verdiente es, „Lust=Garten Spaniens" genannt zu werden. Leon habe ebenfalls einen „bequemen Erdboden zum Ackerbau", Estremadura sei bekannt für seine „gut geratenen" Pomeranzen, Feigen und Zitronen, das „unvergleichliche Granada" bringe Getreide, Seide, Feigen, Melonen, Rosinen, Granatäpfel, Lein, Hanf etc. „in grosser Menge" hervor. Und wer

---

284 Art. „Spanien", in: HÜBNER, 1759, S. 1065.

285 „Tutti i frutti che si raccolgono in questo R. passano in sapore ed eccellenza tutti gli altri d'Eur.", Art. „Spagna", in: DIZIONARIO GEOGRAFICO PORTATILE, 1751, S. 213f.

286 Art. „Spanien", in: ALLGEMEINES HISTORISCHES LEXICON, Bd. 4, 1709, S. 469; Bd. 4, 1722, S. 391; Bd. 4, 1732, S. 549; Bd. 4, Basel 1727, S. 482.

287 Art. „Spanje", in: GROOT ALGEMEENE WOORDENBOEK, Bd. 8, 1732, S. 90-92, hier: S. 91.

wüsste nicht, dass man das „annehmliche Valencia" wegen seiner seltenen und häufigen Feld- und Gartenfrüchte ein „irdisches Paradies" nenne? Darüber hinaus wüchsen „aller Orten" in Spanien Äpfel, Birnen, Kastanien, Nüsse, Oliven, Kapern und „dergleichen", Salz fände sich im Lande so viel „als die Einwohner nöthig haben". Hin und wieder wüchse auch Zuckerrohr, „unvergleichliche[r] Honig" und „köstliche[r] Wein", der in ledernen Schläuchen „weit und breit" exportiert werde und daher „sattsam bekannt sei". Sogar Safran fände sich in Spanien, auch wenn dieser dem „indianischen" nicht gleichkäme.[288] Im ganzen Land gäbe es „treffliche Schäfereyen". Ebenso wie das Futter [der Schafe], so sei auch die Wolle, „nehmlich aus der massen schöne" (bei Strabo ist von einer Wolle „von außerordentlichen Schönheit" die Rede, Geogr. III 144,6) und „weil im Lande nicht viel gearbeitet, das meiste aber ausgeführet" werde, lösten die Spanier „ein grosses Geld" daraus. Die spanischen Pferde hätten „einen grossen Vorzug vor andern Ländern". Das fruchtbare Andalusien, welches „an allen einen Ueberfluß" habe, liefert auch nebst Asturien die schönsten. „Man machet aber hierbey den Unterscheid, daß man die in Andalusien für die schönsten und flüchtigsten, die Asturischen aber für die stärcksten will gehalten wissen" (Sp. 1112). Die beiden letzten Aussagen über die Wolle und die guten Pferde trifft auch das *Geographisch- und Critischen Lexikon.*

Der *Gran Diccionario Historico* beschreibt 1753 die landwirtschaftlichen Güter Spaniens in gleicher Art wie die anderen Lexika: Hier trifft man die Aussagen über „exzellente Weine" (*vinos excelentes*), „schmackhafte Früchte" (*frutos de admirable gusto*), „Öle von außerordentlicher Güte" (*aceytes de olivo de bondad extraordinaria*) und die „beste Wolle der ganzen Welt" (*la lana ... es la mejor de todo el mundo*) wieder. Die Beschreibung der eigenen Minen erfolgt allerdings sehr viel detaillierter und differenzierter. Neben der allgemeinen Feststellung, dass es (momentan) viele Eisen-, Kupfer- und Zinnminen gebe, findet sich die Aussage, dass „die Alten" (*los Antiguos*) auch Gold- und Silberminen unterhalten hätten, die aber heute, nach der Entdeckung Amerikas, entweder verwaist (*abandonadas*) oder nur sehr wenig genutzt würden (*con poquissimo cultivo*).[289] In dem speziellen Sublemma *Minas de España* heißt es, dass der derzeitige Diskurs zum Thema [der Minen] Anlass zu großer Diskussion gebe. Daher scheine es für eine moderne Untersuchung „sehr angemessen" zu sein, die Orte und Gegenden, in denen sie sich befinden, einzeln zu besprechen.[290] Der Lemma-Autor zählt in den nun folgenden drei Spalten minutiös und durchaus kritisch auf, welche Metalle und Edelsteine in welchem Ort gefunden wer-

288 ZEDLER, Bd. 38, 1743, Sp. 1111f.

289 Art. „España", in: GRAN DICCIONARIO HISTORICO, S. 1007.

290 „Haviendo el decurso [sic!] de los tiempos dado motivo à mayor discusion en esta materia, percio muy proprio de la investigacion moderna no omitir cosa conducente à individualizar los lugares sitios, y parages en que oy se encuentran." Ebd., S. 1008.

den. An einer Stelle heißt es, dass es in Mingranilla Hyazinthen-Kristalle gäbe, die allerdings „nicht gut" seien. Dass es sich um aktuelle Informationen handelt, erkennt man z.B. an der Beschreibung der Minen von Belmonte: „In Belmonte, einem Städtchen des Marquis de Villena ... gibt es einige Höhlen ... an deren Wänden sich zahlreiche Kupferreste finden ... Man weiß nicht, ob diese Minen in der Antike schon genutzt wurden."[291] Gold- und Silberminen kommen bei der Aufzählung kaum vor. Genauere Kenntnis, d.h. „besseres" Wissen über das eigene Land kann also zu einer Veränderung der Aussagen führen.

In Frankreich wurde der *Gran Diccionario* offensichtlich nicht rezipiert, zumindest fanden seine aktuellen und detaillierten Informationen keinen Eingang in den enzyklopädischen Diskurs: Selbst einige Werke der Spätaufklärung, die den Rinderhaut-Vergleich Strabos nicht (mehr) aufgreifen, rekurrieren auf antike und in diesem Fall sogar deutlich von mythischen Vorstellungen geprägte Berichte über Wolle, Öl, Pferde und Gold- und Silberminen Spaniens, die allesamt in den bereits zitierten älteren Lexika präsent waren, so z.B. der so genannte *Dictionnaire de Trevoux*[292]:

> L'Espagne produit des chevaux, des laines, des huiles d'olive, & des vins excellens. Entre les chevaux d'Espagne, les Andalous sont estimés pour la beauté, les Portugais, pour la légéreté; & les Astrocons, pour la force ... Comme il y avoit alors en ce pays-là beaucoup de mines d'or & d'argent, & que Pluton y faisoit travailler sous terre, on dit qu'il étoit Roi des Enfers; & par la même raison, il passe pour le Dieu des richesses ... Les principales rivières d'Espagne, sont l'Ebre, le Guadalquivir, la Guadiane, le Tage, si fameux chez les Poëtes anciens, qui disent qu'ils roulent de l'or; le Douro, ou Duero, le Minho, la Ségure & le Xucar.[293]

---

291 „En Belmonte, villa del marques de Villena, comino de la Ora, ay unas cuevas que llaman horadadas, en cuyas margenes se cogen muchos fragmentos y laminillas de cobre, expecialmente recien arada aquella tierra: son estas horadadas muy dilatadas y extensas: ignorase si fueron minas de los antiguos." Ebd.

292 Der *Dictionnaire de Trevoux* wurde von Jesuiten verfasst und erschien zuerst 1704 in Trevoux. Literatur zum Werk: Dorothea BEHNKE, Furetière und Trévoux. Eine Untersuchung zum Verhältnis der beiden Wörterbuchserien, Tübingen 1996.

293 Art. „Espagne", in: DICTIONNAIRE DE TRÉVOUX, Bd. 3, 1771, S. 847. Der Gott Pluto (griechisch *Reichtum, Fülle*) war der griechischen Mythologie nach der Gott der aus der Erde kommenden Reichtümer, also auch der Getreidevorräte, der Erdschätze und der keimenden Pflanzen. In Strabos *Geographika* liest man: „Poseidonios kann bei seinem Lob der Menge und der Güte der Gruben nicht von seiner gewohnten Rhetorik lassen, sondern lässt sich von seinen Übertreibungen hinreißen. Er sagt nämlich, er könne seinen Glauben der Fabel nicht versagen dass, als einst die Wälder Feuer gefangen hatten, die Erde, da sie silber- und goldhaltig ist, schmolz und bis an die Oberfläche überkochte: sei doch jeder Berg und jeder Hügel von einem großzügigen Glückslos angehäuftes Münzmaterial. Überhaupt hätte, sagt er, jemand der die Gegend gesehen hätte, sie als ewig spendende Schatzkammer der Natur oder unerschöpfliche Vorratskammer der Herrschaft bezeichnen können, denn das Land war nicht nur an der Oberfläche reich, sagt er, sondern sein Reichtum reichte auch in die Tiefe, und

Doch auch im eigenen Land konnten sich die Informationen des spanischen Lexikons nicht durchsetzen. Ein paradiesisches Bild, das sich vorbehaltlos an die antiken Beschreibungen anlehnt, zeichnet Antonio Capmany y Montpalau noch 1783: Die Naturschätze (*Riquezas naturales*) des spanischen Reiches seien „unendlich“ und „unschätzbar“ (*infinitas e inestimables*), was die Minen von Quecksilber, Eisen, Zinn, Blei, Kupfer, Silber und den Goldsand (*arenas de oro*) sowie Edelsteine angehe. Gleiches gälte auch, wenn man die Salinen betrachte und die Minen von Schwefel, Cobalt, Alraun, Vitriol, Gagat (Pechkohle), Asbest, Antimon, Marmor, Jaspis, Alabaster, Grünspan „und weitere tausend Produkte mineralischer und pflanzlicher Art“. „Im Überfluss“ habe Spanien außerdem „all das, was für den Lebensunterhalt und das Wohlleben“ des Menschen nötig sei: Getreide und Weine ebenso wie Obst und Gemüse. Seide, Reis und Öl seien „sehr wichtige“ Konsum- und Exportgüter; und die spanischen Pferde seien die berühmtesten der Welt (*sus caballos los mas famosos del mundo*).[294] Auch Masson de Morvilliers greift in seinem „skandalösen“ Lemma über Spanien mehrmals auf die alten, bis in die Antike zurückweisenden Topoi des Iberienbildes zurück:

Cependant, quel peuple habita un plus beaux pays! quel peuple eut une langue plus riche, des mines plus précieuses, des denrées plus recherchées, des possessions plus vastes? ... Par-tout la nature fait les premiers frais de son bonheur: par-tout elle lui prodigue dans la plus grande abondance, les plus beaux fruits, le poires de toutes espèces, les pèches, les olives, les amandes, les figues, les raisins, de corinthe, les marrons, les citrons, les oranges, les pommes de grenade, &c.; & tous ces fruits sont d'un goût exquis. La Manche & l'Andalousie produisent du safran en si grande quantité, qu'on ourroit, au besoin, en fournier toute l'Europe: les provinces de Valence & de Grenade produisent de la canne de sucre. Par-tout le miel est abondant, ainsi que la soie. ... Le sel est si abondant par-tout ... La laine qui fait la branche d'exportation est de trois sortes, la refine, qui est celle du dos, la fine, qui est celle des flancs, & la laine d'agneaux. ... Les vins sont l'objet d'un commerce immense.[295]

Die im wahrsten Sinne des Wortes antiquierten Vorstellungen über die spanischen Bodenschätze wirkten auch noch auf die Theorien der ökonomischen Gesellschaften des 18. Jahrhunderts in Spanien ein. Das gesamte Treiben der *arbistras* (Utopisten), Vorgänger der Ökonomisten des späten 18. Jahrhunderts, beruhte nach Manfred Krauss auf der „abergläubischen Vorstellung, dass alle Naturschätze der Welt in Spanien gehortet“ seien. Diese Anschauung ist, so Krauss, in mittelalterlichen Chroniken zu belegen (er schreibt nicht, dass es sich um eine ursprünglich antike Utopie handelt)

bei diesen Leuten werde der unterirdische Raum tatsächlich nicht von Hades sondern von Pluton bewohnt“, STRABO, Geogr. III, 9.

294 Art. „España“, in: DICCIONARIO GEOGRAFICO CAPMANY, Bd. 1, 1783, S. 421f., hier: S. 422.

295 Masson de Morvilliers, Art. „España“, in: ENCYCLOPÉDIE METHODIQUE, S. 556f.

und hat auch noch im Jahrhundert der Aufklärung ihre Virulenz behalten.[296] So etwa bei dem bekannten Journalisten Francisco Mariano Nipho (1719–1803), der seine Worte direkt aus einem frühneuzeitlichen Lexikon (freilich nicht aus dem spanischen *Gran Diccionario*) entnommen haben könnte:

> Es gibt kein zweites Reich mit soviel Kostbarkeiten und Bodenschätzen wie unsere Halbinsel; die Bodenschätze sind über alle Gebiete und Provinzen gleichmäßig verteilt. Hier ist Gold und Silber im Überfluss vorhanden, dort Eisen und Blei, andernorts Kupfer und Quecksilber, in manchen Gegenden Marmor und Quarz ... kurz und gut, alles, was die Menschen für ihr Leben und für ihr Wohlbehagen brauchen, findet sich innerhalb der Grenzen des fruchtbaren Spaniens.[297]

Portugal, das Teil des antiken Iberiens war, wird ebenfalls eine große, wenn nicht eine noch größere Fruchtbarkeit als Spanien zugeschrieben, und es taucht in den Lexika als an Bodenschätzen reiches Land auf: „Portugal, ein europäisches Erbkönigreich im westlichen Teil Spaniens" (*Royaume hereditaire de l'Europe, en la partie Occidentale de l'Espagne*), sei „einer der kleinsten", aber „wegen seiner Fruchtbarkeit und seiner Reichtümer einer der bemerkenswertesten Staaten Europas", heißt es in den französischen Ausgaben des *Moréri* von 1681 bis 1759. Obwohl es nur ein Sechstel des Territoriums von Spanien besitze, sei es dennoch so fruchtbar, dass es das große Nachbarland überträfe.[298] Das Reich habe reichlich Wein, Früchte, Fische, Wild, Salz, Pferde etc. und auch Minen. Die Römer seien gekommen, um das Gold zu suchen, das die Portugiesen nun in „den Indien" suchten.[299] Beide Aussagen finden sich deckungsgleich auch in der spanischen Moréri-Version.[300] Ein weiterer Vorzug Portugals seien die schönen und für den Handel „sehr bequemen" (*très-commodes*) Häfen. Handel hätten die

296 KRAUSS, Aufklärung in Spanien, S. 128.

297 Zit. n. ebd.

298 „Au reste bien que ce Royaume ne foit que la sixiéme partie de l'Espagne, il a cependant une situation si fertile, qu'il surpasse tout le reste de ce grand pais", Art. „Portugal", in: GRAND DICTIONNAIRE GEOGRAPHIQUE, Bd. 1, 1681, S. 957-959, hier: S. 957; Bd. 4, 1724, S. 201f., hier: S. 201; Bd. 7, 1740, S. 317-325, hier: S. 318; Bd. 8, 1759, S. 500-511, hier: S. 500.

299 Im Original: „Il est vray que le seul Royaume dont je parle leur pourroit faire avoir ces avantages, ayant tant de bons Ports ...; & étant si fertile en vins, fruits, poissons, gibiet, sel, chevaux, & c. Il y a aussi des mines, & les Romains venoient chercher en Portugal l'or que les Portugais vont chercher dans les Indes."

300 „Este estado es uno de los mas pequeños de la Europa, y es no obstante de los mas considerables, por su fertilidad y sus riquezas... El reyno de Portugal es fertil en vinos, frutos, pezes, volatil, sal cavallos, &c. Hallanse en el minas, y los Romanos venian á buscar á Portugal el oro, que los Portugueses del dia de oy van á buscar á las Indias", Art. „Portugal", in: GRAN DICCIONARIO HISTORICO, Bd. 7, 1753, S. 446-461, hier: S. 446.

Portugiesen „alle Zeit“ betrieben und aus diesem Wert geschöpft, vor allem in Ostindien, aus dem sie Edelsteine, Gold, Silber, Seide etc. holten.[301]

Interessant an der Passage ist u.a. die Aussage, dass den Römern Portugal war, was nun „die Indien“ für Portugal seien: Sebastián de Covarrubias hatte bereits 1611 mit Berufung auf nicht weiter genannte „viele Autoren“[302] konstatiert, dass „Spanien für die anderen Nationen das war“, was „heute die *Indias* für uns sind.“[303] Wenn es sich nicht um einen Zufall handelt, so ist diese Wendung von Spanien nach Portugal gewandert. Und sie pflanzt sich weiter fort, findet z.B. Eingang in den *Zedler*: In Portugal habe es ehemals „reiche Goldgruben“ gegeben und „schon die Römer“ seien dorthin gekommen, Gold zu holen – „ietzo aber“ suchten die Portugiesen ihr Gold „in Indien“.[304] Antoine Bruzen de la Martinière lobt Portugal in seinem Werk 1736 in hohen Tönen und schreibt ihm ein besseres Klima als Spanien zu:

> Quant au Portugal c'est un très-beau & très-bon pays, riche, fertile & abondant en tout ce qu'on peut souhaiter pour les besoins & pour les délices de la vie. L'Air y est tempéré. Si l'Afrique est brûlée des rayons du soleil & si l'Espagne est incommodée sans cesse par les Vents, le Portugal, sans se ressentier ni de l'une ni de l'autre de ces incommoditez, jouit d'une chaleur modérée & a des Vents, refraichissans & des pluyes suffisantes pour donner la fécondité à la terre. ... On auroit de la peine à trouver un Pays plus abondant en toutes fortes de grains que le Portugal. ... Les Mines de Métaux sont aussi en grand nombre dans le Portugal. Il y a peu Riviéres qui ne traîent des grains d'or, & peu de Montagnes qui n'en referment quelques Mines. Les Grecs, les Romains, & les Peuples de Tyr y venoient chercher l'or que les Portugais vont chercher aux Indes.[305]

Kurz, bündig und an Bruzen de Martinière angelehnt beschreiben die ersten beiden geographischen Wörterbücher Jean-Baptiste Ladvocats die Vorzüge des kleinen Nachbarn von Spanien: „Le Por. est un beau & bon pays, riche, fert. & abond. en tout ce qui est nécessaire aux délices de la vie. L'air y est tempéré; il y a quantité de gr. ri. & de mont. fert. On y trouve des mines de

---

301 Art. „Portugal“, in: GRAND DICTIONNAIRE HISTORIQUE, 1681, S. 957; Bd. 4, 1724, S. 202; Bd. 7, 1740, S. 320; Bd. 8, 1759, S. 507.

302 Covarrubias verweist in vielen Fällen auf (bestimmte oder unbestimmte) andere Werke, um enzyklopädische Informationen und damit Platz zu sparen. Im Lemma „India“ heißt es, dass es „Bücher und Chroniken“ über die Entdeckung Indiens gebe, so dass er sie nicht näher beschreiben müsse. Hintergrund ist seine Befürchtung, mit seinem Werk nicht fertig zu werden; dies formuliert er explizit z.B. im Lemma „Catorro“. Vgl. MÜHLSCHLEGEL, Enciclopedia, S. 132f.

303 Als Beleg für die Reichtümer des antiken Iberiens führt er das achte Kapitel des ersten Makkabäerbuches an, in dem es über die Römer hieße: „*Et quanta fecerunt in regione Hispaniae et quod in potestate redegerunt metalla argenti et auri, quae illic sunt, etc.*“, Art. „España“, in: TESORO, S. 551.

304 Art. „Portugall“, in: ZEDLER, Bd. 28, 1741, S. 1658-1663, hier: S. 1659.

305 Art. „Portugal“, in: DICTIONNAIRE GEOGRAPHIQUE ET CRITIQUE, Bd. 6, 1736, S. 450-457, hier: S. 453.

différens metaux, de piertes précieuses; des grains, des fruits excellens de tout espece, de bon vin, &c.“[306] Sehr ähnlich, nur mit weniger Abkürzungen, findet sich diese Beschreibung auch in der deutschen Version des Lexikons wieder: Portugal, „das westliche unter den europäischen königreichen“, ist demnach „ein schönes und gutes, reiches, fruchtbares und an allem wohlgesegnetes land, was nur zur nothdurft oder zur vergnügung des lebens gehören mag. Die luft ist gemässigt, und es hat grosse flüsse und fruchtbare berge. Man findt darinne allerhand mineralien und edelsteine; getraide, vortrefliche baumfrüchte von allen arten, guten wein, et c.“[307] Wenige Abweichungen findet man auch in der italienischen Fassung: „[Portogallo] è un paese ricco, e fertilissimo. Produce gr. quantità di vino, olio, e sale, con cui provvede a molte Prov. dell'Eur. Vi è però scarsezza di grani a cagione del terreno assai montuoso. Qui l'aria è temperata … il paese è ricco in oltre di molte miniere di varj metalli, di pietre preziose, ed abbonda d'ottimi frutti di tutte le sorte.“ Ende des 18. Jahrhunderts finden sich ähnliche Attribute im geographischen Wörterbuch des Spaniers Capmany y Montpalau: „Portugal ist ein gutes, reiches und fruchtbares Land und es hat alles, was zum Leben nötig ist, im Überfluss. Seine Luft ist temperiert, es hat viele große Flüsse und fruchtbare Berge. Es gibt Minen verschiedener Metalle und Edelsteine, Getreide, exzellente Früchte aller Art, exquisite Weine und noch mehr.“[308]

Auch in Hübners Zeitungslexikon ist die Fruchtbarkeit Portugals in ganz ähnlicher Weise dargestellt: „Ob es schon viel Gebürge hat, so ist es doch fruchtbar, indem die Berge gute Weide, die Thäler aber viel Wein, Oel, Maulbeerbäume, Citronen, Pomeranzen, Feigen u. Pantoffel=Holz hervorbringen; auch giebt es Gold, Silber, Zinn, Eisen, Bley, Berg=Alaun, Crystall, Rubine, Smaragde, Hyacinthen, Jaspis und weissen Marmor. Absonderlich hat es einen grossen Überfluß an Salz, und wird dessen eine grosse Menge … in andere Länder verführrt [sic!].“[309]

Das Lemma zu „Portugal“[310] in der *Grande Encyclopédie*, für das unter dem Kürzel „D.C.“ Chevalier Louis de Jaucourt verantwortlich zeichnet[311],

---

306 Art. „Portugal“, in: DICTIONNAIRE GEOGRAPHIQUE PORTATIF, 1747, ohne Paginierung und Bd. 2, 1748, S. 195.

307 Art. „Portugall“, in: GEOGRAPHISCHES HANDWÖRTERBUCH, Bd. 2, 1765, S. 751f., hier: S. 751.

308 „[Portugal] es país bueno, rico, fértil, y abundante en todo lo necesario à la vida. Su ayre es templado, y tiene muchos grandes rios, y montes fértiles. Se encuentran en él minas de diferentes metales, y piedras preciosas, granos, frutas excelentes de todas especies, vinos exquisito, &c.“, Art. „Portugal“, in: DICCIONARIO GEOGRAFICO CAPMANY, Bd. 3, 1793, S. 61.

309 Art. „Portugall“, in: HÜBNER, S. 849f., hier: S. 849.

310 Art. „Portugal“, in: ENCYCLOPÉDIE, Bd. 13, 1765, S. 257f.

311 Vgl. Gonzalo ANES, La Inquisición en la *Encyclopédie*: una censura inédita de Jovellanos, in: Joaquín ÁLVAREZ BARRIENTOS / José Checa BELTRÁN (Hrsg.), El siglo que

greift im Wesentlichen die bereits bekannten Topoi über das Land auf: Portugal, das „westlichste Königreich Europas", wird hier – im Gegensatz zu Spanien – als ein „sehr gutes Land" (*trés-bon pays*) gelobt. Es habe „temperierte, pure und gesunde Luft" (während Spanien ein „schreckliches Klima" attestiert wird). Es mangele Portugal nicht an Getreide, die Früchte seien exzellent, die Öle „sehr wohlschmeckend", die Wolle „bewundernswert" (*admirable*), die Salinen „sehr reichhaltig" und die Pferde „hoch geschätzt" (*trés-estimés*). Es habe Gold- und Silberminen, Steinbrüche von schönem Marmor und Edelsteinen, Rubine, Smaragde und Hyazinthen.[312] Masson de Morvilliers reproduziert den Text Jaucourts über Portugal in der *Encyclopédie Methodique* an dieser Stelle wörtlich: „L'air y est assez tempéré, pur & sain. C'est un très-bon pays: les fruits y sont exquis, les huiles délicieuses: on y trouve quantité de miel, les laines sont admirables: les salines très-abondantes: les bestiaux & les chevaux très-estimés."[313]

Bemerkenswert, weil nicht „aussagentreu", ist der Eintrag in der ersten Auflage der *Encyclopœdia Britannica* (1771), in dem die bei *Moréri* aufgestellte und von Jaucourt übernommene Rangliste in Sachen Fruchtbarkeit umgekehrt wird: „PORTUGAL, the most westerly kingdom in Europe", heißt es in dem nur acht Zeilen umfassenden Lemma „is neither so hot nor so fruitful as Spain; it however produces plenty of grapes, olives, oranges and lemons".[314] Im gleichen Jahr wird im sechsten Band des französischen *Dictionnaire de Trevoux* ein Lemma publiziert, das die Fruchtbarkeit und den Reichtum Portugals wieder in althergebrachter enzyklopädischer Manier beschreibt und die meisten der bereits identifizierten Aussagen reproduziert:

L'air y est tempéré, eu égard à sa situation. On y voit un grand nombre de rivières, dont le Tage, la Guadiane, le Douro, le Minho, le Mondego & le Zadaon sont les plus grandes. Quoique le terroir y soit fort montagneux, il ne laisse pas d'être fertile: les montagnes produisent de bons pâturages, où l'on nourrit quantité de bétail. Les vallées & les plaines sont fertiles en vin, en huile, en mûriers, en citrons & en oranges: mais elles ne sont pas si abondantes en bled qu'en ces autres fruits. Le sel, les chevaux, & les jambons, plus estimés

---

llaman ilustrado. Homenaje a Francisco Aguilar Piñal, Madrid 1996, S. 87-97, hier: S. 88. Zu Biographie und Artikel des Autors in der *Encyclopédie* siehe: Frank A KAFKER / Serena L. KAFKER, The Encyclopedists as individuals: a biographical dictionary of the authors of the Encyclopédie, Oxford 1988.

312 Der Orginaltext lautet: „L'air y est tempéré, pur & sain. C'est un très-bon pays; le blé n'y manque pas, les fruits sont exquis, les huiles délicieuses: on y trouve quantité de miel; le laines sont admirables; les salines très abondantes; le bestiaux & le chevaux très-estimés: on fait combien les orangers, les vins, sur-tout ceux d'Alantjo & des Algarves sond recherchés. Il y a des mines d'or & argent, des carrieres de beau marbre, & de pierres précieuses, des rubis, des émeraudes, des hyacinthes. Il est arrosé d'un grand nombre de rivieres. Les principales sont le Tage, la Guadiana, le Duero", Jaucourt, Art. „Portugal", in: ENCYCLOPEDIE, Bd. 15, 1765, S. 157f., hier: S. 157.

313 Masson de Morvilliers, Art. „Portugal", in: ENCYCLOPEDIE METHODIQUE. *Geographie Moderne*, Bd. 3, 1788, S. 676f., hier: S. 676.

314 Art. „Portugal", in: ENCYCLOPÆDIA BRITANNICA, Bd. 3, 1771, S. 505.

que ceux de Bayonne, de Mayence & de Westphalie; lui apporent de grands profits. On y trouve aussi des mines d'étain, de fer, de plomb, d'alun de roche, de crystal, des rubis, des émeraudes, des jacinthes, & des carriéres de marbre blanc & de jaspe. Il y a aussi des mines d'or & d'argent. Les Romains y venoient chercher autrefois ces précieux métaux, que les Portugais trouvent maintenant avec plus de facilité dans les Indes Orientales & dans l'Afrique, qu'ils ne feroient chez eux.[315]

An einigen Stellen erscheinen im *Dictionnaire de Trevoux* die Aussagen leicht verändert: So taucht neben Salz und Pferden auch Schinken als Handelsgut der Portugiesen auf. Die ebenfalls bereits bekannte Aussage, dass die Römer in Portugal jene Edelmetalle suchten, die die Portugiesen ihrerseits nun woanders fänden, ist in diesem Lexikon leicht modifiziert: Der Autor des Lemmas nennt ausschließlich Indien (*Indes Orientales*), nicht Amerika (die *Indias*) als Ort, in dem die Portugiesen ihr Gold suchen, und fügt außerdem Afrika hinzu.

IV.1.3 Fruchtbarkeit des Bodens und „fehlende" Agrarkultur

Den meisten Lexika ist gemein, dass sie Spanien und Portugal eine große Fruchtbarkeit des Bodens und mitunter die „besten Früchte", die „besten Pferde", die „beste Wolle" etc. sowie üppigen metallurgischen und mineralischen Reichtum bescheinigen – Topoi, die zum großen Teil dem antiken Diskurs über Iberien entnommen sind. Die Aufzählung der (antiken) Edelmetallvorkommen und anderer Bodenschätze Portugals und Spaniens ist ein gängiger, ja nahezu unverzichtbarer Topos im enzyklopädischen Diskurs der Frühen Neuzeit. Im Kontrast dazu standen die tatsächliche Kargheit einiger Teile der Halbinsel und der im 17. Jahrhundert stattfindende wirtschaftliche Niedergang der iberischen Staaten.[316] Ein Paradoxon, das zur entscheidenden Frage führte: Wie konnte eine Region, von der man „schon immer" wusste bzw. von dem die „überaus glaubwürdigen" antiken Schriftsteller sagten, dass sie fruchtbar und reich an Bodenschätzen sei, eine (wirtschaftliche) Dekadenz erleiden? Möglich ist auch, dass der umgekehrte Mechanismus wirkte und die Lexika das Iberien (der Antike) als so ertragreich präsentierten, *weil* Portugal und Spanien im Laufe der Frühen Neuzeit an Macht und Reichtum verloren. Dort, wo Dekadenz herrscht, muss – schon aus Gründen der Logik – einst ein goldenes, ruhmreiches Zeitalter stattge-

315 Art. „Portugal", in: DICTIONNAIRE DE TREVOUX, Bd. 6, 1771, S. 914f., hier: S. 914.

316 James Casey widmet in seiner Sozialgeschichte des frühneuzeitlichen Spaniens das erste Kapitel der „Unwirtlichkeit" des Landes und das zweite der „geringen Bevölkerungsdichte" („An inhospital land" und „The fewness of people"). Vgl. James CASEY, Early Modern Spain. A social history, London / New York 1999, S. 4-42.

funden haben.[317] Im Folgenden sollen die Erklärungen der Lexikographen für das Phänomen näher beleuchtet werden.

Die Luft in Spanien sei allgemein gut (*generalement bon*), heißt es durchweg in den französischen Moréri-Versionen von 1681 bis 1759, und der Boden wäre fruchtbar, wenn er kultiviert (angebaut) würde (*le terroir seroit fertile, s'il étoit cultivé*).[318] Vier Gründe verzeichnet der *Dictionnaire Universel* (1708) von Thomas Corneille für die Unfruchtbarkeit (*sterilité*) Spaniens, 1. geringe Population, 2. Faulheit (*paresse*) und Stolz (*orguëil*) der Einwohner, 3. Trockenheit des Erdreichs (*secheresse de la terre*) und 4. hohe Steuern (*grands impôts*). Die geringe Population wiederum erklärt der Lemma-Autor mit der großen Zahl der Spanier, die sich in Italien, Flandern und vor allem in *den Indien* niedergelassen hätten, und von denen nur sehr wenige zurückkehrten, weil sie dort an Krankheiten stürben, die sie wegen des Klimawechsels bekämen.[319] Und noch ein weiterer Grund wird in dem Lexikon Corneilles dafür genannt, dass Spanien „sehr viel unbewohnter" (*beaucoup plus deserte*) sei als zu anderen Zeiten: die Vertreibung (*expulsion*) der Juden, die Ferdinand und Isabella nach 1492 veranlasst hätten (beziffert wird die Vertreibung mit ungefähr 800.000 Seelen) und die Vertreibung der restlichen Mauren (die z.T. Morisken genannt würden) sowie der Juden, die in jüngster Zeit (*dans les derniers temps*) vorgenommen worden wäre.[320]

Die frühen französischen geographischen Handwörterbücher begründeten Mitte des 18. Jahrhunderts die geringe Kultivierung des Erdreichs in Spanien, dessen Luft bzw. Klima „trocken, rein, warm und gesund" genannt wird, lediglich damit, dass Spanien nicht (ausreichend) bevölkert sei: „L'air

317 Vgl. das Unterkapitel „Die Logik der Dekadenz" („La lógica de la decadencia") bei Sören BRINKMANN, Nación sin tradición. La „decadencia" de España en la conciencia histórica del liberalismo decimonónico, in: Ibero-Amerikanisches Archiv 26/1–2, 2000, S. 111-133, hier: S. 113f.

318 Art. „Espagne", in: GRAND DICTIONNAIRE HISTORIQUE, Bd. 1, 1681, S. 1204; Bd. 2, 1724, S. 451; Bd. 3, 1740, S 142; Bd. 4, 1759, S. 207.

319 Im Original: „La sterilité du pays & ce défaut de culture viennent de quatre causes, du peu d'hommes qui l'habitent, de leur paresse & de leur orguëil; de la secheresse de la terre, & des grands impôts dont les peuples sont chargez. Pour le défaut d'hommes, il vient de la quantité des Espagnols qui se sont habituez en Italie, en Flandre, & sur tout aux Indes, d'où il en revient fort peu, parce qu'ils y meurent presque tous des maladies que leur cause le changement de climat", Art. „Espagne", in: DICTIONNAIRE UNIVERSEL CORNEILLE, Bd. 2, 1708, S. 55-65, hier: S. 61.

320 „Ce qui rend l'Espagne beaucoup plus deserte qu'elle n'étoit autrefois, c'est l'expulsion des Juifs que en furend chassez par Ferdinand & par Isabelle aprés la conquête de Grenade vers l'an 1492. La pluspart des Historiens rapportent qu'il fortit de Castille & d'Aragon cent soixante & dix mille familles, ce qu'on fait monter à prés de huit cent mille ames. L'expulsion qui s'est faite dans les derniers temps des restes de Maures & de Juifs, ce qu'on appelloit Morisques, y a aussi fort contribué." Art. „Espagne", in: DICTIONNAIRE UNIVERSEL CORNEILLE, Bd. 2, 1708, S. 55-65, hier: S. 61.

y est sec, pur, chaud, & salubre. L'hiver ne s'y fait gueres sentir … Le ter. y est bon, mais peu cultivé, parce que l'Esp. n'est pas peuplée."[321] In der deutschen Ausgabe des geographischen Wörterbuchs liest sich das folgendermaßen: „Spanien hat ein gutes erdreich, das aber nicht gehörig bearbeitet wird, weil das land nicht so bevölkert ist, als es seyn könnte, davon man unterschiedene ursachen giebt"[322], wobei die Ursachen jedoch nicht weiter erläutert werden. Die spanische Variante des portablen geographischen Wörterbuchs von Juan de La-Serna reproduziert die gleiche moderate und unverbindliche Aussage: Das Gebiet Spaniens sei „fruchtbar, aber aufgrund der spärlichen Bevölkerung des Reiches (*poca poblacion del Reino*) wenig [landwirtschaftlich] kultiviert (*cultivado*).[323] Die spätere Version von Capmany y Montpalau erwähnt mit keiner Silbe eine ineffiziente Agrarwirtschaft – wie im vorherigen Kapitel beschrieben, wird Spanien dort als eine Art Garten Eden dargestellt, dem es an nichts mangelt.

Während sich eine verhältnismäßig harmlose Aussage auch in der englischen Moréri-Version findet („The Air of this Country is generally very good, and the Soil fertile, were it but as well cultivated"[324]), wird im deutschen *Allgemeinen Historischen Lexicon* von 1709 (wie bereits ein Jahr zuvor Corneille) eine direkte Verknüpfung der mangelhaften Agrarwirtschaft und dem vermeintlichen Nationalcharakter der Spanier vorgenommen: „Daß der boden nicht alles nothwendige hervorbringet, daran sind die Spanier selbst einigermassen schuld. Denn sie haben aus sonderbarer gravität einen abscheu vor aller arbeit."[325] Diese Aussage bleibt auch in den beiden Folgeauflagen und im Basler Lexikon (1726/27) unverändert bestehen. Die unmittelbare Verknüpfung des Nationalcharakters und der Volkswirtschaft findet sich ausführlich auch im *Zedler*: Hier heißt es, dass Spanien, was „Grund und Boden" betreffe, ein „gesegnetes Land" sein könne, wenn nicht eine „ziemliche Trägheit" und ein „schädlicher Hochmuth" der Einwohner demselben so „hinderlich und nachtheilig" wäre. Wenn sie „gehörigen Fleiß" anwendeten, „ein wenig mehr Geschicklichkeit" hätten und die Erde besser bebauten, würde ihnen ihr Grund und Boden eine „freygebige Mutter alles dessen seyn, so zu des Leibes Unterhalt, so wohl in Kleidern als auch in der Nahrung und andern Ergötzlichkeiten nöthig seyn" könnte. Der Autor des Lemmas geht sogar noch weiter: Wenn die Spanier den Ackerbau verstünden, würden sie seiner Meinung nach „in einem solchen Überfluss leben, dass nicht allein die fruchtbarsten Landschafften die Unfruchtbarkeit

---

321 Ladvocat, Art. „Espagne", in: DICTIONNAIRE GÉOGRAPHIQUE PORTATIF, 1747, ohne Paginierung und Bd. 1, 1748, S. 271.

322 Art. „Spanien", in: GEOGRAPHISCHES HANDWÖRTERBUCH, S. 1160.

323 Art. „España", in: DICCIONARIO GEOGRAPHICO LA-SERNA, Bd. 1, 1750, S. 283.

324 Art. „Spain" in: GREAT HISTORICAL GEOGRAPHICAL DICTIONARY, Bd. 2, 1701, ohne Paginierung.

325 Art. „Spanien", in: ALLGEMEINES HISTORISCHES LEXICON, Bd. 4, 1732, S. 549.

einiger andern ersetzen", sondern auch noch „fremde" (gemeint ist das Ausland) „ohne Entblößung" oder Mangel versorgen könnten. Denn „man wisse ohnedem" (nicht zuletzt aus Schriften antiker Schriftsteller, die im selben Lemma zitiert werden), dass Spanien „eigentlich genügend" Getreide und andere Früchte hervorbringen könne.[326]

Antoine Bruzen de la Martinière hatte bereits vor Erscheinen des betreffenden Zedler-Artikels, nämlich 1736, neben der geringen Bevölkerungsdichte der spanischen Faulheit und *gravité* die Schuld daran gegeben, dass große Teile des Erdreichs in Spanien ungenutzt blieben. Im Lemma „Spanien" seines *Grand Dictionnaire Geographique et Critique* wird der Sachverhalt des geringen landwirtschaftlichen Ertrags folgendermaßen dargestellt:

Les nombreuses garnisons que l'Espagne entretient au dehors, les Colonies qu'elle y envoye & dont il ne revient gueres d'hommes, parce que la plupart s'y établissent ou meurent en chemin, sont que l'Espagne n'est pas à beaucoup près de peuplée que le merite la bonté du terroir. D'un autre côte, le mepris que les Espagnols font des Arts mechaniques & sur tout de l'Agriculture est cause qu'ils ne tirent pas de leur pays tous les avantages qu'ils en pourroient tirer, s'ils le cultivoient avec en pourroient tirer, s'ils le cultivoient avec soin. L'air contribue beaucoup à leur inspirer cette indolence & les François le plus agissans prennent les mêmes manieres après quelques années; & s'accoutument facilement à cette oisive gravité qui fait le caractere distinctif de la Nation Espagnole.[327]

Vergleicht man das Spanien-Lemma des *Nuovo Dizionario* von 1751 mit den Ausführungen in Bruzen de la Martinières Lexikon, kann kein Zweifel daran bestehen, dass der italienische Lemma-Autor das französische Wörterbuch gekannt haben muss. Er hat betreffende Passage treu übersetzt:

Le numerose guarnigioni che dee la Spagna trattenere in queste parti[328], e le Colonie che vi manda, delle quali la maggior parte mai ritornano, o perchè si stabiliscono, o perchè vi muojono, sono il motivo che fanno sempre rimanere tutto quel Regno Spopolatissimo: che però la maggior parte del Territorio cosi fertile e peifetto, rimane inutile, ed infecondo; di più il contraggenio naturale degli Spagnuoli per l'Arti Meccaniche, e sopra tutto riguardo l'Agricultura, è la cagione che non ricavino vantaggio considerabile a misura dalla bontà del loro paese. L'aria di quel Clima contribuisce molto ad inspirare una tale indifferenza, e a renderli lenti nelle loro operazioni, succedendo anche lo stesso a stranieri, per altio più attivi dopo di avervi dimorato qualche tempo, i quali si avvezzano con ogni facilità a quel grave portamento, Caratiere distintivo della Nazione Spagnuola.[329]

---

326 ZEDLER, Bd. 38, 1743, Sp. 1111.

327 Art. „Espagne", in: GRAND DICTIONNAIRE GEOGRAPHIQUE ET CRITIQUE, S. 328.

328 Zuvor werden die Besitzungen Spaniens in Asien, Afrika und Amerika aufgezählt.

329 Art. „Spagna", in: NUOVO DIZIONARIO, S. 499. Auf Deutsch bedeuten beide Passagen etwa das folgende: Die zahlreichen Garnisonen, die Spanien in diese Gebiete entsendet und die Kolonisten, von denen der größte Teil nicht zurückkommt, entweder, weil sie sich dort endgültig niederlassen oder weil sie sterben, sind der Grund, dass dieses Reich so unbevölkert ist, so dass der größte Teil des so fruchtbaren und vorzüglichen Territoriums ungenutzt bleibt und keine Früchte trägt. Nicht zuletzt die natürliche Aversion der Spanier gegen die *Artes Mecanicas* und vor allem gegen die Landwirtschaft ist die Ursache dafür, dass sie sich, trotz der Güte ihres Erdreiches, keinen nen-

Das italienische geographische Handwörterbuch von 1761 verzeichnet eine ganz ähnliche Erklärung: Das Gebiet Spaniens sei (eigentlich) gut, aber da es wenig kultiviert sei, werfe es wenig ab (*Il territ. v'è assai buono, ma per esser poco coltivato, rende poco*). Ein Autor (der Name wird nicht genannt) schreibe die „Entvölkerung" (*spopolamento*) Spaniens dem „reinen" (*puro*) und „trockenen" (*secco*), doch „zu heißen Klima" (*clima troppo caldo*), der „unreifen" (gemeint ist wohl „unfruchtbare") Liebe (*amore immaturo*), der Quantität an Geistlichen (*quantità d'Ecclesiastici*), der Auswanderung nach Amerika (interessant ist hier, dass tatsächlich „America" und nicht die *Indias* genannt werden) und der „Strenge" (*rigore*) der Inquisition zu, die eine große Zahl der reichsten Bewohner verjagt habe (*ha scacciato un gr. numero de' piu ricchi abitanti*).[330]

Während der Grund für den Getreidemangel im spanischen *Gran Diccionario* (1753) darin gesehen wird, dass die – wenn auch zahlreich vorhandenen – Flüsse das von „steinigen Bergen" durchsetzte Spanien „nicht ausreichend" wässerten[331], findet sich die vermeintliche (Mit-)Schuld der Spanier daran auch in Hübners Konversationslexikon (1758): „Die Luft [in Spanien] ist warm, das Erdreich aber, sowol wegen des Sandes u. der Gebürge, als auch wegen der Nachläßigkeit der Einwohner an Getreide nicht fruchtbar."[332] Der nicht unwesentliche Unterschied, der Hübners Lexikon zu einer Ausnahme macht, besteht darin, dass hier zuvor keine außergewöhnliche Fruchtbarkeit des spanischen Erdreiches konstatiert wird wie in anderen Lexika. Somit wird die Schuld der Spanier an ihrer Agrarmisere zwar behauptet, doch wiegt sie hier nicht ganz so schwer; äußere, physikalische Umstände (Sand, Gebirge) werden als gleichberechtigte Gründe angeführt. Interessant ist außerdem, dass hier von einer „Nachlässigkeit" der Einwohner die Rede ist, nicht etwa von einer „Gravität". Doch auch wenn „(Nach-)Lässigkeit" zunächst unvereinbar mit „Gravität" erscheint, haben beide Wörter im Grunde doch eine ähnliche Bedeutung: Nachlässigkeit kommt von althochdeutsch *laz*, was „matt" (bzw. außergermanisch *lassus* „matt, müde") bedeutet[333], „Gravität" hingegen kann neben „Würde" auch „Schwere" bedeuten.[334] Die angebliche Gravität bzw. der vermeintliche

---

nenswerten Vorteil verschaffen. Das Klima trägt viel zu dieser Trägheit bei und die lebhaftesten [Franzosen] nehmen nach einer gewissen Zeit die gleiche Art an und gewöhnen sich leicht an diese müßige Gravität, die den spezifischen Charakter der spanischen Nation darstellt (Übersetzung der Verfasserin).

330 Art. „Spagna" in: DIZIONARIO GEOGRAFICO PORTATILE, Bd. 2, 1761, S. 213f., hier: S. 213.

331 GRAN DICCIONARIO HISTORICO, Bd. 3, 1753, S. 1007.

332 Art. „Spanien", in: HÜBNER, S. 1065.

333 Vgl. Art. „laß" in: Kluge Etymologisches Wörterbuch der deutschen Sprache, Berlin / New York 1999, S. 504.

334 Vgl. Art. „gravitätisch", in: Ebd., S. 336.

Hochmut der Spanier wird im Zusammenhang mit der Dekadenz der einstigen Weltmacht noch zu untersuchen sein.

Ende des 18. Jahrhunderts hatte sich offensichtlich die (Mit-)Schuld der Spanier an ihrer „schlechten" Landwirtschaft endgültig im enzyklopädischen Diskurs etabliert: In der französischen Ausgabe des geographischen Handwörterbuchs von 1778 wird die 1747 und 1748 gegebene Begründung erweitert – nun heißt es, dass die Spanier „sich nicht die Mühe geben", die Erde zu kultivieren: „Le terr. y est bon, mais peu cultivé, parce que l'Esp. n'est pas peuplée, & que ses habitants ne se donnent pas la peine de la cultiver."[335]

Für die vermeintlich ungenügenden landwirtschaftlichen Erträge Portugals liefert der *Grand Dictionnaire Geographique et Critique* eine ähnliche Erklärung: „Le Terroir [de Portugal] seroit très-fertile, si les Habitans avoient soin de le cultiver; mais ils aiment mieux s'occuper aux sciences, aux voyages & au commerce dans les Indes, où ils sont des profits considérables que de labourer leurs terres; ce qui les oblige de prendre chez les Etrangers ce qu'ils leur fournissoient autrefois."[336] Doch das ist eine Ausnahme – in den anderen untersuchten Lexika werden agrarwirtschaftliche Probleme Portugals gar nicht diskutiert. Die Wortwahl der ersten Aussage („Le Terroir seroit très-fertile, si les Habitans avoient soin de le cultiver") deutet darauf hin, dass der Lemma-Autor hier auch auf Portugal überträgt, was in den meisten Lexika (inklusive dem eigenen) über Spanien verlautbart wird. Interessant ist indes die Äußerung, dass u.a. die Beschäftigung mit den Wissenschaften Grund für den landwirtschaftlichen Nicht-Anbau sei.

Die Grundaussagen der meisten frühneuzeitlichen Lexika lassen sich *grosso modo* wie folgt zusammenfassen: 1. Spanien und Portugal (Iberien) sind üppig ausgestattet mit Bodenschätzen und verfügen zudem über einen äußerst fruchtbaren Boden. 2. Das Land wird nicht ausreichend bestellt, weil a) es wenig bevölkert ist und/oder b) weil die Einwohner faul und nachlässig sind. Im nun folgenden Analyseteil soll diesen beiden Aussagen näher auf den Grund gegangen werden.

IV.1.4 Analyse: Das Land des Überflusses und der „Barbaren" als antike Topoi

Bei der Beschreibung der Bodenschätze und der Landwirtschaft Iberiens rekurrieren die Lexikonautoren der Frühen Neuzeit auf antike Schriftsteller, denen höchste Glaubwürdigkeit zugesprochen wird. Statt aktuelle Informa-

---

335 Ladvocat, Art. „Espagne", in: DICTIONNAIRE GEOGRAPHIQUE PORTATIF, Bd. 1, 1778, S. 326.

336 Art. „Portugal", in: DICTIONNAIRE GEOGRAPHIQUE ET CRITIQUE, S. 450-457, hier: S. 453.

tionen zu liefern, schöpfen sie innerhalb bereits etablierter Traditionsbahnen aus einer begrenzten Zahl von Aussagen. Auch wenn sich an einigen Stellen Wendungen wie „die Alten berichten" oder „schon der antike Schriftsteller X oder Y sagte" finden und gelegentlich der Hinweis erfolgt, dass die Minen „keinen besonderen Stellenwert mehr haben" (*Geographisch- und Critisches Lexikon*) oder „geschont" würden (*Grand Dictionnaire Historique*), findet sich in den meisten Lexika kein Hinweis darauf, dass die Aussagen eines „glaubwürdigen Diodor" (*Zedler*) oder eines Strabo nicht auch als zeitgenössische akzeptiert würden. Die Erklärung hierfür ist relativ einfach: die „Alten" waren die „Guten", ihre Aussagen galten als zeitlos, also gewissermaßen als immer gültig. Man wäre nicht auf die Idee gekommen, die Informationen der zitierten Autoritäten, so alt sie auch sein mochten, als veraltet, als ungültig anzusehen, denn sie lagen, diskurstheoretisch betrachtet, (noch) „im Wahren". Genau wie beim anfangs untersuchten Rinderhaut-Vergleich werden aus diesem Grund antike Aussagen über die iberischen Rohstoffvorkommen in den enzyklopädischen Diskurs der Frühen Neuzeit eingebracht. Bis auf die spanische Moréri-Version liefert keines der Lexika Informationen über die aktuelle Ausschöpfung der Bodenschätze oder über die aktuelle Situation der Landwirtschaft.

Die in fast allen Lexikonartikeln anzutreffende Aussage, dass das Iberien der Antike üppig mit Bodenschätzen und anderen natürlichen Reichtümern (wie z.B. den „besten Früchten") ausgestattet war bzw. noch immer ist, ist alles andere als eine objektive Beschreibung. Mitgelesen bzw. rekonstruiert werden müssen die Welt- und Geschichtsauffassungen jener antiken Autoren, aus deren Werken die Aussagen entnommen wurden. Wie aber war es, das Iberienbild der „Alten"? Eine Antwort auf diese Frage erfordert zunächst einige grundsätzliche Reflexionen über die Weltanschauungen der so genannten archaischen Epoche und der griechisch-römischen Antike. Das Weltbild des „Vaters der Geschichte", Herodot von Halikarnassos (485–425 v. Chr.), das weit mehr von theoretischen Elementen und literarischer Tradition als von den viel zitierten „Erkundungen" lebt, und ein wohlüberlegtes geschichtsphilosophisches Gedankengebäude darstellt[337], soll hier als repräsentatives Beispiel in groben Linien skizziert werden (denn auch Strabo zitiert im dritten Kapitel seiner *Geographika* Herodot, Geogr. III 2,13): Im Zentrum der Welt liegt Hellas, begünstigt durch ein ausgewogenes Klima und geeignet, den rationalen Geist seiner Landesbewohner zu fördern. Die fremden Völker legen sich in Ringen um die bekannte Welt. Je weiter entfernt sie wohnen, desto wunderlicher werden

---

337 Vgl. Reinhold BICHLER, Der Barbarenbegriff des Herodot und die Instrumentalisierung der Barbaren-Topik in politisch-ideologischer Absicht, in: Ingomar WEILER (Hrsg.), Soziale Randgruppen und Außenseiter im Altertum, Graz 1988, S. 117-128, hier: S. 123.

sie.[338] Zu den Randzonen der Welt hin häufen sich Wildheit, sexuelle Promiskuität und Kannibalismus, am äußersten Rand der Welt jedoch gewinnt diese Wildheit ein doppeltes Gesicht: Neben die barbarisch anmutende Rohheit tritt das Bild edler Wildheit – und jenes der üppigen Natur.[339] Schon Homer (den Strabo ebenfalls zitiert, Geogr. III 2,13) siedelte seine wilden menschenfressenden Riesen in einem paradiesischen Ambiente an: die Kyklopen kennen keinen Staat, kein Recht, weder Ackerbau noch Seefahrt, keine familiären Strukturen und keine festen Siedlungen – und doch gedeiht ihnen auf herrlichem Boden Getreide, Wein und Vieh in Hülle und Fülle. Kulturlosigkeit schlechthin und paradiesisches Glück wohnen also dicht beieinander.[340] Just in den fernsten Zonen der Welt und gerade bei den merkwürdigen Randvölkern finden sich die begehrenswertesten Güter, Gold z.B. ist in rauen Mengen vorhanden. Wie man mit diesem in der Zivilisation so begehrten Metall umgehen sollte, das wissen die „Barbaren" jedoch nicht.[341]

Iberien war in der archaischen Epoche und der klassischen Antike ein marginales Randterritorium fernab der Machtzentren.[342] Entsprechend seiner geographischen Lage im extremen Westen der bekannten Welt haftete der Halbinsel, die nur gelegentlich von buchstäblich sagenhaften griechischen Helden auf ihren abenteuerlichen Reisen durchquert wurde, im philosophischen Gedankenkonstrukt der antiken Gelehrten ein Doppelbild an: Einerseits war sie ein Hort von Wundern und unschätzbaren Reichtümern, andererseits ein unwirtliches, raues, von Barbaren bevölkertes Land, deren Derbheit in der Zivilisation für Heiterkeit sorgte.[343] Die geographische Lage samt seiner mythischen Konnotation, später dann der Widerstand der „Barbaren" gegen die militärische Invasion der Römer (2. und 1. Jh. v. Chr.), waren Grund für die griechischen Autoren, Iberien als Ort zu kon-

338 Vgl. Albrecht DIHLE, Die Griechen und die Fremden, München 1994, S. 57. Schon in der Geburtsstunde der europäischen Dichtung, in der Welt der homerschen Epen, die keine klare Grenze zwischen Mythos und Geschichte kennt, finden sich Schilderungen von Völkern, deren Lebensweise und Charakter typisierend und moralisierend beschrieben werden. Vgl. WEILER, Ethnographische Typisierungen, S. 97-118. Als weiterführende Literatur sei hier noch auf Klaus E. MÜLLER, Geschichte der antiken Ethnographie und ethnologischen Theoriebildung (2 Bde.), Wiesbaden 1972/80, hingewiesen.

339 BICHLER, Der Barbarenbegriff des Herodot, S. 120f.

340 Vgl. ebd., S. 121, 123.

341 Vgl. ebd., S. 122.

342 Erst im 2. Jahrhundert v. Chr. wurde es von römischen Truppen vollständig „erschlossen". Vgl. Gómez ESPELOSIN / Pérez LARGACHA / Vallejo GIRVES, La imagen de España en la antigüedad clásica, Madrid 1995, S. 15.

343 Vgl. ebd., S. 13.

struieren, der mit seiner tatsächlichen Geographie und der Kultur seiner Völker wenig gemein hatte.[344]

Das hier in groben Zügen skizzierte archaische Weltbild blieb während der gesamte Antike bestehen, da auch später entstandene historische und/ oder geographische Abhandlungen keine neutrale Sicht boten, sondern rhetorischen und literarischen Mustern folgten und damit die Erwartungen des Publikums bedienten. Ihr Erfolg basierte vorwiegend auf dem Gebrauch von immer wiederkehrenden, lediglich literarisch variierten Gemeinplätzen. Durch den Gebrauch von mythischen, bereits fest in der griechischen Mentalität verankerten Archetypen, fügte sich das Bild fremder Territorien nicht zufällig immer perfekt in das Vorstellungsvermögen und in das bestehende Wertesystem ein.[345] In klassischen Texten seit phönizischem Erstkontakt (ca. 800 v.Chr.) dominieren zwei Topoi das Bild der Iberischen Halbinsel: dass sie reich an (Edel-)Metallen und von kriegerischen Völkern bewohnt sei, die dem Banditentum geneigt waren – diese Erfahrung machten später die Römer beim Eroberungsprozess, vor allem im Hinterland der Halbinsel.[346] Auf diese Weise er- und behielt die griechische *Iberia*, das später von den Römern *Hispania* genannt wurde, das Image eines entlegenen und barbarischen Landes am westlichsten Rand der bekannten Welt. Strabo schreibt: „Dies ist der westlichste Punkt nicht nur Europas, sondern auch der ganzen bewohnten Welt“ (Geogr. III 1,4).

Was speziell die Einwohner Iberiens angeht, so existieren über sie keine Beschreibungen in „Klassikern“ (wie sie etwa in Caesars *De bello Gallico* oder Tacitus' *Germania* über die „Franzosen“ bzw. „Deutschen“ existieren), doch gibt es über die im Altertum auf spanischem Boden lebenden keltiberischen Stämme einige ethnographische Exkurse, unter denen das bereits mehrfach zitierte dritte Buch von Strabos *Geographika* einer der bedeutendsten ist.[347] Ausgangspunkt für die meisten Völkerbeschreibungen sind die 52 Bücher *Peri Okeanou* des Poseidonios, der die westeuropäischen Kelten im 1. Jahrhundert v. Chr. selbst besucht hat. Seiner ersten, nur fragmentarisch überlieferten „Keltographie“ liegt die Idee von physisch und kulturell einheitlichen Volksindividualitäten zugrunde, die mit geographischen und klimatologischen Argumenten erklärt werden. Einer der großen Kompilatoren des Altertums, Diodor von Sizilien (ca. 90–21 v. Chr.) hat auf der Grundlage dieser Schrift von den frühen Bewohnern der iberischen Halbinsel behauptet, sie seien „ausgezeichnet durch Tapferkeit und Ausdauer“ und zeigten sich „in ihrem Verhalten gegen Übeltäter und Feinde … grausam, gegenüber Fremdlingen aber anständig und menschenfreundlich.“ Als weitere Besonderheit erwähnt Diodor auch „eine Art völliger Selbstsi-

344 Vgl. ebd., S. 9f.

345 Vgl. ebd., S. 10.

346 Vgl. ebd., S. 14.

347 Vgl. ebd., S. 7.

cherheit" (Diodor 5,34,4), die, so vermutet Ingomar Weiler, bereits das Klischee vom „stolzen Spanier" vorwegnimmt.[348] Strabo hält „Wildheit" und „tierische Gefühlsllosigkeit" (Geogr. III 4,16f.) für charakteristische Kennzeichen.[349] An anderer Stelle schreibt er:

> Rund dreißig Völker bewohnen das Land zwischen dem Tagus und den Artabrern. Aber obwohl das Land ein gesegnetes ist, nicht nur für Fruchtanbau und Viehzucht, sondern auch wegen der Menge des Goldes und Silbers und dergleichen, haben trotzdem die meisten von ihnen das Leben von den Erzeugnissen des Bodens aufgegeben, sich auf Räuberei verlegt und ständig Krieg gegeneinander und gegen ihre Nachbarn geführt... so geschah es, dass [ihr] Land durch Vernachlässigung das von Natur in ihm angelegte Gute nicht hervorbrachte und von Räubern bewohnt wurde (Str. Geogr. III 3,5).

Hier offenbart sich schließlich, woher der Topos der Nachlässigkeit ursprünglich stammt. Auch wenn in jenem Spanien, das die Lexika beschreiben, die „herrliche Wolle" nicht auf Bäumen wächst (sondern an Schafen) und menschenfressende Ungeheuer keine Erwähnung finden, sind doch die Nachwirkungen des antiken Images an vielen Stellen deutlich. Das Stereotyp des Landes der üppigen Bodenschätze und der barbarischen Einwohner, die nichts mit ihrem Reichtum anzufangen wissen, wird im *Zedler* ungebrochen tradiert! Außerdem wird in etlichen Werken die Schuld an der mangelhaften Kultivierung des Landes den (sei es durch „sonderbare Gravität" oder durch Nachlässigkeit) unfähigen Bewohnern zugeschrieben. Die Folge: Die Bewohner Iberiens, vor allem Spaniens, erscheinen in den enzyklopädischen Lexika der Frühen Neuzeit, ebenso wie ihr Land, als *unkultiviert*. Und unkultiviert heißt in Bezug auf Menschen auch kulturlos oder eben – barbarisch.

IV.2 POLITIK UND RELIGION

Wie in den vorangegangenen Kapiteln deutlich wurde, beriefen sich die Lexikonautoren der Frühen Neuzeit bei den physischen, äußeren Parametern Iberiens (geographische Gestalt, Bodenschätze und Fruchtbarkeit des Bodens) zum großen Teil auf Informationen antiker Geschichtsschreiber und Geographen. Die Bilder der beiden iberischen Länder, die zu Beginn der Neuzeit die progressivsten Mächte Europas waren[350], basieren jedoch nicht ausschließlich auf antiken Quellen, sondern hängen auch mit der politischen, wirtschaftlichen und religiösen Entwicklung Europas zusammen und sind eingebunden in europäische Machtkonflikte, in deren Mittelpunkt die spanische Universalmonarchie bis in die Mitte des 17. Jahrhunderts stand.

---

348 Vgl. WEILER, Ethnographische Typisierungen, S. 103.

349 Vgl. ebd.

350 Vgl. MIECK, Europäische Geschichte, S. 55.

Heinz Schilling weist darauf hin, dass der Prozess der Imagebildung aller europäischen „Nationen" in der Frühen Neuzeit mit einer grundsätzlichen (Neu-)Positionierung zusammenfiel. Die Etablierung von Territorialstaaten, die Ausbildung eines internationalen Systems in Europa, der Beginn des transatlantischen Welthandels, die Aufteilung der Neuen Welt, die Konfessionalisierung und nicht zuletzt die Revolution der Kommunikation durch Erfindung des Buchdrucks waren Gründe für die exponentielle Produktion und Verbreitung von Völkerklischees und „nationaler" Stereotypen.[351] So wurde z.B. Italien das Land der Renaissance, das Deutsche Reich das der Reformation, und Spanien das Land des Reichtums (Edelmetallfunde in der Neuen Welt) und des Katholizismus.[352]

Das Image Spaniens erfuhr durch die gegebene historische Situation eine besonders markante Prägung. Bis Mitte des 17. Jahrhunderts war keine andere Gesellschaft in Europa so präsent wie die spanische: Seit dem Aufstieg Spaniens zur Weltmacht im 16. Jahrhundert wurde es bewundert und beneidet wegen der transatlantischen Reichtümer, beargwöhnt wegen der politisch-militärischen und kulturellen Vormachtstellung (im so genannten *Siglo del Oro* war die spanische Mode stilbildend, Mystik, Philosophie, Literatur und spanische Sprache waren weit verbreitet unter den Intellektuellen, Politikern und Gelehrten[353]) und gehasst für die militärische Präsenz in Europa. Entsprechend harsch fielen die Urteile und Vorurteile über Spanien aus.[354]

Aus der Personalunion Karls V., der zugleich Kaiser des Heiligen Römischen Reiches Deutscher Nation und (als Karl I.) König des vereinigten spanischen Erbes war, ergaben sich geopolitische Konstanten, die den Verlauf der europäischen Geschichte Jahrhunderte lang mitbestimmten.[355] Karl V. erhob Spanien zu einer europäischen Großmacht, verwickelte das Land aber auch in nahezu alle Konflikte in Mittel- und Westeuropa.[356] Mit der

351 Vgl. Heinz SCHILLING, Del Imperio común a la leyenda negra: la imagen de España en la Alemania del siglo XVI y comienzos del XVII, in: Miguel Ángel VEGA CERNUDA / Henning WEGENER, España y Alemania. Percepciones mutuas de cinco siglos de historia, Madrid 2002, S. 37-61, hier: S. 38.

352 Vgl. ebd.

353 Vgl. BERNECKER, Spanische Geschichte, S. 26.

354 Vgl. SCHILLING, Del Imperio común a la leyenda negra, S. 38.

355 Vgl. BERNECKER, Spanische Geschichte, S. 18f.

356 Vgl. ebd., S. 28. Carl. J. Burckhardt schreibt in seinem Aufsatz „Gedanken über Karl V.", dass „über wenige der großen Gestalten neuerer Geschichtszeitalter" das Urteil der Nachlebenden so „widerspruchsvoll, überwiegend mißmutig, beschränkend oder hart" ausfiel wie über den „bedeutendsten der Habsburger". Als „Verkörperung jeder denkbaren Bedrohung" sei er in die französische Geschichtsschreibung eingegangen, als „nach Hegemonie strebender Zerstörer der Staaten- und Völkerfreiheit" in die englische, als „Verächter deutscher Art und deutschen Wesens" galt er vom Standpunkt kleindeutscher Nationalitäten, als „Feind des gereinigten Glaubens" wurde er von pro-

Annexion Portugals (1580–1640, endgültige Anerkennung der Unabhängigkeit 1668[357]), zuvor Konkurrent zu See, wird Spanien größte Kolonialmacht Europas. Mit anderen Worten: An Spanien führte im 16. und 17. Jahrhundert kein Weg vorbei. Mit seinen unterworfenen Gebieten in Europa („Spanische Niederlande“ und Burgund, Mailand, Neapel, Sizilien, Sardinien und die Balearen) und vor allem in Amerika, bildete es unter Philipp II. (1556–1598) das größte Reich, das die Erde bis dato gesehen hatte[358] bzw. das „Reich, in dem die Sonne niemals untergeht“.[359]

Aus dem Ausland ertönten Stimmen des Neides und der Verleumdung, die für gewöhnlich die Missgunst erregende Blütezeit einer Nation überdauern.[360] Der Hass auf und der Widerstand gegen die spanische Hegemonialmacht manifestierte sich zunächst in Schimpfworten[361] und antispanischen Flugschriften[362], ab Mitte des 16. Jahrhunderts erstarkte auch der militärische Widerstand[363] und die Gegensätze Spaniens mit anderen europäischen Mächten brachen aus. Der Untergang der Armada (1588), der erfolgreiche Unabhängigkeitskampf der „Spanischen Niederlande“ (bis 1648) sowie die Teilung der spanischen Monarchie nach dem spanischen Erbfolgekrieg (1701–1714)[364] sind nur einige berühmte Stationen des politischen und militärischen Niedergangs. Ab Mitte des 17. Jahrhunderts verlor Spanien nach und nach seine Vormachtstellung in Europa.

---

testantischen Historikern dargestellt, als „Erasmianischer Skeptiker“ in der Auffassung mancher Anhänger der alten (katholischen) Kirche, Carl. J. BURCKHARDT, Gedanken über Karl V., zit. n. Erhard KRIEGER, Europa braucht Spanien!, in: Spanien europäisch gesehen, Darmstadt 1975, S. 17-33, hier: S. 28.

357 BERNECKER, Spanische Geschichte. Vom 15. Jahrhundert bis zur Gegenwart, S. 7.

358 Vgl. ebd., S. 28.

359 Vgl. Heinz DUCHHARDT, Distanciamentos y alienación: La imagen de España en Alemania desde la Paz de Westfalia a Federico II., in: Miguel Ángel VEGA CERNUDA, u. Henning WEGENER (Hrsg.), España y Alemania. Percepciones mutuas de cinco siglos de historia, Madrid 2002, S. 67-78, hier: S. 68.

360 Vgl. HINTERHÄUSER, Spanien und Europa: Bilanz, S. 83.

361 Die spanische Besetzung italienischer (sizilianischer, neapolitanischer, lombardischer) Territorien hatte einige sprachlich-lexikalische Folgen, z.B. italienische Lehnwörter aus dem Spanischen, die die herkömmliche Bedeutung ins Satirische verzerrten: spanisch „sosiego“ (Gelassenheit) wird zu „sussiego“ (steife Würde), „fantasîa“ wird verabsolutiert zu „Anmaßung, Dünkel“, „fanfarrón“ (Aufschneider) wird als „fanfarone“ ganz in den Dienst einer satirisch-antispanischen Stereotypik gestellt, allesamt Symptome der Antipathie und des Neides, denen sich Spanien und die Spanier zur Zeit ihrer Weltmachtstellung ausgesetzt sahen. Vgl. ebd., S. 85.

362 Siehe dazu SCHMIDT, Spanische Universalmonarchie.

363 Vgl. MIECK, Europäische Geschichte, S. 246.

364 Philipp V. blieben Spanien und die überseeischen Kolonien, mit Herzog Philippe d'Anjou gelangte jedoch ein Bourbone auf den spanischen Thron.

Neben der Universalmonarchie prägte noch ein anderer Faktor das Image Spaniens: die Religion. Nach erfolgreicher „Rückeroberung" (*Reconquista*) der Iberischen Halbinsel und Einzug der Katholischen Könige Isabella und Ferdinand am 2. Januar 1492 in Granada, standen Glaubensfragen für „Spanien" im Zentrum geistiger, politischer und militärischer Aktivitäten.[365] Die Religion wurde an der Schwelle zur Neuzeit Grundlage für die politische Einheit des Landes.[366] In dem Augenblick, in dem die reformatorische Bewegung vom mittleren, westlichen und nördlichen Europa Besitz ergriff, machten sich die spanischen Monarchen zu kriegerischen Verteidigern des „alten Glaubens".[367] Scheinbar untrennbar mit der spanischen Religiosität verbunden war die Inquisition.[368] Von den spanischen Autoritäten im 15. Jahrhundert aus Italien übernommen, sollte sie – als einziges gemeinsames Staatsorgan neben der Monarchie – vor allem die Glaubens- und Untertanentreue der *Marranos* (konvertierte Juden) und *Moriscos* (konvertierte Muslime) sichern.[369] Kaum eine Institution Iberiens hat die Phantasie der Menschen in nahezu allen europäischen Staaten so beflügelt wie die Inquisition. Bereits im 16. Jahrhundert, als Spanien die Vormachtstellung in Europa erlangte, kursierten groteske Vorstellungen über diese (zweifellos grausame) Einrichtung; sie wurde zum Hauptobjekt gezielter antispanischer Propaganda.[370] All dies prägte sowohl Fremd- als auch Selbstbild der Spanier und so lässt sich auch das Leitmotiv der Religiosität des Spaniers erklären, das in allen Betrachtungen und Bewertungen – am gesamteuropäischen Rahmen gemessen – eine so große Rolle spielte und noch spielt.[371]

---

365 Vgl. BERNECKER, Spanische Geschichte, S. 17f.

366 Vgl. ebd., S. 17. „Die Religion sollte im Spanien des 16. und 17. Jahrhunderts eine Nationalität ersetzen, die als solche nicht existierte", Valentín VÁZQUEZ DE PRADA, Spanien 1350–1660, in: Hermann KELLENBENZ (Hrsg.), Europäische Wirtschafts- und Sozialgeschichte vom ausgehenden Mittelalter bis zur Mitte des 17. Jahrhunderts, Stuttgart 1986, S. 706-776, hier: S. 750.

367 Vgl. HINTERHÄUSER, Spanien und Europa: Bilanz, S. 84.

368 Zum Mythos der spanischen Inquisition siehe Robert LEMM, Die Spanische Inquisition. Geschichte und Legende, München 1996. Darin weist Lemm u.a. darauf hin, dass die Inquisition weder eine spanische noch eine christliche Erfindung war. Vgl. ebd., S. I. Gonzalo Anes analysiert in einem Aufsatz die Darstellung der spanischen Inquisition in der *Encyclopédie* und in der *Encyclopédie Methodique*. Vgl. Gonzalo ANES, La Inquisición en la *Encyclopédie*: una censura inédita de Jovellanos, in: Joaquín ÁLVAREZ BARRIENTOS / José Checa BELTRÁN (Hrsg.), El siglo que llaman ilustrado. Homenaje a Francisco Aguilar Piñal, Madrid 1996, S. 87-97.

369 Vgl. HINTERHÄUSER, Spanien und Europa: Bilanz, S. 84f., BERNECKER / PIETSCHMANN, Geschichte Spaniens, S. 56f. sowie BERNECKER, Spanische Geschichte, S. 15.

370 Vgl. BERNECKER / PIETSCHMANN, Geschichte Spaniens, S. 58.

371 Vgl. HINTERHÄUSER, Spanien und Europa: Bilanz, S. 84. Auch heute sei das Leben in Spanien (wörtl.: das „spanische Leben", la „vida española") von Ideen und Symbolen geprägt, die der katholischen Kirche entspringen, meint Amando de Miguel in seiner

Was Portugal angeht, so treffen die Expansion nach Übersee, die Etablierung eines Weltreiches (Besitzungen in Amerika und Asien), der Katholizismus, die Inquisition und der Import von großen Mengen an Edelmetallen aus den Kolonien auch auf Spaniens kleineren Nachbarstaat zu. Doch war Portugal in Europa nie (bedrohliche) Hegemonialmacht, sondern wurde – im Gegenteil – ebenfalls von Spanien bedrängt bzw. annektiert. Zudem war Portugal seit 1654 Verbündeter Englands[372] (Methuen-Verträge 1703) bzw. seine „informelle Kolonie“[373] und kein gefährlicher Feind Frankreichs. Die Urteile anderer Europäer über die Portugiesen könnten aus diesen Gründen anders und weniger harsch ausgefallen sein als jene über die Spanier. Im Folgenden soll untersucht werden, wie die frühneuzeitlichen Lexika die politische Vormachtstellung der beiden iberischen Staaten, die Religiosität und Inquisition beschreiben – und wie sie das Phänomen ihres Niedergangs erklären.

IV.2.1 Hegemonie und Weltmacht der iberischen Staaten

Die (ehemalige) Vormachtstellung Spaniens und Portugals findet nahezu in allen untersuchten Lexika ihren Niederschlag und viele Quellen beschreiben Portugal und Spanien als mächtige Staaten mit abhängigen Gebieten in „allen Teilen der Welt“. Anfang des 18. Jahrhunderts wird im *Great Historical Dictionary* die Machtfülle, die der spanische König bei Erscheinen des Lexikons (noch) vereinte, ausführlich aufgezählt:

> The king of Spain hath the most Land of any Prince of the whole World; upon which account some of their Predecessors have hoasted that the Sun never sets in their Dominions, as having Possessions in all four Parts of the World. In Europe, besides Spain, he hath the Spanish Netherlands, the Dutchy of Burgundy, and the Franche Comté, though the Conquests of France have deprived him of the two latter: in Italy he hath the Dutchy of Milan, the Kingdoms of Naples and Sicily, Final, Orbitello, and many other Places, besides the Isles of Majorca, Minorca, and Sardinia: In Africa, on the Coast of Barbary, he hath Oran, Larache, Mahamora, Pennon de Velez, Marsalquivir, Melilla. The Canary Islands are his,

---

„Autobiographie der Spanier“. Vgl. Amando de MIGUEL, Autobiografía de los Españoles. Así nos vemos. ¿Así somos? (La España plural), Barcelona 1997, S. 269 (Kapitel über Religion: S. 269-279): "La influencia de la Iglesia católica, la experiencia de las prácticas litúrgicas, la vivencia religiosa, todo eso forma un mundo de ideas y símbolos inseparable de la vida española."

372 Vgl. L. M. E. SHAW, The Anglo-Portuguese Alliance and the English merchants in Portugal 1654–1810, Aldershot / Brookfield / Singapore / Sydney 1998.

373 Vgl. Sandro SIDERI, Trade and Power. Informal Colonialism in Anglo-Portuguese Relations, Rotterdam 1970 sowie Wolfgang REINHARD, Kleine Geschichte des Kolonialismus, Stuttgart 1996, S. 78.

and the greatest part of America: In Asia he possesseth the Philippine Islands, and several other considerable Places.[374]

Für bemerkenswert erachtet der britische Autor außerdem die (einheitliche) Religion des Reiches: Die Könige Spaniens trügen stets den Titel „der Katholische", seit Ferdinand V. diesen – nach der Eroberung Granadas – von Papst Alexander VI. (1492–1503) erhalten habe. Keine andere Religion außer der römisch-katholischen sei hier geduldet.[375] In der späten deutschen Moréri-Ausgabe wird Spanien noch 1732 als „eines der mächtigsten Königreiche" in ganz Europa bezeichnet[376], ungeachtet dessen, dass seine Macht bereits ab Mitte des 17. Jahrhunderts niederging. Auch das betreffende Lemma im *Zedler* (erschienen 1743) beginnt mit der Behauptung, dass Spanien eines der „größten und mächtigsten Reiche in Europa" sei.[377]

Der Autor des französischen geographischen Handwörterbuchs charakterisiert Spanien und seine Herrschaft folgendermaßen: „Le R. a le surnom de Catholique, depouis que Ferdinand V. désit les Maures, & leur enleva le R. de Grenade. Le Tribunal de l'Inquisition y est établi: la seule Religion Catholique y est soufferte"[378], obwohl es im als Vorbild dienenden *Grand Dictionnaire Geographique et Critique* differenzierter hieß: „La seule Religion professée en Espagne est la Catholique, excepté à Gibraltar que les Anglois possedent depuis la dernier guerre, & où ils ont établi l'usage de la Religion Protestante."[379] Außerdem setzt der Autor des portablen Wörterbuchs hinzu, dass der König Spaniens noch „riesige Länder" (*vastes pays*) außerhalb Europas besitze.[380] Im italienischen Werk lautet die Beschreibung ähnlich, wenn auch die Bemerkung über die außereuropäischen Besitzungen fehlt und dafür die „strenge" Inquisition Erwähnung findet: „Dopo che Ferdinando V. scacciò i Mori da Granada, il R. di Spag. prese il soprannome di Cattolico, essendosi d'allora in poi stabilito nel Regno un rigoroso Tribunale d'Inquisizione per allontanarne l'Eresia."[381]

Auch das deutsche *Geographische Handwörterbuch* bringt keine anderen Informationen, sondern beschreibt die spanische Monarchie und die religiöse Einheit des Reiches in Anlehnung an seine Vorgänger: „Der könig in Spanien hat den titul: Seiner Catholischen Majestät, seitdem Ferdinand V.

374 Art. „Spain", in: GREAT HISTORICAL DICTIONARY, Bd. 2, 1701, ohne Paginierung.

375 Ebd.

376 Art. „Spanien", in: ALLGEMEINES HISTORISCHES LEXICON, Bd. 4, 1732, S. 549.

377 ZEDLER, Bd. 38, 1743, Sp. 1107.

378 Art. „Espagne", in: DICTIONNAIRE GEOGRAPHIQUE PORTATIF, 1747, ohne Paginierung und Bd. 1, 1748, S. 271.

379 Art. „Espagne", in: GRAND DICTIONNAIRE GEOGRAPHIQUE ET CRITIQUE, S. 327. Gibraltar wurde 1713 im Frieden von Utrecht formal Großbritannien zugesprochen.

380 Art. „Espagne", in: DICTIONNAIRE GÉOGRAPHIQUE PORTATIF, 1747, ohne Paginierung, und Bd. 1, 1748, S. 271.

381 Art. „Spagna", in: DIZIONARIO PORTATILE, S. 214.

die Mohren überwunden, und ihnen das königreich Grenada abgenommen hat. In Spanien ist das Inquisitionsgericht eingeführt, und wird keine andere als die römisch-katholische religion gedultet." Der Autor fügt, „korrekter" als viele andere, hinzu, dass der „König in Spanien" (nicht etwa der spanische König), der seit „anfang dieses Jahrhunderts ein prinz aus dem hause Bourbon" sei"[382], noch in „andern welttheilen, besonders in Amerika, ansehnliche staaten" besitze.[383] „Die Einwohner dieses Königreichs, welches eine pure Monarchie ist, sind allesamt Catholisch, wie denn die Inquisition keine andere Religionen unter ihnen dultet, und ihr Monarch wird der Catholische König ... tituliret", vernimmt sich kurz und knapp Hübners Zeitungslexikon sechs Jahre zuvor.[384]

Auch der flächenmäßig kleinere iberische Staat wird in den Lexika als wichtig und mächtig gewürdigt: „Portugal, ein europäisches Erbkönigreich im westlichen Teil Spaniens" (*Royaume hereditaire de l'Europe, en la partie Occidentale de l'Espagne*), sei „einer der kleinsten", aber „wegen seiner Fruchtbarkeit und seiner Reichtümer einer der bemerkenswertesten Staaten Europas", heißt es, wie bereits erwähnt, in den französischen Ausgabe des Moréri von 1681 bis 1759.[385] Obwohl es nur ein Sechstel des Territoriums von Spanien besäße, sei es so fruchtbar, dass es das große Land überträfe. In Folge werden die zahlreichen portugiesischen Besitzungen in Übersee aufgezählt: Brasilien, Malaca, die Molukken, viele Orte am Golf von Bengalen. An Inseln besitze Portugal die Azoren, Madeira, die Kap Verden, etc.[386] Die erste Aussage der französischen Moréri-Versionen greift Bluteau in seinem *Vocabulario* auf und weitet sie noch aus: „Portugal ist nur ein Sechstel von Spanien, aber in allen Belangen, die ein Reich berühmt machen können, d.h. in Waffenkunst, Geisteswissenschaften und Tugenden,

---

382 Karl II. hatte, da er kinderlos war, in seinem Testament Philipp von Anjou, den Enkel Ludwigs XIV. von Frankreich, zum Thronerben eingesetzt. Dieser regierte 1700–1746 als König Philipp V. Nach dem Spanischen Erbfolgekrieg (1701–1714) wurde sein Herrschaftsgebiet jedoch beschränkt und die spanische Monarchie aufgeteilt: Philipp V. behielt „nur" Spanien und die überseeischen Kolonien. Die spanischen Niederlande, Mailand, Neapel und Sardinien fielen an Österreich, Sizilien an Savoyen, Gibraltar und Menorca an England.

383 Art. „Spanien", in: GEOGRAPHISCHES HANDWÖRTERBUCH, Bd. 2, 1765, S. 1158f., hier: S. 1159.

384 Art. „Spanien", in: HÜBNER, S. 1065.

385 „Cet Etat est un des plus petits de l'Europe, mais il est un des plus considérables, par sa fertilité & par sa richesses", Art. „Portugal", in: GRAND DICTIONNAIRE HISTORIQUE, 1681, S. 957-959, hier: S. 957; Bd. 4, 1724, S. 201f., hier: S. 201; Bd. 7, 1740, S. 317-325, hier: S. 317; Bd. 8, 1759, S. 500-511, hier: S. 500.

386 Im Original: „Au reste bien que ce Royaume ne foit que la sixiéme partie de l'Espagne, il a cependant une situation si fertile, qu'il surpasse tout le reste de ce grand pais", Art. „Portugal", GRAND DICTIONNAIRE HISTORIQUE, 1681, S. 957; Bd. 4, 1724, S. 202; Bd. 7, 1740, S. 318; Bd. 8, 1759, S. 501.

hat Portugal, proportional gesehen, viele anderen Reiche der Welt übertroffen und kann sich mit allen messen.“[387]

Auch die einheitliche (weil von der Inquisition oktroyierte) katholische Religion ist in fast allen Lexikoneinträgen zu Portugal Thema: „La seule Religion Catholique est reçûë parmi eux, ceux qui lont de race Iuifve ont été contraints de se faire baptizer. Il y a des Inquisitions à Lisbonne & a Porto.“[388], erfährt der Leser des späten 17. und des 18. Jahrhunderts in den französischen Moréri-Ausgaben. Die Aussage erscheint auch 1753 im *Gran Diccionario Historico* mit etwas anderer Verortung der Inquisitionen: „Sola la religion Catholica reyná entre [los Portugueses]: de suerte que los que son de raza Judia, los precisan á que se baptizen. Ay inquisiciones en Lisboa, en Coimbra, y en Evora.“[389] Der *Dictionnaire Universel* von Corneille hat Ähnliches zu berichten: „Quant à la Religion on n'en tolere point d'autre dans le Portugal que la Catholique, Apostolique & Romaine. Ceux qui avoient été élevez dans le Judaisme furent obligez de se faire baptiser ou de sortier du Royaume. On les nomme les Nouveaux-Chretiens. L'Inquisition est rigoureusement observée.“[390]

Die Aussage, dass die katholische Religion die „einzig erlaubte“, „einzig tolerierte“ etc. sei, wird in vielen Fällen nicht kommentiert oder näher erläutert. Lapidar und durch die zahlreichen Abkürzungen fast kryptisch beschreiben die frühen französischen Ladvocat-Wörterbücher Portugal: „Le Gouv. est Monarchique. On n'y souffre que la Religion Catholique... Le R. de Por. possede encore beaucoup de pays dans les autres parties du Monde.“[391] Nur die letzte Aussage übernimmt der Spanier Capmany y Montpalau 1793 wörtlich: „Possee el Rey de Portugal muchos países en las otras partes del mundo.“[392] Im „portablen“ geographischen Lexikon venezianischer Herkunft erfährt man, dass Portugal einen eigenen König habe, der normalerweise in Lissabon residiere. Wie Portugal unter spanische Herrschaft gelangt sei und wie es sich wieder befreit habe, solle man indes „in der Geschichte suchen“ (*si cerchi nella Storia*). Die Regierung sei monar-

---

387 „Portugal he hua sexta parte de Hespanha, mas nas materias, que pódem fazer hu Reynos illustre, que são Armas, Letras & Virtudes, proporcionamente comparado com os mais Reynos do mundo, venceo Portugal a muytos & pode competir com todos“, Art. „Portugal“, in: VOCABULARIO, Bd. 6, 1720, S. 636-640, hier: S. 638.

388 Art. „Portugal“, in: GRAND DICTIONNAIRE HISTORIQUE, Bd. 1, 1681, S. 958; Bd. 4, 1724, S. 202; Bd. 7, 1740, S. 318; Bd. 8, 1759, S. 501.

389 Art. „Portugal“, in: GRAN DICCIONARIO HISTORICO, Bd. 7, 1753, S. 446-461, hier: S. 446.

390 Art. „Portugal“, in: DICTIONNAIRE UNIVERSEL CORNEILLE, Bd. 3, 1708, S. 166-170, hier: S. 168.

391 Art. „Portugal“, in: DICTIONNAIRE GEOGRAPHIQUE PORTATIF, 1747, ohne Paginierung und Bd. 2, 1748, S. 195.

392 Art. „Portugal“, in: DICCIONARIO GEOGRAPHICO UNIVERSAL CAPMANY, Bd. 3, 1793, S. 61.

chisch, die einzige Religion die katholische (*la Religione Cattolica solamente*), in allen vier Teilen der Welt hätten die Portugiesen Besitzungen, lautet die weitere Beschreibung.[393]

Etwas ausführlicher erklärt das deutsche *Geographische Handwörterbuch* 1765 seiner Leserschaft die Situation in Portugal: „Die regierungsform [Portugals] ist monarchisch. Es hat seinen eigenen könig, welcher den titul Sr. Allergetreuesten Majestät führt." Von 1580 bis 1640 habe Portugal unter spanischer Herrschaft gestanden, dann aber das „fremde joch" abgeschüttelt. „Man duldet nur die catholische religion, wiewohl der handelschaft wegen viele andere religionsverwandten im reiche leben ... Es besitzt der könig in Portugall auch in andern welttheilen noch ansehnliche länder", heißt es weiter. Bemerkenswert an diesem Lemma ist ein aktueller Eintrag zur politischen Situation: Seit 1758 (korrekt wäre 1759), erfährt man dort, seien „wegen einer verschwörung gegen den könig" keine Jesuiten mehr im Reich.[394]

Auch in der *Encyclopédie* finden sich solche allgemeinen Feststellungen über Portugal: Die katholische Religion sei dort die „einzig erlaubte", und es gäbe viele „heimliche" Juden in Portugal, da die Inquisition sehr streng (*trés-sévere*) sei. Portugal habe „bemerkenswerte Besitzungen" in Amerika (namentlich Brasilien), in Afrika und Asien. Insgesamt werden die Leistungen Portugals, vor allem ihre „Entdeckungen" und die durch sie verursachten „Änderungen" der Weltwirtschaft, in der *Encyclopédie* äußerst positiv gezeichnet.

> Ce nouveau royaume se foutint glorieusement, & les Portugais commencetent à mériter dans le XV. siècle une gloire aussi durable que l'universe, par le changement du commerce du monde, qui fut bientôt le fruit de leurs découvertes. Ce fut cette nation qui, la premiere des nations modernes, navigea sur l'Océan atlantique. ... Cette confiscation n'eut pas lieu, le Portugal devint un royaume considérable, surtout lorsque les richesses du Brésil, & les traités avec l'Angleterre, rendirent son commerce florissant.[395]

Bemerkenswert ist, dass Portugal als die Nation beschrieben wird, die zuerst den Atlantik überquerte, und dass keinerlei Kritik an ihrer Kolonisierung vorgenommen wird. Das nur drei Spalten umfassende Lemma „Portugal" in der *Encyclopédie Methodique* (das Lemma „Espagne" umfasst im-

393 Art. „Portogallo", in: DIZIONARIO GEOGRAFICO PORTATILE, Bd. 2, 1761, S. 148.

394 Art. „Portugall", in: GEOGRAPHISCHES HANDWÖRTERBUCH, Bd. 2, 1765, S. 751f. Zur Ausweisung der Jesuiten aus Spanien und Portugal siehe Manfred TIETZ / Dietrich BRIESEMEISTER, Los jesuitas españoles expulsos. Su imagen y su contribución al saber sobre el mundo hispánico en la Europa del siglo XVIII., Frankfurt a.M. 2001; Isidoro PINEDO IPARRAGUIRRE, En torno a la expulsión de los jesuitas de España por Carlos III, in: Letras de Deusto 26/73, 1996, S. 9-24; Alden DAURIL, The making of an enterprise: the Society of Jesus in Portugal, its empire and beyond, Stanford 1996. Zur Geschichte der Jesuiten in der Neuen Welt siehe: Bernd HAUSBERGER, Für Gott und König. Die Mission der Jesuiten im kolonialen Mexiko, Wien / München 2000.

395 Jaucourt, Art. „Portugal", in: ENCYCLOPEDIE, Bd. 13, 1765, S. 157f., hier: S. 157.

merhin 29 Spalten) ist fast identisch mit dem des alphabetisch verschlagworteten Vorbildes; die soeben zitierten Aussagen finden sich hier wörtlich wieder.[396]

IV.2.2 Dekadenz

Während einige der soeben zitierten Lexika Spanien und Portugal stereotyp und ohne Rücksicht auf aktuelle politische Entwicklungen als „mächtige", viele Gebiete in allen Weltteilen besitzende Reiche beschreiben, geht der überwiegende Teil der untersuchten Texte (z.T. auch im Widerspruch zu zuvor getroffenen Aussagen) auf die Dekadenz der einstigen Weltmächte ein. Oft ähneln die Erklärungsversuche jenen, die schon für die mangelhafte Agrarproduktion benutzt wurden: Durchweg gehen z.B. die vier französischen Ausgaben des *Grand Dictionnaire Historique* auf die geringe Population als Erklärung für die Schwächung des Reiches ein, für die es wiederum mehrere Gründe gäbe, und zwar die Berge, die geringe Fruchtbarkeit der Frauen, die Vetreibung (*bannissemente*) von „mehr als 800.000" Mauren im Jahr 1610, die Kolonien und die Armeen, die man dorthin entsende. Aufgrund des Volksmangels habe es „nie mehr als 7.000 gebürtige Spanier" in einer spanischen Armee gegeben.[397]

Die Gründe dafür, dass Spanien „nicht mehr in vorheriger Blüte" stehe (*the Reason of its not being in former flourishing Condition*), ist auch nach der englischen Moréri-Version die geringe Einwohnerzahl (*Fewness of its Inhabitants*), die Unfruchtbarkeit ihrer Frauen (*Infoecundity of their Women*), die Vertreibung der Mauren und Juden, die Inquisition und die vielen Kolonien und Armeen, die sie in Übersee (*abroad*) unterhielten.[398] Von allen Gründen habe die Entdeckung der „West-Indies" die größte Bedeutung für die „Entvölkerung" (*dispeopling*) des Landes gehabt, weil der Wunsch nach Reichtum (*Desire of Riches*) eine große Zahl von Menschen dazu getrieben habe, ihr Heimatland zu verlassen.[399] Man habe deshalb beobachtet, dass es „niemals 1.000 gebürtige Spanier" in irgendeiner ihrer Armeen gegeben habe, womit die Zahl im Vergleich zum französischen Vorbild sogar um 6.000 niedriger angesetzt ist. Die Dekadenz Spaniens wird in der englischen Quelle noch dadurch unterstrichen, dass der Autor gleich im An-

---

396 Masson de Morvilliers, Art. „Portugal", in: ENCYCLOPEDIE METHODIQUE, Bd. 3, 1788, S. 676f.

397 Art. „Espagne", in: GRAND DICTIONNAIRE HISTORIQUE, Bd. 1, 1681, S. 1204; Bd. 2, 1724, S. 451; Bd. 3, 1740, S. 133; Bd. 4, 1759, S. 195.

398 Art. „Spain", in: GREAT HISTORICAL DICTIONARY, Bd. 2, 1701, ohne Paginierung.

399 „But above all, the Discovery of the West-Indies have been the greatest Means of dispeopling the Country, by reason of the great Numbers whom the Desire of Riches have prompted to leave their Native Country." Ebd.

schluss davon berichtet, dass aus Amerika „fast unglaubliche“ Reichtümer eingeführt würden. Doch der gleichzeitige Bedarf an ausländischen Produkten habe fast alle Schätze aufgebraucht. Heinrich IV. (König von Frankreich und Navarra 1598–1610) habe gesagt, dass die „große Menge an Pistolen“ in Spanien ein Zeichen für Wohlstand sei – die Notwendigkeit, sie woandershin zu transportieren, sei jedoch ein Zeichen für ihre Armut.

Indeed, the Riches that are from thence imported into Spain, are almost incredible: for a Computation having been made in 1618, it was found, that since the Time of their first Discovery they had furnished 1536 Millions of Gold,[400] though the first Expence of that Enterprize did not amout to above 12000 Ducats. This is a most prodigious Sum; but the Need Spain hath of Foreign Merchandizes exhausteth the greatest part of all these Treasure: which made Henry IV. of France say, That the Abundance of Pistoles in Spain was a Sign of their Riches, but that the Necessity of Transporting them elsewhere, was a Mark of their Poverty.[401]

An anderer Stelle kommt der englische Lemma-Autor nochmals auf die Gründe des Niedergangs des einst mächtigen Reiches (*ruin of this once potent Kingdom*) zu sprechen, wobei hier – genau wie in den französischen Ausgaben – die Inquisition, die Vertreibung der Juden und Mauren und die Kolonisierung bzw. „[Be-]Völkerung“ Amerikas (*peopling of America*) betont werden:

The Christian Faith was very early preached in this Nation ... and it had been well for Spain if it had never been received, seeing it has cost that Nation so many of its People, no less than 3000 Familes [sic!] having been destroy'd by the Inquisition in one Diocese in three Years, not to mention the Loss of the United Netherlands, and the Ruin of Flanders. So that the Inquisition, which was introduced by Pedro de Gonzales in 1478, may well be look'd upon as one Cause of the Ruin of this once potent Kingdom, together with the Expulsion of the Jews and Moors, (Ferdinand and Isabella in 1492 expelling seventeen hundred thousand Families, and Philip II. in 1520 nine hundred thousand Moors) and the Peopling of America, which happen'd much about the same time.[402]

Nach heutigem Forschungsstand ist das englische Werk (und nur dieses!) in der Beurteilung der ökonomischen Probleme des spanischen Reiches bzw. speziell der spanischen Krone erstaunlich progressiv, denn es thematisiert den für Spanien ungünstigen Edelmetallfluss:

Most People believe, that the King of Spain's freatest Revenue consists in the Gold and Silver brought him from the Indies, which is a mistake; for this Wealth belongs to the Merchants and others that pay the Workmen at the Golden Mines of Potosi, and the Silver Mines of Mexico; so that the King receives little more than a Million and a half of Gold,

---

400 Die gleiche Aussage über die „unglaublichen“ Reichtümer, die aus „den Indien“ nach Spanien kämen und dieselbe Mengenangabe („quinze cens trente-six millions d'or“) findet sich auch in den französischen Ausgaben. Vgl. Art. „Espagne“, in: GRAND DICTIONNAIRE HISTORIQUE, Bd. 2, 1724, S. 451.

401 Art. „Spain“, in: GREAT HISTORICAL DICTIONARY, Bd. 2, ohne Paginierung.

402 Ebd.

which is about four Millions of French Livres; a great part of the rest is sent for England, France, &c. for Cloth, Linnen, and other Goods which the Spaniards have from thence.[403]

Auch in den deutschsprachigen *Allgemeinen historischen Lexika* und im *Groot algemeen Woordenboek* wird der Niedergang Spaniens ausführlich geschildert: Zwar gäben Mexico und Peru „ungemein viel gold und silber“ und die Spanier hätten außerdem „die so genannten Spanischen Niederlande“ besessen sowie „ehedem“ noch „weit mehr unter ihrer herrschafft gehabt“. Durch die „vielfältigen kriege mit Holland und Franckreich“ seien sie jedoch „ziemlich geschwächet worden, wie es denn überhaupt an einwohnern gar sehr fehlet, so daß sich auch der König fremder soldaten bedienen muß.“ Es sei „dahero nicht zu verwundern, daß die landes=militz sich nicht allzu hoch erstreckt, zumahl wenn man bedenckt, was vor eine grosse menge menschen nach America und Ost=Indien hat müssen geschickt werden, deßgleichen, daß man auf einmahl bey 1200000 Juden und Mohren [= Mauren] aus dem Königreich gejagt“.[404] Ein weiterer Grund für die geringe Bevölkerung wird in den deutschen Moréri-Versionen geliefert: „Was die Geistlichen anlangt, so ist derer eine unbeschreibliche menge, und eben dieses mag eine ursach an dem volck=mangel seyn.“ Doch mit den genannten Gründen (Kriege mit Frankreich und Holland, Emigration und „unbeschreiblich zahlreiche“ Geistliche) erschöpfen sich die Erklärungen noch nicht. Der Niedergang Spaniens wird sowohl in den deutschen Lexika als auch im niederländischen Lexikon mit den Sitten der Einwohner in Verbindung gebracht: „Was die sitten der einwohner anlanget, so ist bereits oben erinnert, daß sie überaus hochmüthig sind, deßwegen aber nur fremden nationen den kern lassen, und hingegen sich mit den schalen behelffen müssen“ bzw. „Wat de zeden der inwoonders aanbelangt, boven is reets gezegt, dat zy grootsch en hoogmoedig zyn, zo dat de vremdelingen de meeste voordeelen van hun landt trekken“. Wegen einer „sonderbaren Gravität“, und diese Aussage ist wiederum nur in den deutschen Werken zu finden, gäben sie den „Engelländern und Holländern“ ihre schöne Wolle für ein „geringes geld“, und kauften danach „die tücher und zeuge theur genug“ von ihnen zurück.[405]

---

403 Art. „Spain“ in: GREAT HISTORICAL DICTIONARY, Bd. 2, ohne Paginierung.

404 Im niederländischen Original: „*Mexico* en *Peru* leveren zeer veel goudt en zilver uit. Voor dezen bezaten de Spanjaarden ook de zogenoemde *Spaansche Nederlanden*, en zy hebben nog veel meer staten onder hun gebiedt gehad; maar door de menigvuldige oorlogen met de Vereenigde Provincien en Vrankryk is hunne macht zeer vermindert, zo dat het landt van inwoonders niet genoeg voorzien is, en de konig zich van vremd krygsvolk moet bedienen. Men moet zich derhalven niet verwonderen, dat de krygsmacht van het landt niet heel talryk is, vooral als men bedenkt welk eene grote menigte menschen naar Amerika en Oost-Indie gezonden zyn, als mede, dat men op eene tydt wel 1200000 Moren en Joden uit het landt heest gejaagt.“ Art. „Spanje“, in: GROOT ALGEMEEN WOORDENBOEK, Bd. 8, 1732, S. 91.

405 Art. „Spanien“, in: ALLGEMEINES HISTORISCHES LEXICON, Bd. 4, 1732, S. 349.

Weitgehend wertfrei beschreibt Raphael Bluteau die Hegemonialmacht Spaniens in seinem *Vocabulario*: Kein König der Welt hätte größere Besitzungen als der von Spanien (*Nenhum Rey do mundo tem mayores dominios, que o de Hespanha*). Er sei Herr von Neapel, Sizilien, des Herzogtums Mailand und anderen Teilen Italiens, außerdem der Balearen, Sardinien und einigen Provinzen in Flandern. Auch afrikanische Besitzungen (Ceuta, Oran, Larach u.a.) zählt Bluteau auf. In Asien besäße der Monarch die Philippinen, außerdem ganz Amerika außer Brasilien und den Teilen, die die Franzosen und Engländer besetzt hielten. Aus diesem Grunde sagten die Spanier, dass in den Gebieten ihres Königs niemals die Sonne untergehe.[406] Bei Bluteau finden sich im Unterschied zu den meisten Lexika keine Hinweise darauf, dass Spanien landwirtschaftliche Probleme hätte, an Bevölkerungsmangel leide oder eine politisch-wirtschaftliche Dekadenz erlebe.

Martinières *Dictionnaire Geographique et Critique* hatte, wie bereits in Kap. III.1.3. angeführt, die zahlreichen in die Kolonien entsandten Garnisonen als Grund für die Entvölkerung Spaniens angegeben, und ihren „Hochmut“ (*mepris*) und ihre „Gravität“ (*gravité*) als Gründe dafür, dass sie nicht alle Vorteile ihres Landes nutzten (*cause qu'ils ne tirent pas de leur pays tous les avantages qu'ils en pourroient tirer*)[407] – eine Erklärung also, die durchaus auch für die politische und wirtschaftliche Dekadenz gilt. Die deutsche Übersetzung fasst die Gründe für den Volkmangel Spaniens folgendermaßen zusammen: „Die zahlreichen Besatzungen, welche Spanien auswärts unterhält; die Colonien, welche es dahin schickt, davon wenig Menschen wieder zurücke kommen, weil sie entweder sterben oder sich daselbst niederlassen, machen, daß Spanien so volckreich nicht ist, als es seyn könnte und sollte. Zugeschweigen, daß die Weiber nach dem 30. Jahre insgemein nicht mehr gebähren.“[408] Ebenso wie die Buddeus-Ausgaben erwähnt Konversationslexikon Hübners die Kriege Spaniens mit den Niederlanden und Frankreich als Grund für die Dekadenz des Königreichs. Und doch tauchen auch hier wieder die alten Topoi der Auswanderung und der Vertreibung der Juden und Mauren im 15. und 16. Jahrhundert auf: „Es gehören der Crone Spanien in allen 4. Theilen der Welt noch verschiedene und grosse Provinzen, und war es ehemals das gröste und mächtigste Königreich in Europa; es hat aber duch die Kriege mit Holland und Franckreich viel verlohren, wie es denn auch durch die starken Colonien nach America, und die Austreibung der Juden und Mohren, am Volk sehr geschwächet worden.“[409]

406 Art. „Hespanha“, in: VOCABULARIO, Bd. 4, 1713, S. 28.

407 Art. „Espagne“, DICTIONNAIRE GEOGRAPHIQUE ET CRITIQUE, Bd. 3, 1736, S. 328.

408 Art. „Spanien“, in: GEOGRAPHISCH-HISTORISCHER ATLAS, Bd. 10, 1748, Sp. 1275.

409 Art. „Spanien“, in: Johann HÜBNER, Neu=vermehrtes und verbessertes Reales Staats= Zeitungs= und Conversationslexicon, Regensburg / Wien 1759, S. 1065.

Die *Encyclopédie* Diderots, Inbegriff einer kritischen, dezidiert aufklärerischen Enzyklopädie, ist erstaunlich „konservativ" bei der Beschreibung des spanischen Niedergangs. Der Verfasser Chevalier Louis de Jaucourt, der die Zeilen für den Lexikoneintrag fast komplett dem zweiten Kapitel von Voltaires *Siècle de Louis XIV.* (Berlin 1751) entnommen hat[410], beginnt die Schilderung der spanischen Dekadenz mit den Worten, dass Philipp III. (1589–1621) bereits nicht mehr gewesen sei als ein „immense Hülle ohne Substanz" (*vaste corps sans substance*) und „mehr Reputation als Macht" (*plus de réputation que de force*) innegehabt habe. Er habe durch den „Aberglauben", durch die zahlreichen Kolonien in der Neuen Welt und durch die Vertreibung von fast 800.000 Mauren seine Regierung „befleckt" und die Monarchie geschwächt.[411] Auch die weiteren von Jaucourt angeführten Gründe für den wirtschaftlichen und politischen Niedergang Spaniens finden sich allesamt in älteren Werken: die Inquisition, die (zahlreichen) Mönche, und den „müßigen Hochmut" der Einwohner führten dazu, dass die Reichtümer der Neuen Welt in andere, d.h. ausländische Hände gelangten. Das schöne Königreich, das „ehemals so viel Schrecken über Europa" gebracht habe, befinde sich deshalb nun in der Dekadenz, es habe „keinerlei Industrie" und zudem ein „schreckliches Klima".[412] Dass die katholische Religion in der *Encyclopédie* von Jaucourt als Aberglaube bezeichnet wird, war neu und sicherlich skandalös. Auch die „fehlende Industrie" taucht erstmals im enzyklopädischen Diskurs auf. Die anderen Aussagen des letzten Abschnitts indes, inklusive z.B. der Bezifferung der ausgetriebenen Mauren mit 800.000, sind im enzyklopädischen Diskurs schon lange etabliert. Auch ein Artikel der revolutionären, modernen *Grande Encyclopedie* folgt – zumindest teilweise – etablierten Wissensbahnen. Nicolas Masson de Morvilliers nimmt für die *Encyclopédie Methodique* das Lemma Jaucourts zum Vorbild und zitiert ihn und somit indirekt Voltaire (auch wenn er diesen nicht beim Namen nennt, sondern als einen der „größten Schriftsteller" bezeichnet):

> L'Espagne, dit un de nos plus grands ècrivains, devroit être un des plus puissans royaumes de l'Europe, mais la soiblesse de son gouvernement, l'inquisition, les moines, la fierté oisive des habitans, ont fait passer en d'autres mains les richesses du Nouveau-Monde. Ainsi, ce beau royaume, qui imprima jadis tant de terreur à l'Europe, est par gradation tombé dans une décadence dont il aura peine à se relever. Peu puissant au dehors, pauvre & soible auddedans, nulle industrie ne feconde encore dans ces climats heureux les présens de la nature.[413]

Nur einige der Sätze Massons stimmen wörtlich mit Jaucourts überein, und man kann erahnen, dass die betreffenden Aussagen auf zwei verschiedenen

410 Vgl. FLOECK, Masson de Morvilliers Spanien-Artikel, S. 47.

411 Jaucourt, Art. „Espagne", in: ENCYCLOPEDIE, Bd. 5, 1755, S. 953.

412 Ebd.

413 Masson de Morvilliers, Art. „Espagne", in: ENCYCLOPEDIE METHODIQUE, S. 555.

Wegen in die *Encyclopédie Methodique* gelangten: Masson de Morvilliers rezipierte das Lemma „Espagne“ in der *Encyclopédie* Diderots (man muss davon ausgehen, dass es ihm bekannt war, da die *Encyclopédie Methodique* als methodisch verschlagwortete Adaption der *Encyclopédie* angelegt war), begnügte sich jedoch nicht mit dessen Zitation, sondern ging zu der Quelle (*Siècle de Louis XIV.* von Voltaire) zurück, um weitere Zeilen aus ihr zu zitieren.

In der spanischen Version, also der Entgegnung Velascos auf Masson, ist die Passage in Ansätzen noch erkennbar, auch wenn sie sich aufgrund starker Kürzung ganz anders liest: „Spanien, so sagt ein ausländischer Schriftsteller ..., müsste [eigentlich] eines der mächtigsten Reiche Europas sein, doch verschiedene Gründe bewirken, dass seine Macht und seine Reichtümer, inklusive jene der Neuen Welt, in andere Hände gelangen.“[414] Zuvor beschäftigt sich Velasco (ohne dass dies in der französischen Version geschähe) ausführlicher mit der Frage der Wirtschaftlichkeit der spanischen Besitzungen in Übersee. Dabei kommt er zwar nicht zu einer eindeutigen Bewertung, doch zählt er die relevanten Kriterien für eine solche auf:

> Die Frage, ob die *Indias* vorteilhaft für Spanien sind oder nicht, lässt sich nur an den Konsequenzen messen, und indem man untersucht, ob Spanien so bevölkert wie zuvor ist, landwirtschaftlich so kultiviert, so reich und so mächtig wie es in Zeiten Ferdinands III. war oder Ferdinands V., des Katholischen. Gegenwärtig besteht kein Zweifel, dass Spanien mehr Geld hat, aber es ist auch wahr, dass der Preis aller Sachen proportional zur Vermehrung des Silbers gestiegen ist, und dass sich die nötigen Ausgaben der Krone vervielfacht haben, da sich auch die Länder vervielfacht haben, die es zu unterhalten und zu verteidigen gilt.[415]

Im Anschluss an die zuletzt zitierte Passage der *Encyclopédie Methodique* konstatierte Masson, dass das Königreich Spanien nicht so bevölkert sei, wie es sein könnte. Es zähle nur 11 Millionen Seelen, so viele wie zu Zeiten der Römer, wobei es ohne weiteres 20 Millionen Menschen ernähren könnte.[416] Dieser Passus wurde von der spanischen *Encyclopedia Metodica* übernommen, nur dass hier der Hinweis auf die Zeiten der Römer fehlt.[417]

---

414 „La España, dice uno de los Escritores Extrangeros mas desafectos, deberia ser uno de los Reynos mas poderosos de Europa: pero varias causas hacen pasar su poder y riquezas con las del nuevo mundo á otras manos.“ Velasco, Art. „España“, in: ENCICLOPEDIA METODICA, S. 88.

415 Ebd., S. 82 (Übersetzung der Verfasserin).

416 „Ce royaume n'est pas à beaucoup près aussi peuplé qu'il pourroit l'étre: à peine y compre-t-on dix à onze millions d'ames: chose étonnante, si on compare ce nombre à ce qu'étoit l'Espagne ches les Romains. La terre cependant ne demande qu'à produire, il ne lui faut que des bras, pour qu'elle nourrisse au-delà même de vingt millions d'habitans.“ Masson de Morvilliers, Art. „Espagne“, in: ENCYCLOPEDIE METHODIQUE, S. 555.

417 Velasco, Art. „España“, in: ENCICLOPEDIA METODICA, S. 91.

Acht Gründe nennt Masson daraufhin für die geringe Bevölkerung Spaniens, von denen Velasco sieben übernimmt:

1. Die Vertreibung der Mauren 1609, ein „politischer Fehler", der „ebenso grob" (*grossière*) gewesen sei wie die Aufhebung des Edikts von Nantes (durch Ludwig XIV. 1685 – dieser Einschub des Franzosen fehlt in der spanischen Version) und „irreparabel" für Spanien, weil die Mauren eine aktive, produktive Nation (*une nation active, industrieuse / gente active é industriosa*) gewesen seien, die sich hervorragend auf die Handwerke (*Artes Mecanicas*) verstanden hätten, die der Stolz der Spanier (*la fièrté Espagnole*) so verachte (der Zusatz über den Stolz der Spanier fehlt bei Velasco).
2. Die große Menge an Mönchen und Geistlichen, die zölibatär und gleichzeitig in verschwenderischem Überfluss (*saslueuse abondance*) lebten, und auf diese Weise dem Staat schadeten[418], der auf der anderen Seite z.B. zu wenige Journalisten und Landwirte habe. Im spanischen Werk heißt es nur, dass es eine Menge an Zölibatären oder Junggesellen (*zelibatos ó Solteros*) gäbe, die „niemals" daran dächte zu heiraten.
3. Die Inquisition (im französischen Original erscheint hinter „Inquisition" ein Ausrufungszeichen). Überall, wo dieses „schändliche Tribunal" errichtet worden sei, habe es die „Freiheit zu handeln und zu denken" eingeschränkt, die „großen und nützlichen" Ansichten erstickt (*étouffe toutes les vues grandes & utiles*) und ein „Volk von Heuchlern und Sklaven" (*un peuple d'hypocrites & d'esclaves*) hervorgebracht, was das Ende von Fortschritt, Industrie und Kunst darstelle und, in Konsequenz, Bevölkerung vernichte. Dieser dritte Grund und die Bemerkungen über die Inquisition wurden von Velasco bezeichnenderweise nicht übernommen.
4. Zwei vorher unbekannte Krankheiten: die Pocken und eine andere, die die Menschen im reproduktionsfähigen Alter angreife. (Gemeint ist die Syphilis; in der spanischen Version wird sie „mal *galico*", die französische Krankheit, genannt.) Letztere sei der Hauptgrund, den die Medizi-

418 Die Zahl der Geistlichen nahm im Verlauf des 18. Jahrhunderts in Spanien – aufgrund damit verbundenden gesellschaftlicher und wirtschaftlicher Vorteile – beträchtlich zu. Einige Schätzungen gehen davon aus, dass sie zeitweise 15–20% der Gesamtbevölkerung ausmachten. Vgl. Valentín VÁZQUEZ DE PRADA, Spanien 1350–1660, in: Hermann KELLENBENZ (Hrsg.), Europäische Wirtschafts- und Sozialgeschichte vom ausgehenden Mittelalter bis zur Mitte des 17. Jahrhunderts, Stuttgart 1986, S. 706-776, hier: S. 744f. Doch auch wenn die Kirchen reich waren, kann eine Verschwendungssucht des Klerus nicht belegt werden. Die Kirchengüter wurden im Gegenteil häufig für die Sozialarbeit (Wohlfahrt, Krankenpflege, Unterricht) verwendet und für Werke von künstlerischem und kulturellem Interessse. Die Schirmherrschaft der Kirche sowohl für die Vergabe von Aufträgen für Kunstwerke als auch deren Bereitstellung von finanziellen Mitteln für die Künstler schuf ein reiches Kulturpatronat. Vgl. ebd., S. 745.

ner für die Unfruchtbarkeit der spanischen Frauen angeben (*C'est principalement à cette cause que les médicins attribuent le peu de fécondité actuelle des fammes espagnoles*).

5. Die „enormen Steuern“ (*impôts énormes*), die auf Lebensmittel und eigene Waren erhoben werden (*denrées & les marchandises faites dans le pays*). Anders begründet der Spanier. Er sieht den Grund in den Steuern und Abgaben, die „arme Handwerker und Arbeiter“ (*gente pobre artesana y labradora*) entrichten müssen.
6. Die Ernährung der Spanier, die „notwendigerweise“ eine „Austrocknung der Säfte und der Nerven“ nach sich ziehen müsse (*qui doit nécessairement causer un defféchement des sucs & des nerfs*). In der spanischen Version werden Säfte und Nerven nicht erwähnt; aufgezählt werden nur die schädlichen Getränke (starker Wein, Liköre, Schnäpse) und Speisen (Schokolade, Pfeffer).
7. Das Klima: die aufgrund der Hitze starke Verdunstung (*les fortes évaporations causées par les chaleurs*), der große (Temperatur-)Unterschied zwischen Tag und Nacht sowie die heißen und kalten Winde.
8. Die Emigration nach Asien, Afrika und in die Neue Welt. Die beiden letzten Gründe stimmen bei französischer und spanischer Version überein.

Die Dekadenz bzw. die dekadenzrelevante „Entvölkerung“ Portugals wird in den frühneuzeitlichen enzyklopädischen Lexika ähnlich dargestellt wie die Spaniens. „Vorzeiten war [Portugal] sehr volckreich, seitdem es aber durch die vielen Indianischen colonien und die langwierigen schiffarthen viel volck eingebüsset, auch die inquisition viel tausend menschen hingerichtet oder ausgejaget, hat man davon einen grossen abgang verspüret“, heißt es übereinstimmend in den Buddeus-Ausgaben und in der niederländischen Ausgabe („Het was eertyds zeer volkryk, doch heest door de Indiaansche volkplantingen, en de langdurige scheepvaart, veel volks verloren, ook heest er de Inquisitie vele duizenden weggejaagt of verdreven.“[419]) In den deutschen Versionen wird außerdem der beträchtliche wirtschaftliche und politische Schaden, den die spanische Herrschaft – v.a. der Krieg Spaniens in den Niederlanden – für Portugal bedeutete, erwähnt. Wegen der Ähnlichkeit der Begründungen (Inquisition, Vertreibung der Mauren etc.) sollen Volkmangel und Niedergang Portugals hier nicht weiter ausgeführt werden, sondern es soll der Hinweis genügen, dass die Dekadenz Portugals meist weniger ausführlich beschrieben wird. Der spanische *Gran Diccionario Historico* verliert Mitte des 18. Jahrhunderts z.B. nur einen einzigen Satz zu

419 Art. „Portugall“, in: ALLGEMEINES HISTORISCHES LEXICON, 1709, S. 224; Bd. 3, 1731, S. 450 und Art. „Portugal“, in: GROOT ALGEMEEN WOORDENBOEK, Bd. 7, 1732, S. 326.

dem Thema: „Die Portugiesen haben große Verluste in den *Indias* erlitten" („[Los Portugueses] han tenido grandes perdidas en las Indias"[420]).

IV.2.3 Analyse: Geringe Population als Grund der Dekadenz

Ein Teil der Lexika, namentlich der geographischen Handwörterbücher der Echard- bzw. Ladvocat-Familie, geht, wie sich gezeigt hat, nicht ausführlich auf zeitgenössische (geo-)politische und wirtschaftliche Entwicklungen ein, sondern begnügt sich mit der stereotypen Beschreibung Spaniens als katholisches und (aufgrund seiner Kolonien) mächtiges Reich, gesteigert manchmal in der Wendung „Spanien ist einer der mächtigsten Staaten der Welt". Portugal wird sehr ähnlich dargestellt. Da Katholizismus, Inquisition und politische Macht beider Staaten fast überall in direktem Zusammenhang erwähnt werden, wird die (Welt-)Herrschaft stets in die Nähe des katholischen Glaubens und seines Unterdrückungsinstruments gerückt. Bemerkenswerterweise werden Katholizismus und Inquisition jedoch nicht weiter erklärt oder mit Adjektiven versehen, d.h. es werden meist keine *wertenden* Aussagen getroffen.

Im größeren Teil der untersuchten Lemmata wird die Dekadenz der ehemals mächtigen Staaten thematisiert. Oft kommt sie in der Formulierung einher, dass Spanien „nicht mehr in so großem Ansehen stehe" oder nicht mehr „floriere". Als Erklärung für den politischen und wirtschaftlichen Niedergang beider iberischer Staaten tauchen immer wieder zwei Hauptgründe in stereotypisierter Form auf:

1. Die geringe Bevölkerungszahl, meist begründet mit Emigration bzw. Entsendung in die Kolonien, Vertreibung von Juden und Mauren, Inquisition, der großen Zahl an Geistlichen (gilt nur für Spanien) sowie der Unfruchtbarkeit der Frauen (gilt ebenfalls nur für Spanien) sowie
2. charakterliche Mängel der Einwohner (Faulheit, „Gravität").

Auffällig ist, dass bis auf die Unfruchtbarkeit der Frauen alle in den enzyklopädischen Werken angeführten Gründe für die Entvölkerung als selbstverschuldet angesehen werden müssen, d.h. auf eigene Taten (Vertreibung der Mauren und Juden, Entsendung von Menschen nach Übersee) oder eben auf negative Eigenschaften (Faulheit) zurückzuführen sind. Es würde an dieser Stelle zu weit führen und wenig Sinn machen, die „tatsächlichen" Schäden zu prüfen, die diese Faktoren im 17. und 18. Jahrhundert auf die spanische Wirtschaft hatten. (Die „Gravität" scheidet heute als seriöse Erklärung für die spanische Dekadenz ohnehin aus.) Nur einige Daten seien zum „Bevölkerungsschwund" und seinen Gründen erwähnt: Die Zahl der spanischen Emigranten betrug im 16. Jahrhundert 250.000 Menschen (nach

420 Art. „Portugal", in: GRAN DICCIONARIO HISTORICO, Bd. 7, 1753, S. 447.

anderer Schätzung 300.000[421]), im 17. Jahrhundert 100.000 und im 18. Jahrhundert ebenfalls 100.000.[422] Die Gesamtzahl der vertriebenen Mauren Anfang des 17. Jahrhunderts schätzt man heute auf zwischen 275.000 und 300.000, die der vertriebenen Juden zwischen 100.000 und 160.000 Personen.[423] Hungersnöte und Pestepidemien führten ab Ende des 15. Jahrhunderts bis Ende des 17. Jahrhunderts zu einem weitaus stärkeren Bevölkerungsrückgang in Spanien. Der stärkste Krankheitswelle fielen in nur fünf Jahren (1657–1662) allein in Andalusien 200.000 Menschen zum Opfer.[424] Zu Portugal lässt sich sagen, dass entgegen der Angaben im *Allgemeinen historischen Lexicon* die portugiesische Bevölkerung – trotz der Auswanderungen nach Brasilien – zunahm. Portugals hatte 1640 zwischen 1,3 und 2,0 Millionen und 1758 um die 2,8 Millionen Einwohner.[425]

Warum aber setzten die frühneuzeitlichen Lexika die vermeintlich zu geringe Bevölkerung mit Dekadenz gleich? „Alle Nationen wundern sich über unseren Bevölkerungsrückgang", schrieb 1774 der berühmte spanische Politiker, Historiker und Ökonom Pedro Rodrigues Campomanes (1723-1802) und betonte, dass eine große Bevölkerung nicht automatisch eine gute Sache sei.[426] Die zahlreichen bzw. wenigen Bewohner Spaniens und Portugals waren nach James Casey Thema, seit Strabo in seiner *Geographika* schrieb, dass Iberien „zahllose Städte und Bewohner" gehabt habe („Städte hat [Turdetanien] in außerordentlicher Zahl" und „der [Fluss] Baetis ist sehr dicht umwohnt", Geogr. III 2,1;3). Seitdem wurde Spanien bzw. die Iberische Halbinsel an diesen vergangenen, vielleicht phantastischen Zeiten gemessen. Wieder einmal ist die Übertragung antiker Aussagen auf moderne Zeiten „Schuld" an der unsachgemäßen Bewertung Spaniens. Zudem verglich man Spanien mit dem Nachbarland Frankreich (wie in der *Encyclopédie Methodique* explizit geschehen), das Mitte des 18. Jahrhunderts 20 Mio. Einwohner zählte.[427]

421 Vgl. Friedrich EDELMAYER, Spanien und die Neue Welt, in: Friedrich EDELMAYER / Bernd HAUSBERGER / Michael WEINZIERL (Hrsg.), Die beiden Amerika, Frankfurt a.M. 1996, S. 45-66, hier: S. 56.

422 Carlos MARTÍNEZ SHAW, La emigración española a América (1492–1824), Colombres 1994, S. 249.

423 Vgl. VÁZQUEZ DE PRADA, Spanien, S. 750.

424 Vgl. ebd., S. 738.

425 1798 belief sich die Einwohnerzahl Portugals fast auf 3 Millionen Einwohner. Vgl. Angelus H. JOHANSEN, Spanien und Portugal 1640/68–1833/68, in: Ilja MIECK (Hrsg.), Europäische Wirtschafts- und Sozialgeschichte von der Mitte des 17. Jahrhunderts bis zur Mitte des 19. Jahrhunderts, Stuttgart 1986, S. 796-836, hier: S. 809.

426 Conde de Pedro Rodriguez CAMPONANES, Industria y Educación Popular, zit. n. CASEY, Early Modern Spain, S. 19.

427 Ebd. Caseys Werk enthält ein ganzes Kapitel zu dem Topos „The fewness of people", S. 19-42.

Recht haben die Lexika mit der Beobachtung, dass Spanien im 17. Jahrhundert zu einer zweitrangigen, ökonomisch rückständigen Macht in Europa herabsank. Die administrative Herrschaft in Übersee blieb zwar bestehen (auch diese Aussagen treffen die meisten Lexika), ihre wirtschaftliche Nutzung wurde jedoch immer mehr von England und Frankreich betrieben. Über die Gründe für diese Entwicklung, die immer wieder als Niedergang Spaniens charakterisiert worden ist[428], herrscht in der modernen Forschung indes keine Einigkeit und wird wohl nie herrschen. Ganz abgesehen davon wird die viel beschworene Dekadenz, zumindest teilweise, als Mythos der Geschichtsschreibung angesehen[429] – zu dessen Verbreitung frühneuzeitliche Enzyklopädien sicherlich nicht unwesentlich beitrugen.

Für die europäische Wirtschaft hatten der Ausgriff und die Eroberung der Neuen Welt durch die Iberer weit reichende Folgen. Seit dem frühen 16. Jahrhundert floss ein ständig wachsender Strom von Edelmetallen nach Europa, der zu einer Preisrevolution und zu einer Ausweitung der Geldwirtschaft sowie einem wachsenden Handel mit afrikanischen Sklaven und damit auch zur europäischen Expansion nach Afrika führte. Die spanische Wirtschaft wurde im 16. Jahrhundert jedoch von zwei gegenläufigen Tendenzen bestimmt: Auf der einen Seite flossen große Mengen amerikanischen Edelmetalls aus den Kolonien ins Mutterland (rund 16.000 Tonnen im 16. Jahrhundert, 26.000 Tonnen im 17. Jahrhundert und 39.000 Tonnen im 18. Jahrhundert[430]), auf der anderen Seite wuchsen die Finanzlast der kaiserlichen Reichspolitik und der Schuldenberg stetig an, denn das Verwaltungssystem verlangte nach umfassender und teurer Bürokratie.[431] Spanien selbst zog (auf staatlicher Ebene) wenig Nutzen aus seinen Kolonien, wenn auch etliche Kaufleute und Großgrundbesitzer sich bereichert haben mögen. Die hohen Verwaltungs- und Verteidigungskosten verschlangen ge-

---

428 Ferdinand GSCHWENDTNER, Reconquista und Conquista, Kastilien und der Ausgriff nach Amerika, in: Peter FELDBAUER / Gottfried LIEDL / John MORRISEY (Hrsg.), Von der mediterranen zur atlantischen Macht. Geschichte der europäischen Expansion bis in die Frühe Neuzeit, Wien 1999, S. 148-168, hier: S. 166.

429 Vgl. Sören BRINKMANN, Aufstieg und Niedergang Spaniens. Das Dekadenzproblem in der spanischen Geschichtsschreibung von der Aufklärung bis 1898, Saarbrücken 1999, S. 110. Zum „Dekadenzproblem" Spaniens siehe auch: Ders., Nación sin tradición. La „decadencia" de España en la conciencia histórica del liberalismo decimonónico, in: Ibero-Amerikanisches Archiv 26/1–2, 2000, S. 111-133. Charles Gibson schreibt, dass es zu der Dekadenzthese auch eine Gegenthese gibt: „The supposed decadence of Spain … was a relative matter. Statistics on Spanish economy and Spanish government in the seventeenth and eighteenth centuries, with some exceptions, indicate steady expansion. This expansion may not have been so rapid as England's, but this fact hardly makes Spain decadent"; GIBSON, The Black Legend, S. 19.

430 Vgl. Carlo M. CIPOLLA, Die Odyssee des spanischen Silbers. Conquistadores, Piraten, Kaufleute, Berlin 1998, S. 7.

431 Vgl. BERNECKER, Spanische Geschichte, S. 25f.

waltige Summen und immer wieder auftretende technische Schwierigkeiten und Unterbrechungen der Seewege beeinträchtigten zusätzlich die Rentabilität des Silberabbaus in Amerika.[432] Zudem war die spanische Wirtschaft der europäischen Konkurrenz nicht gewachsen: Ein Großteil der nach Amerika exportierten Güter stammte aus anderen Staaten.[433] Im 17. Jahrhundert schließlich floss das amerikanische Silber in andere Länder, vor allem nach England, und nicht mehr nach Spanien.[434] Im 18. Jahrhundert gilt das gleiche für das portugiesische Gold.[435] Die Kolonien waren entgegen der zeitgenössischen (ausländischen) Meinung also *kein* Segen für die Wirtschaft der iberischen Staaten, zumindest nicht ausschließlich.

Aus heutiger Sicht ist beeindruckend, wie begrenzt die Zahl der Aussagen war, die den Diskurs über die politische, wirtschaftliche und religiöse Situation Portugals und Spaniens in den frühneuzeitlichen Lexika begründeten, und wie groß die Verbreitung war, welche die stereotype Beschreibung innerhalb des enzyklopädischen Meta-Diskurses gefunden hat. Außerdem auffällig ist die Permanenz der Aussagen über einen langen Zeitraum hinweg. Der Hauptgrund des spanischen Niedergangs, der heutzutage in der (für Spanien ungünstigen) Silber-Zirkulation oder allgemeiner in der weltwirtschaftlichen Entwicklung gesehen wird, taucht nur im englischen *Great Historical Dictionary* auf. Andere (wissenschaftliche) Erkenntnisse, wie bspw. ein auf Krankheiten zurückzuführender Bevölkerungsrückgang, finden sich erst Ende des 18. Jahrhunderts in der *Encyclopédie Methodique*.

432 Vgl. Bernd HAUSBERGER, Die Eroberung Amerikas durch die Spanier (1492–1572), in: Peter FELDBAUER / Gottfried LIEDL / John MORRISEY (Hrsg.), Von der mediterranen zur atlantischen Macht. Geschichte der europäischen Expansion bis in die Frühe Neuzeit, Wien 1999, S. 216-237, hier: S. 227.

433 Vgl. ebd., S. 236.

434 Zum Edelmetallfluss aus Neuspanien nach Europa siehe CIPOLLA, Odyssee des spanischen Silbers sowie Maria Emelina MARTÍN ACOSTA, El dinero americano y la política del imperio, Madrid 1992; Earl J. HAMILTON, American treasure and the price revolution in Spain 1501–1650, New York 1977; Herman VAN DER WEE (Hrsg.), L'or et l'argent des Indes dans l'économie européenne, Louvain 1987; Stanley J. STEIN / Barbara H. STEIN, Silver, Trade and War. Spain and America in the making of early modern Europe, Baltimore Md. 2000; Artur ATTMAN, American bullion in the European world trade 1600–1800, Göteborg 1986. Zur Ausschöpfung der Edelmetalle in Neuspanien siehe auch Bernd HAUSBERGER, La Nueva España y sus metales preciosos. La industria minera colonial a través de los ‚libros de cargo y data' de la Real Hacienda, 1761–1767, Frankfurt a.M. 1997.

435 Vgl. Charles R. BOXER, The Portuguese Seaborne Empire 1415–1825, London 1969, S. 161. Während der Regierungszeit Joãos V. (1706–1750) gelangte jährlich Gold im Wert von ein bis zwei Millionen Pfund von Portugal nach England. Zwischen 1731 und 1745 gingen durchschnittlich 18% der britischen Exporte nach Portugal. Umgekehrt machten portugiesische Güter nie mehr als 6% der britischen Importe aus. Vgl. François CROUZET, Angleterre – Bresil 1697–1850. Un siècle et demi d'echanges commerciaux, in: Histoire, Economie et Société 9/2, 1990, S. 288-317, hier: S. 290.

Aber Massson de Morvilliers produziert nicht nur neue Aussagen und Redeweisen, sondern reproduziert auch solche, die bereits stereotypisiert waren (zu viele Mönche, Stolz der Einwohner, Inquisition etc.). Diese haben somit nahezu unverändert Bestand gehabt.

IV.3 GESELLSCHAFT

In den beiden bisher untersuchten Bereichen „Geographie und Ökonomie" sowie „Politik und Religion" klangen an vielen Stellen schon Aussagen an, welche Hinweise auf die vermeintlich überindividuell zutreffende und nicht wandelbare charakterliche und seelische Konstitution *der* Spanier und *der* Portugiesen geben. Dies war z.B. der Fall, wenn es um den „Hochmut" oder die „Gravität" der Spanier als Gründe für den vermeintlich nicht vorhandenen oder nur rudimentär vorhandenen Ackerbau und den wirtschaftlichen Niedergang der Länder ging. Auch der Katholizismus als einzige erlaubte Religion wird in den meisten der untersuchten Quellen erwähnt, oft im Zusammenhang mit der „strengen" Inquisition, manchmal zusätzlich auch in Bezug auf ihren Monarchen (der König wird „der Katholische" genannt). Auch diese Aussagen gaben bereits Hinweise auf die Beschaffenheit der iberischen Gesellschaften. Die Attribute, die im überwiegenden Teil der Lexika jeweils der Gesamtheit der Spanier und Portugiesen unterstellt wurden, waren bisher: gravitätisch, hochmütig, nachlässig, katholisch, treu, auf Handlung bedacht, mächtig (d.h. über viele Kolonien herrschend).

Wie bereits einleitend erwähnt, hatten der Glaube an die „Naturelle der Völker" und das Medium der Enzyklopädie gleichzeitig (Hoch-)Konjunktur in Europa und beide Entwicklungen fielen nicht zufällig mit der Bildung von Nationalstaaten zusammen. In den meisten der untersuchten Lexika finden sich daher manchmal kurze, meist aber ausführlichere Beschreibungen des Wesens der Spanier und Portugiesen, ihrer „Sitten und Neigungen", Stärken und Schwächen. Im Folgenden sollen jene Aussagen fokussiert werden, die sich explizit auf die vermeintlichen Nationalcharaktere der Einwohner Iberiens beziehen.

IV.3.1 Der spanische Nationalcharakter

Die Charakterisierung der Bewohner Spaniens beginnt in den französischen Moréri-Versionen mit der Charakterisierung des spanischen Militärs. Es sei – und Folgendes findet sich wortgleich in den vier Moréri-Ausgaben von 1681 bis 1759 – „sehr diszipliniert" und ihre Infanterie „besser als die Kavallerie" (obgleich zuvor die spanischen Pferde gelobt werden), sie seien

„verschwiegen“ (*secrets*) und „große Formalisten“ in allem, was sie täten (*grands formalistes en tout ce qu'ils font*).[436] (Die englische Moréri-Version stimmt damit in etwa überein: „[The Spaniards] are very good Soldiers, very hardy, patient and courageous. Their Armies are very well disciplin'd, and their Infantry is better than their Cavalry.“[437]) Sie rühmten sich damit, eine Sprache zu haben, die sich von allen „am besten zum Kommandieren“ eigne. Einige besäßen gar die Eitelkeit zu sagen, dass Ihre Nation die Welt mit Generälen versorgt hätte, und dass der „Herr des Universums“ als Spanier geboren sein soll (*le Seigneur de l'Univers doit naître Espagnol*). Man könne „mit vollem Recht“ (*avec plus de verité*) sagen – und damit sind offenbar nicht nur die spanischen Militärs, sondern *die* Spanier in ihrer Gesamtheit gemeint – dass sie „gravitätisch, mysteriös, scharfsinnig (*fins*), politisch und langsam bei Entscheidungen“ seien, aber „hartnäckig darin, das einmal Beschlossene zu erreichen“.[438]

Die spanische Version von 1753 hält sich im Wesentlichen an die Aussagen der französischen Vorbilder und bringt sie in der gleichen Reihenfolge, einzelne davon allerdings – zugunsten der Spanier – in veränderter Form: Das Militär Spaniens (*La milicia de los Españoles*) wird als „äußerst diszipliniert“ (*muy bien disciplinada, y es sobre todo muy susceptible de la mejor disciplina*) bezeichnet. Selbst die „parteiischsten“ (gemeint sind wohl antispanisch eingestellte) Autoren, so heißt es weiter, könnten nicht leugnen, dass die Spanier sehr gute Soldaten seien, denn „die Historiker“ (die nicht namentlich genannt werden) bezeugten, dass – nach Vertreibung der Mauren – ihr „angeborener Mut“ sie befähigte, bis dato unbekannte Meere zu überqueren und eine neue Welt zu entdecken, die sie „dank ihrer Waffenstärke und ihrer Tapferkeit“ unterwerfen konnten. Bei der Bewertung der Kavallerie und der Infanterie erfolgt die größte Abweichung zum französischen Original: Spaniens Kavallerie sei ohne Zweifel die beste in ganz Europa, heißt es hier, und der Mut seiner Infanterie sei sowohl in Angriff als auch Verteidigung „unbezwingbar“. Weder Kälte, Hitze, Hunger, Durst, Mühe und Strapazen könnten sie vom „waghalsigsten“ Unternehmen abhalten. Die Spanier seien „sehr verschwiegen“ und „sehr formell“ (*muy sigilosos, y muy formales*) und rühmten sich, von allen Sprachen die beste Befehlssprache zu haben; sie sagten auch, dass ihre Nation die Welt mit Generälen versorge (hier stimmen spanische, französische und englische Version wieder überein). Die Aussage über Jesus Christus („Herr des Universums“) und seine Geburt in Spanien fehlt in der spanischen Variante. Man könne „wahrheitsgetreu“ (*con toda verdad*) sagen, dass die Spanier „gravitätisch

---

436 Art. „Espagne“, in: GRAND DICTIONNAIRE HISTORIQUE, Bd. 1, 1681, S. 1204; Bd. 2, 1724, S. 451, Bd. 3, 1740, S. 133, Bd. 4, 1759, S. 196.

437 Art. „Spain“, in: GREAT HISTORICAL DICTIONARY, Bd. 2, 1701, ohne Paginierung.

438 Sublemma „Qualitez du Païs, & mœurs des peuples“, in: GRAND DICTIONNAIRE HISTORIQUE, Bd. 1, 1681, S. 1203-1206, hier: S. 1204 und Bd. 2, 1724, S. 451.

und geheimnisvoll" (*graves y mysteriosos*) seien und gute Politiker abgäben. Sie seien langsam in ihren Entscheidungen, aber ausdauernd in der Verfolgung eines einmal gesteckten Zieles (*lentos en resolverse, pero constantes en proseguir lo que una vez resolvieron*).

Die französischen Moréri-Ausgaben von 1740 und 1759 sowie die spanische von 1753 beschreiben den spanischen Nationalcharakter ausführlicher als ihre Vorgänger, entsprechend der Tatsache, dass ihre Lemmata mit insgesamt 23 und 53 Spalten deutlich umfangreicher sind als die Versionen von 1681 bis 1724 (sechs und zehn Spalten).[439] Um die meist exakte Übereinstimmung der Aussagen und bedeutungstragenden Wörter zu demonstrieren, sei im Folgenden aus der französischen Version von 1740 und der spanischen gemeinsam zitiert (in Klammern erscheint erst der französische, dann der spanische Ausdruck): Die Charakterisierung beginnt damit, dass die Spanier „seit Kaiser Augustus" wegen ihres Verstandes (*ésprit / espiritu*) guten Ruf und Ansehen (*reputatión / credito y reputacion*) genossen hätten. Ihr Land habe der Stadt Rom diverse Prediger, Philosophen und Rechtsgelehrte beschert; fruchtbarer (*plus fecond / mas fecundo*) jedoch sei es an Poeten gewesen. Nachdem Spanien aus der „Tyrannei" (*tyrannie / tirania*) der Sarrazenen und Mauren befreit worden war, habe es nach wie vor „sehr viele" arabische und jüdische Schriftsteller hervorgebracht, Ärzte, Astronomen, Philosophen oder Rabbiner, die diejenigen aller anderen Teile der Welt übertrumpften (*surpassoient tous les autres Auteurs de ces Sectes répandues dans les diverses provinces du monde / sobrepujaban à todos los demas autores de estas sectas difundidas por las diversas provincias del mundo*). Aber die Zeiten, in denen die [Wissenschaften der] „Mohammedaner" und Juden in Spanien „blühten" (*Mais ces tems, dans lesquels florissoient les Mahométans & les Juifs / Mas estos tales tiempos en los quales florecian los Mahometanos y Judios*), seien auch die „Jahrhunderte der Barbarei" (*siécles de barbarie / siglos de barbaridad*) für die christlichen Wissenschaften und Humanwissenschaften (*Sciences Chrétiennes & les lettres humaines / ciencias Christianas y las letras humanas*) gewesen. Erst als Ferdinand der Katholische einen „guten Teil" des Landes in seine Macht gebracht hatte, blühten durch den Austausch mit Italien und Frankreich wieder die Künste und Wissenschaften. Hierin sind sich französischer und spanischer Lemma-Autor einig.

Der (ur-)eigene Charakter (*caractére particulier / caracter particular*) der spanischen Gelehrten sei die Gravität (*gravité / gravedad*), die der Fein-

---

439 In den beiden frühen französischen Versionen findet sich die Beschreibung der spanischen Charaktereigenschaften unter dem Sublemma „Qualitez du Païs, & mœrs des peuples d'Espagne", in der Version von 1740 unter dem Sublemma „Qualitez" (in dem z.B. auch die Qualitäten des Erdreichs aufgeführt sind). In der spanischen existiert ein eigenes Sublemma zu „Wesen und Eigenschaften der Einwohner" (*Genios y Propriedades de sus Habitadores*), das etwas mehr als zwei Spalten umfasst, Art. „España", in: GRAN DICCIONARIO HISTORICO, S. 1009f.

heit (*subtilité / sutileza*) und Anmut (*gentillesse / gentileza*) des Geistes entgegenstehe, die man „zu Recht“ anderen Nationen zuschreibe. So sage man, dass die Italiener „elegant“ schrieben, die Franzosen „feingeistig“ (*subtilement / sutilmente*) und die Spanier „bedächtig“ (*prudentement / prudentemente*). Unter den Spaniern hätten die aus Cordoba „seit Ciceros Zeiten“ das „meiste in der Poesie erreicht“, aber um gute Redner zu sein, mangele es ihnen die Subtilität (*subtilité / sutileza*), Takt (*delicatesse / delicadeza*) und Anmut (*agrément / agrado*). Die Toletaner seien hingegen für gewöhnlich „taktvoll“ (*délicats / delicados*) und „feingeistig“ (*subtils / sutiles*); die Kastilier seien „gute Mediziner“ und „begabtere Rechtsgelehrte“; die aus Valencia gälten als „gute Redner und Mediziner“; und die Portugiesen widmeten sich mit „größtem Erfolg“ der Poesie und der Musik.

Strabo habe versichert (und hier taucht der antike Geograph wieder auf), dass die Andalusier alle anderen Spanier in den „Studien der Weltweisheit“ (*l'étude de la sagesse / en el studio de la sabiduria*) überträfen. Schließlich habe man bemerkt, dass jene Gebiete Spaniens, die im Süden und im Osten liegen, und vor allem jene der Mittelmeerküste, fruchtbar an großen Talenten gewesen waren und viele gelehrte Männer hervorgebracht haben (*fertiles en beaux esprits & ont produit beaucoup de savans hommes / fertiles en bellos talentos, y han producidos muchos hombres doctos*); in Navarra, Bizcaya, Asturien und Galizien seien hingegen die Talente „plumper und schwerfälliger“ (*plus grossiers & plus pesans / mas groseros y pesados*), was der Luftbeschaffenheit (*constitution de l'air / constitución de ayre*) und der Unfruchtbarkeit dieser Gegenden (*stérilité du terroir / esterilidad de aquellos territorios*) zuzuschreiben sei. Auf Englisch lesen sich die Aussagen folgendermaßen: „Its observ'd, that the parts of Spain towards the South and East, especially along the Coast of the Mediterranean, have been very fruitful in learned Men, but that the Inhabitants of the other Parts are more dull and heavy, which is attributed to the Air.“ Strabo hatte tatsächlich in seiner *Geographika* geschrieben: „Das Volk der Turdetanier [das im Südosten Iberiens an der Mittelmeerküste wohnt] erweist sich als das intellektuell am höchsten entwickelte der Iberer: bedienen sie sich doch der Schreibkunst und besitzen Schriftwerke und Gedichte alter Überlieferung und metrisch abgefasste Gesetze die, wie sie sagen, sechstausend Jahre als sind“ (Geogr. III 1,6). Die Eigenschaften der in der Antike lebenden Turdetanier werden also auf die Andalusier, die den gleichen geographischen Raum bewohnen, übertragen.

Barclay und „viele andere“, so führen die Lexikonautoren weiter aus, hätten geurteilt, dass Spanien nicht so viele Schriftsteller (*gens de Belles Lettres / gentes de bellas letras*) hervorgebracht habe und dass die Sprachwissenschaft und die (Fremd-) Sprachenkenntnisse nicht so „florierten“ wie in Frankreich und Italien. Andere behaupteten, dass es zwar nicht viele spanische Sprachwissenschaftler gegeben habe, dass diese (wenigen) jedoch sehr begabt gewesen seien in der Kenntnis der griechischen, hebräischen und lateinischen Sprache, in der Poesie, der Eloquenz, in der Geschichte und jeder Art der Altertumswissenschaft. Die spanischen Historiker hätten gewöhnlich einen Stil, der sich (und dies wird in den Lexika offensichtlich nicht als Gegensatz angesehen) durch „Klarheit und Zierde" (*pureté & d'ornement dans le style / pureza y ornamento en el estilo*) auszeichne. Aber dem einen oder anderen unter ihnen würde „geringe (Geschichts-)Treue" (*peu de fidelité / poca fidelidad*) und „Ruhmsucht" (*beaucoup de passion pour leur propre gloire / mucha passion à su propria gloria*) vorgeworfen. Sie hätten ihre Genealogien neu zusammengefügt und ihre Abstammung mit Hilfe „unverschämter Dichtung" (*fictions Impertinentes / ficciones impertinentes*) bis Tubal und Japhet zurückgeführt (Gen 4,22; 610).

Was die Poeten anginge, so hätten diese einen ganz einzigartigen Charakter (*caractère tout à fait singulier / caracter singularissimo*) und „in Wirklichkeit" nicht so viel Kunstfertigkeit wie sie für sich beanspruchten. Bekannte öffentliche Redner spanischer Sprache seien rar, jedoch habe die „Eloquenz von der Kanzel" seit jeher im Munde vieler berühmter Prediger „geblüht". Von ihren Mathematikern und Rechtsgelehrten hielten die Spanier viel, und was die spanischen Theologen und Interpreten der heiligen Schrift angehe, so hätten diese „sehr viel" für die Kirche getan. „Natürlich" habe Spanien nicht so viele Kontrovers-Theologen (*contoversistes / controversistas*) hervorgebracht, weil es – wie spanische Kritiker gesagt hätten – heiße, gegen „Geister" und „Phantome" zu kämpfen in einem Land, in dem Häretiker „unter keinen Umständen" geduldet würden (*dans un païs qui ne souffre point d'Hérétiques / un pais se que de ningun modo se tolera hereges*). Im englischen *Great Historical Dictionary* finden sich, wieder etwas knapper, in etwa die gleichen Einschätzungen:

> The Spaniards in general are accus'd as being defective in Philology, though some few have also excelled in that. The Histories written in their own Language are of a very good Stile, but parial both as to Church and State. Their Poets are of no Esteem, and their Antiquaries, who derive their Original from Tubal and Japhet, are counted Fabulous. Their Divines are their best Orators. Their Philosophers are all Peripateticks. They have had good moral Divines and Commentators upon Scripture, but few noted for Controversie.[440]

Moraltheologen habe Spanien „unendlich viele" (*une infinité / infinitos*) und fest stehe, dass die spanische Nation asketische Schriftsteller hervorgebracht habe, welche die Kirche mit spirituellen und frommen Büchern (*livres spirituels & de dévotion / libros espirituales y de devocion*) bereichert haben; man könne feststellen, dass die spanische Sprache besonderes Ausdrucksvermögen für diese Art von Werken habe, weil ihre natürliche Gravität (*gravité naturell / gravedad natural*) den Dingen „viel Gewicht" bzw. „viel Majestätik und Inbrunst" (*beaucoup de poids / mucha magestad y uncion*) verleihe.

---

440 Art. „Spain", in: GREAT HISTORICAL DICTIONARY, Bd. 2, 1701, ohne Paginierung.

Schon zu Beginn der jeweiligen Textpassage („zu Zeiten des Augustus") in den Moréri-Ausgaben lässt sich feststellen, dass enzyklopädische Werke des 18. Jahrhunderts auch im Bereich des spanischen Nationalcharakters wieder auf antike Quellen zurückgriffen; Strabo wird abermals bemüht. Im *Great Historical Dictionary* finden sich zusätzlich je eine Aussage über die „alten Spanier" („The old Spaniards were noted to be very Factious, but withal Prudent, Stout, Faithful, Hospitable, and great Lovers of Learning, as appeareth in their Country-men the *Seneca's, Lucan, Mela, Columella, and Hyginus*"[441]) und über die (modernen) *Spaniards*, die in den französischen und in der spanischen Moréri-Version nicht zu finden sind:

The Spaniards are noted for their Gravity and Seriousness, and flow in their Counsels and Deliberations, but resolv'd upon: They are very fit for and Excel in Liberal Arts and Sciences, especially in all those that require great Attention, Perseverance, and Penetration of Mind, as appears in their Arias Montanus and Antonius Nebrisensis; but undervalue Mechanical Arts, which they judge unfit for and misbecoming Gentlemen.[442]

Während die vier untersuchten französischen, die englische und die spanische Version im Wesentlichen die gleichen Aussagen in ähnlicher Form und Reihenfolge treffen (wobei die spanische Version und die späten französischen in längeren Beschreibungen mehr Aussagen verzeichnen), unterscheiden sich die Charakterisierungen der Spanier in den deutschen und niederländischen Moréri-Versionen deutlich davon; untereinander wiederum ähneln sich die deutschen und niederländischen Aussagen sehr. Dem deutschen Text seien daher bei bedeutungstragenden Worten die niederländischen Entsprechungen beigefügt. Die erste Aussage wurde schon in Bezug auf die spanische Dekadenz zitiert „Was die sitten (*zeden*) der einwohner anlanget, so ist bereits oben erinnert, daß sie überaus hochmüthig (*hoogmoedig*) sind, deßwegen aber nur fremden nationen den kern lassen, und hingegen sich mit den schalen behelffen müssen"[443] bzw. „... so dass Ausländer (*vremdelingen*) die meisten Vorteile (*voordeelen*) des Landes für sich einstreichen."[444] Doch die Beschreibung der Spanier geht noch weiter: „Selbsten die bettler wollen Herren (*heeren*) tituliret seyn, und verlangen das allmosen mit einer besondern gravität bzw. einer sonderbaren Vornehmheit (*zonderlinge deftigheit*)." Außerdem seien sie zur „tyranney" bzw. „Herrschsucht" (*dwingelandy*) und „geitz" bzw. „Geldgier" (*geldgierigheit*) ungemein geneigt. Besonders die „grausamkeit, welche sie gegen die West=

441 Art. „Spain", in: GREAT HISTORICAL DICTIONARY, Bd. 2, 1701, ohne Paginierung.

442 Ebd.

443 Art. „Spanien", in: ALLGEMEINES HISTORISCHES LEXICON, Bd. 4, 1709, S. 469; Bd. 4, 1732, S. 549.

444 Im niederländischen Original: „Wat de zeden der inwoonders aanbelangt, boven is reets gezegt, dat zy ... hoogmoedig zyn, zo dat de vremdelingen de meeste voordeelen van hun landt trekken." Art. „Spanje", in: GROOT ALGEMEEN WOORDENBOEK, Bd. 8, 1732, S. 91.

Indianer ausgeübet", sei „gantz entsetzlich" (*afgrysselyk*). Dennoch verdienten sie „wegens de eene en de andere" Eigenschaft großes Lob: Sie überlegten eine Sache erst genau, ehe sie sie begännen, und seien dabei „vernünftig und standhaft" (*verstandig en standvastig*), zudem „tapfer und genügsam". Im Erteilen von „guten Ratschlägen" und Kriegslisten seien die Spanier „allzeit sehr glücklich" (*altydt zeer gelukkig*) gewesen, gegen Mörder führten sie eine „strenge Justiz". In der Wissenschaft (*geleerdheit*) legten sie sich vornehmlich auf die Scholastik (*Scholastyke Godgeleerdheit*). Wenig Wert legten sie hingegen auf die (Fremd-)Sprachen. Ihre Muttersprache aber hielten sie für die „allervornehmste", und behaupteten, dass Gott auf dem Berg Sinai mit Moses Spanisch gesprochen habe. Als ungerecht empfänden die Spanier, dass der „Heiland der Welt" nicht „unter ihrem Volke" geboren sei.[445]

Hätten die Autoren bzw. Kompilatoren der Moréri-Ausgaben den *Tesoro* Sebastian de Covarrubias' (genauer) gelesen, so wären sie dort auf eine andere Aussage bezüglich der Kommunikation zwischen Gott und Moses gestoßen: Covarrubias schreibt in seinem Vorwort, dass Gott nach der Sintflut und der „Konfusion der Sprachen" (babylonische Sprachverwirrung) nur eine Sprache gerettet habe – die hebräische. In dieser habe Gott mit Moses gesprochen und in dieser habe Moses die Gesetzestafeln und den Pentateuch verfasst. Es gäbe keine Gewissheit darüber, welche Sprache die erste und „reinste" war, die in Spanien gesprochen wurde, heißt es weiter.[446] Ob eine (absichtliche oder unabsichtliche) Fehlinterpretation oder Fusion dieser beiden Aussagen Covarrubias' die unwahre Behauptung der deutschen und niederländischen Lexika erklären könnte?

Da in einigen der Moréri-Ausgaben der Poet und Satiriker [Johannes] Barclay (1582–1621)[447] ausführlich zitiert wird, sollen die betreffenden

---

445 Art. „Spanien", in: ALLGEMEINES HISTORISCHES LEXICON, Bd. 4, 1732, S. 549 und Art. „Spanje", in: GROOT ALGEMEENE WOORDENBOEK, Bd. 9, 1732, S. 91.

446 „Que si hasta agora durara la noticia destas etimologías, no teníamos para qué cansarnos en buscar otras; pero después del diluvio, con la confusión de lenguas, se olvidó aquélla, quedando en sola una familia, que Dios reservó de las demás, para usar de misericordia con el linage humano, haziéndose hombre, descendiente de Abrahán, Isaac y Jacob, los quales se llamaron hebreos y su lengua hebrea. En ésta habló Dios a Moysés y le escrivió las Tablas de la Ley, y en ésta escrivió el mesmo Moysés los libros del Pentateucon, y en ella vaticinaron los Profetas; pero quando el Hijo de Dios encarnó, ya estava mezclada con la syríaca y caldea. Lo mesmo con el tiempo pudo acontecer en las demás: y assí ay poca caridad quál fuesse la lengua primera y pura que se habló en España", „Al Letor", in: TESORO, ohne Paginierung.

447 Barclay wurde in Pont-à-Mousson geboren, war reisender Gelehrter und Dichter. Bis 1618 war er am Hofe Jakobs I. von England tätig. Neben den Spaniern beschreibt er in seinem „Icon Animorum" die Bewohner Frankreichs, Britanniens (Engländer, Schotten und Iren), die „Deutschen", Holländer, Italiener, Ungarn, Polen, Russen und die übrigen „Nordvölker". Literatur: Juliette DESJARDINS-DAUDE, John Barclay, ou les derniers feux de l'humanisme, in: Litteratures classiques 15, 1991, S. 69-83.

Passagen seines *Icon Animorum* („Spiegel des menschlichen Geistes" oder „Seelengemählde"), eine Art frühe Völkerpsychologie (zuerst erschienen 1614), hier nicht fehlen. In folgendem Abschnitt wird die spanische Unfähigkeit zum Ackerbau bei gleichzeitiger Eignung zu kriegerischen Handlungen sowie die Standhaftigkeit und Mäßigkeit thematisiert:

Die Einwohner [Spaniens] aber hangen noch vest an der alten Tracht und Lebensart ihrer Voreltern. Es ist eine kraftvolle Menschenart und abgehärtet zu Beschwerlichkeiten, zwar nicht in Anbauung der Felder oder Hervorbringung von Kunstwerken, aber zu solchen, die man im Krieg vorzüglich zu erdulden hat, zu Wachen, Hunger, Durst, und durchgängiger Folgsamkeit in der Kriegszucht. Ihr Sinn besteht hartnäckig auf einmal gefaßter Hofnung, und sie haltens für einen wichtigen Theil der Tugend, durch Ungemach und Gefahren sich nicht ermüden zu lassen.[448]

An anderer Stelle wird ihre Standhaftigkeit und ihre Mäßigkeit abermals erwähnt, zusammen mit anderen Attributen, z.B. Stolz und „Hang zum Prahlen":

[S]chon in ihrer noch niedrigen Lage hatten sie einen der iezigen Grösse angemeßnen Stolz, zu dem sie vermög ihres ganzen Wesens gebohren sind, und dieser ist bei ihnen der Grund von Tugenden und von Lastern. ... [Sie] stemmen sich hartnäckig gegen alle Gefahren, und weichen weder der Zeit noch dem Ueberdruß; ihre durch Natur und Kunst veste Standhaftigkeit läßt sich von da kaum mehr wegbringen, wo sie sich einmahl angehängt hat. Aber die Prahlereien, worinn sie sich und die ihrige rühmen, sind denen, welche sie hören müssen, anstössig, und erhalten sich in den Mährchen ihrer Schriftsteller: auch ihre Mine paßt zu dieser Großsprecherei: ihr Umgang ... erregt beinah einen gewissen Haß gegen ihre gestrenge Maiestät. ... [I]hr durch Sparsamkeit erhaltnes Vermögen ... wenden sie gern auf Kleidung, und tragen es so zur Schau: voll unermeßlichen Selbstvertrauens. ... Sie sind ausserordentlich mäßig, nicht nur in der Hitze ihres Spaniens, wo, wie es scheint, der von der zu brennenden Sonne ausgetrocknete Körper keine Speise tragen kann, sondern überall, wo sie auf Kosten ihres Beutels essen. Ein unbeträchtliches Stück Brod, und ein nicht kostbares Zugemüsse ist ihnen, die an eine so starre Tugend gewöhnt sind, gemeiniglich genug (S. 101f.).

Über die Begabung der Spanier für die Wissenschaften schreibt Barclay das Folgende:

In Spanien glänzen die Wissenschaften nicht in der Tracht, die unser Jahrhundert den nakten und schmuklosen Musen wieder umgelegt hat. ... Denn da blüht nicht das Studium der lateinischen Beredsamkeit, nicht die Anmuth der Dichtkunst, nicht iener nützliche und kraftvolle Reiz der Geschichte und alter Sitten. Sie haben eine alte und beinahe barbarische Methode in Erwerbung der Wissenschaften beibehalten: sie legen sich auf die Weltweisheit, lieben die Theologie, verachten auch nicht die Kenntniß des bürgerlichen und kanonischen Rechts. Aber sie achtens nicht, eine Wissenschaft durch griechische und lateinische Gelehrsamkeit zu verschönern, und wähnen, dieß sey eine Schminke, welche die Züge iener männlichen Kenntnisse weibisch mache (S. 103f.).

Zum Charakter der Spanier selbst äußert sich Barclay nur sehr knapp: „Ihr Karakter ist verschlossen, und taugt zu langsamen Entwürfen. ... Die Zeit

448 John BARCLAY, Icon Animorum (Seelengemählde) Latein-Deutsch. Faksimiles 1680 & 1784, hrsg. v. Anton F. W. Sommer, Wien 2000, S. 98.

zu Krieg und Frieden wissen sie nach ihren Umständen sehr weißlich abzumessen" (S. 104f.). Viele Aussagen Barclays stimmen mit denen Strabos und anderer antiker Schriftsteller überein. Die Genügsamkeit bzw. „Mässigkeit" (im Krieg), die „Unfähigkeit" zur Feldarbeit, die Beständigkeit bzw. Standhaftigkeit, der Stolz, das „unermessliche Selbstvertrauen" – all diese Attribute sind schon in der Antike angelegt.

Barclays *Icon Animorum* wurde indes nicht nur von Autoren der Moréri-Wörterbücher rezipiert und exzerpiert. Im Lemma „Naturell der Völcker" des Zedlerschen Lexikons wird bei Beschreibung der Spanier konstatiert, dass „Barclajus im icon. animor. cap. 7" ihnen „langsame Köpfe" beilege, weswegen auch die Studien in Spanien „in schlechtem Flor" stünden. Die Spanier seien demnach, „wie ... fast bey allen Scribenten berichtet wird", eine „falsche hochmüthige und aufgeblasene Nation, daß man ihres gleichen wohl wenig finden" werde. Ihr Stolz sei „mit schuld", dass sie sich „wenig um die Künste, Studien, Handlung ec." kümmerten, weil „diese Dinge vor die Spanische Gravität allzu gering" schienen. Auch die Geschichte von der angeblich auf Spanisch geführten Unterhaltung Gottes mit Mose wird im *Zedler* reproduziert: „Von ihrer Sprache haben sie einen so hohen Concept, daß sie fürgeben, als GOTT mit Mose auf dem Berg Sinai gesprochen, so sey dieses in Spanischer Sprache geschehen, indem sonst keine andere geschickt sey, darinnen etwas mit Auctorität zu befehlen."[449]

Die Aussage über die vernachlässigten Wissenschaften wird übrigens innerhalb des *Zedlers*, im Lemma „Spanien", gründlich konterkariert. Hier heißt es, dass „die Spanische Nation ... zur Vermehrung der Wissenschafften in der Welt gewißlich nicht ein geringes beygetragen" habe, was „ihre am Tag liegende Schrifften und nichtweniger die Anzahl der Hohen Schulen in Spanien sattsam bezeugen" können.[450] Außerdem werden noch „eine Menge Collegia von allen Catholischen Orden" genannt, unter denen der Jesuitenorden allein fast hundert habe, „wodurch nicht nur gantz Spanien allenthalten Gelegenheit" nehme, die „Studien und freyen Künste überall im Flor zu bringen". Ferner fände man auch noch die zugehörigen Bibliotheken, von denen die im Escurial durch die große Zahl der Bücher „stutzig" mache.[451]

Ansonsten finden sich in dem Artikel (genauer: im Sublemma „Sitten und Neigungen") viele der bereits herausgestellten Topoi wieder, und zwar säuberlich aufgelistet und beziffert. Zunächst wird die Physiognomie der Spanier beschrieben: Sie seien insgemein „hitziger und trockener" Natur, hätten „schwartzbraune Angesichte, schwartzes Haar, und Leiber, welche meistens geschickt und wohlgestaltet aussehen". Papst Julius II. (1503–

449 Art. „Naturell der Völcker", in: ZEDLER, Bd. 23, 1740, Sp. 1246-1251, hier: Sp. 1248.

450 Es werden 15 Universitäten aufgelistet, von denen die älteste jene in Salamanca ist (990 n. Chr.).

451 Art. „Spanien", in: ZEDLER, Bd. 38, 1743, Sp. 1117f.

1513) habe ihnen den Titel „volucres coeli" (wörtl.: Vögel des Himmels) gegeben, weil sie „gemeiniglich" hoch hinaus wollten; das Sprichwort „Hispani Rapaces, Consultie, Despectores" (etwa: „Spanier sind raffgierig, bedacht und verächtlich") könne dem Leser ein kurzes Portrait ihrer Tugenden und Laster an die Hand geben. Die „Fehler" der Spanier, die der Autor aufzählt, sind unter griechischen Buchstaben gelistet, unter *α*) findet sich die „Hoffart", ein Laster, das jedem Spanier angeboren zu sein scheine. Sie bewiesen ihre vornehme Herkunft stets mit einem „Geschlechts-Register"; es gebe kaum einen Bauern, der nicht ein solches besitze und sich nicht einbildete, „Hidalgo commo el Rey" – so edel als der König – zu sein. Außerdem bildeten sie sich ein, die „ganze Welt" mit „klugen Männern und Generals=Personen" versorgen zu können. Ihre Sprache hielten sie (und hier wird die gleiche Geschichte abermals reproduziert) für die älteste und beste, „in der Meynung, GOtt habe mit Mose auf dem Berge Sinai Spanisch geredet". Dass Christus nicht „aus ihrer Nation" geboren sei, hielten sie für ungerecht. Etliche Spanier nähmen den mütterlichen Namen an, wenn dieser „prächtiger klinget" als der des Vaters. Auch der „geringste Handwercks= Mann" kleide sich „nach der Tracht seines Königes". Sie alle gingen „allemahl in einer Majestätischen Grandezza einher", und der spanische König Philipp IV. (1621–1665) sei so „unbeweglich", dass sich nichts an ihm regte außer Mund und Augen. Einem Bettler könne man nicht „wie bei uns" sagen, „gehet weiter, ich hab jetzund nicht die Zeit"; sondern man müsse sprechen „Es ist mir leid Ew. Excellentz in so schlechten Zustand zusehen, der Herr vergebe aber, daß ich ihm nichts gebe, ich habe vor bißmahl keine kleine Müntze." Aus dem Hochmut folge „*β*) das Laster der Faulheit", in dem die Spanier „meistentheils gleichfals vortrefflich" seien (Sp. 1120). Sie arbeiteten nicht eher, als bis sie der Hunger dazu treibe. Hierzu passt auch die an anderer Stelle getroffene Aussage, dass die Luft in Spanien „sehr warm" und die Einwohner daher eher „bey Nacht als bey Tage" arbeiteten. Sie legten sich „um 9 Uhr Vormittags nieder" und schliefen „bis um 3 Uhr Nachmittags", so dass es mittags dort so still sei „wie in Sachsen zu Mitternacht".[452] In Madrid seien „viel tausend Frantzosen", die mit ihren Manufakturen guten Profit machten. Das Korn bekämen die Spanier „meistentheils" aus Sizilien, Frankreich und Flandern, weil es (und hier taucht der Topos der selbst verschuldeten Agrarmisere abermals auf) der „Spanischen Bequemlichkeit" zuwider sei, es selbst anzubauen. „Handwercks=Leuten,

---

452 Art. „Spanien", in: ZEDLER, Bd. 38, 1743, Sp. 1110f. Dieser direkte Vergleich mit der Heimat des sächsischen Lemma-Autors liefert übrigens ein hervorragendes Beispiel für den oppositionellen Charakter von Länderbeschreibungen und die bipolare Anordnung von Stereotypen: Das Fremde wird hier am Eigenen gemessen und bewertet. Auch im *Geographisch- und Critischen Lexicon* heißt es, dass die „die gewaltige Hitze des Tages Mattigkeit" verursache. Daher schliefen die Einwohner „gemeiniglich um den Mittag, und des Nachts desto weniger, weil sie kühle zur Arbeit ist", Art. „Spanien", in: GEOGRAPHISCH- UND CRITISCHES LEXICON, Bd. 10, 1748, Sp. 1283.

Künstler und dergleichen" fände man selten in Spanien – die, die es gäbe, seien Fremde.

Die unter „γ)" aufgezählte „Rachgier" sei bei den Spaniern so ausgeprägt, dass sie ihren Feinden die Rache „bis in den Tod auch nach dem Tod" nachtrügen und sogar den Kindern mit im Testament vermachten. Mit der Rachgier sei die „Falschheit" verbunden. So hießen sie „einander Bruder und Schwester", drückten die Hände, lachten freundlich, doch „meinten sie es nicht ehrlich" dabei. Diese Aussage relativiert der Autor allerdings mit der Bemerkung, dass „viele", wenn sie jemanden als Freund akzeptierten, „gewiß beständig" seien. Diese beiden gegensätzlichen Aussagen sind deshalb besonders interessant, weil der Autor offensichtlich die Falschheit in den Artikel einzubringen versucht, ohne die in älteren Werken tradierte Beständigkeit der Spanier außen vor zu lassen; dies gelingt nur mit einem wenig eleganten Winkelzug.

Auf die Rachgier folgt unter „δ)" die „Eifersucht", die in Spanien „bey nahe den größten Grad" erlange. „Denn weil sie ihrem Frauenzimmer nicht viel trauen; so darff ein kleiner Fehler geschehen, so hat dieser leichte bey dem Manne den Eindruck, seine Frau in die andere Welt zu schicken." Auch der „ϵ) Geilheit" seien sie „ungemein" ergeben – schon Knaben von 14 bis 16, ja manchmal sogar 12 Jahren fingen an, sich „Beyschläfferinnen" oder „Concubinen" zu halten, was nicht nur zu „viele[n] abscheuliche[n] Leibes=Kranckheiten" führe, sondern sie auch vom Studieren abhalte. Auf die Geilheit folgt (unter dem griechischen Buchstaben „ζ") ein gewissermaßen gegenteiliges Laster, nämlich die „Liebe zum ehlosen Stande", die laut Lemma-Autor vielfältig zu tadeln sei, da „zu viele" Spanier den geistlichen Stand erwählten. Wie alt diese Information ist, wird durch den „Beweis" der Aussage ersichtlich: Ein „Franciscaner General" habe Karl V. 22.000 Mönche, „darunter keiner über 40 und unter 22 Jahr" zum Krieg angeboten.[453] Unter griechisch „θ)" wird schließlich noch „zu Recht" (wörtl.: „billig") die „Mauserey" an den Spaniern getadelt, die ebenfalls „Frucht ihrer Faulheit" sei. Derselben seien sie „bißweilen so sehr ergeben", dass „auch Carl V. zu sagen pflegte: man kan dem Deutschen das Sauffen[454], und dem Spanier das Mausen nimmermehr abgewöhnen" (Sp. 1121).

Nach dem fünf Punkte umfassenden Fehlerkatalog, von dem mindestens die Faulheit, die Liebe zum Priestertum, der Hochmut und die Treue zum König bereits lange etablierte Aussagen sind, geht der Autor des

453 Auch die Reform König Philipps IV. von 1625 (vierjährige Abgabenbefreiung für Männer, die zwischen dem 18. und 25. Lebensjahr heiraten und lebenslange Abgabenbefreiung für einen Mann mit sechs lebenden Söhnen) habe keine Abhilfe bei der übermäßigen Mönchspopulation geschaffen. Man sei, so der Autor, „jederzeit" bei den „alten Gewohnheiten hängen geblieben", Sp. 1121.

454 Auch das Stereotyp des „saufenden Deutschen" ist auf eine antike Quelle zurückzuführen: auf Tacitus' *Germania*. Vgl. STANZEL, Europäer, S. 79.

Lemmas zu den Tugenden der Spanier über. Denn es sei nicht so, versichert er, als verdienten diese „gar keine Stelle". Vielmehr sei „gewiß", dass die Laster „so bekannt" seien, dass die Tugenden „leichte von diesen überwogen werden". Man rühme jedoch „mit Recht" an den Spaniern „a) eine tiefsinnige Erfindungs=Krafft" und „guten Verstand", der sich „sonderlich in der Sittenlehre" zeige. Auch in der „Gottesgelahrheit" und der Kirchengeschichte hätten sie „nicht geringe Verdienste". In allen ihren Verrichtungen nehme man („b") eine „fürsichtige Behutsamkeit" wahr, in der sie allerdings „zu manchen Zeiten zuweit gehen, und dadurch manchen vortheilhafften Umstand" vertäten. „Nicht minder zu loben" sei die Treue gegen ihren König, der mit „beständige[m] Gehorsam verbunden" sei. Sie scheuten „dahero keine Arbeit und widrigen Glücks=Fälle, wenn sie nur ihnen und ihrem Könige Vortheil und Ehre" verursachten.

Ulrike Hönsch weist in ihrem Werk „Wege des Spanienbildes im Deutschland des 18. Jahrhunderts" nach, dass fast das gesamte völkerkundliche Wissen, das dem Leser im Zedlerschen Lemma über Spanien vermittelt wird, aus der „Reise durch Spanien" der Madame d'Aulnoy („Relation du Voyage d'Espagne" [1691], erste deutsche Übersetzung 1695) exzerpiert wurde.[455] Legitimation verschafft sich der Verfasser des Artikels ihrer Meinung nach dadurch, dass er vornehmlich diejenigen Darstellungen des Reiseberichts übernimmt, die schon anderweitig vermittelt wurden und somit als „Wissen" kursierten.[456] Mit Blick auf die in dieser Arbeit untersuchten älteren Lexika und deren Aussagen muss Hönschs Beobachtung ausdrücklich bekräftig werden.

Wie stark die intertextuelle Vernetzung der frühneuzeitlichen Lexika auch außerhalb der beiden in dieser Arbeit vorgestellten Wörterbuchfamilien ist, erkennt man an der Beschreibung der Spanier im *Historisch- und Critischen Lexikon* (der ja laut Titel eine Übersetzung des *Dictionnaire Geographique et Critique* war): Hier taucht, fast wörtlich abgeschrieben, die Charakterisierung des Zedlerschen Lexikons wieder auf. Nach dem einleitenden Satz „Was die Sitten und Neigungen der Spanier anbetrifft, so kan man sagen, ein Spanier sey ein eifriger Catholicke, ein treuer Unterthan, ein unerschrockener Soldat, ein zärtlicher und sinnreicher Liebhaber, hochmüthig, rachgierig, eifersüchtig, und mäßig Truncke" (der tatsächlich dem französischen Vorbild übernommen wurde[457]), folgt sowohl das Zitat des Papstes Julius II. („Hispani rapaces, consulti, despectores") als auch der ge-

455 Vgl. HÖNSCH, Wege des Spanienbildes, S. 54.

456 Vgl. ebd., S. 59.

457 „On peut dire de l'Espagnol en general qu'il est Chrétien zelé, Sujet fidelle, Soldat intrepide, sobre & patient, & amant tendre & spirituel. Quoi que l'Espagne produise d'excellens vins, on ne voit point les Espagnols tomber dans les excès de boisson si ordinaires en d'autres pays", Art. „Espagne", in: DICTIONNAIRE GEOGRAPHIQUE ET CRITIQUE, S. 328.

samte Lasterkatalog. Der einzige Unterschied besteht darin, dass der Autor für die Aufzählung arabische Zahlen statt griechischer Buchstaben benutzt. Auch die Tugenden der Spanier stimmen im *Zedler* und im *Historisch- und Critischen Lexikon* in den ersten Punkten wörtlich überein, allerdings leitet der Autor diese mit der bemerkenswerten (weil gegenteiligen) Aussage ein, dass die Tugenden der Spanier „gar leicht ihre Fehler gleich machen können". Neben 1) der „tiefsinnigen Erfindungskraft", 2) der „lobens=würdigen Behutsamkeit" und 3) der „Treue gegen ihren König" – folgt zusätzlich:

4) Die Tapferkeit und Ordnung im Kriege giebt ihnen auch für vielen Völckern den Vorzug. Die dauern aus, und können Hunger und Durst, Wachen und Arbeiten gut vertragen. Daß sie auch zur See tapfer und erfahren sind, zeugen die Geschichte von Erfindung und Behauptung fremder Länder.
5) Wird es den Spaniern billig als eine Tugend angerechnet, dass sie sich nicht vollsauffen, obgleich ihr Land starcke und fürtrefliche Weine hervor bringt. Vor Zeiten hielt man viel auf die Spanische Infanterie; jetzo aber bringe sie kaum 30000. Mann zusammen.[458]

Mitunter geschieht die Charakterisierung der Spanier zusätzlich über ihre Sprache, beispielsweise in den beiden „geographischen und kritischen" Lexika (französische und deutsche Version decken sich):

Die Spanische Sprache ist ein Dialect von der Lateinischen, und ist mit einigen andern, als der Gothischen und der Mohren Sprache vermischt. Sie ist majestätisch, nachdrücklich, wohlklingend, und geschickt, erhabene Sachen auszudrücken. In der Methaphysic ist diese Sprache sehr reich. Unter ihren verschiedenen Dialecten, wozu man auch die Portugiesische Sprache rechnen kan, wird der Castilianische am höchsten geschätzet, welcher auch durch die im Jahre 1713 nach der Verfassung der Academie Française, zu Madrit errichtete Academie, mehr und mehr verbessert wird.[459]

Eine ähnliche Aussage fand sich bereits in den französischen und der spanischen Moréri-Versionen. Das *Geographische Handwörterbuch* repetiert, wieder zusammenfassend: „Die sprache der Spanier ist eine mundart der lateinischen, welche aber mit vielen fremden wörtern vermengt ist; sie ist er-

458 Art. „Spanien", in: GEOGRAPHISCH- UND KRITISCHES LEXICON, Bd. 10, 1748, Sp. 1284f.

459 Ebd., Sp. 1275. Zum Vergleich die französische Version: „La Langue Espagnole est une dialecte de la Latine mêlée avec quelques autres. Elle est majestueuse, expressive, harmonieuse & très-propre à exprimer des matieres sublimes; & comme l'esprit des Espagnols est fort tourné à la Metaphysique & à la reflexion, leur langue est très-cultivée de ce côté là. Entre ses diverses dialetes, parmi lesquelles on peut compter la Portugaise, la plus estimée est la Castillane qui se polit de plus en plus par l'Academie instituée à Madrid en 1713 sur le modelle de l'Academie Française. On a reproché aux Espagnols d'avoir peu d'attachement à la Physique. En effet cette Science qui demande une activité continuelle pour rassembler des Experiences, n'est pas tant de leur goût, que celles où il ne faut une du raisonnement. Cependant ils ont depuis quelque tems une Academie des Sciences & les Arts, établie à Seville", Art. „Espagne", in: DICTIONNAIRE GEOGRAPHIQUE ET CRITIQUE, S. 327.

haben und majestätisch, besonders die sprache der Castilianer.“[460] Vorlage waren zum wiederholten Male die französischen Ladvocat-Ausgaben, die exakt die gleiche Aussage treffen: „[L]a Langue est un dialecte du Latin mêlé de mots étrangers. Elle est sublime & majestueuse, sur-tout la Castillane.“[461]

Die *Cyclopædia* des englischen Schriftstellers Ephraim Chambers (erstmals erschienen 1728), eines der bedeutendsten frühen enzyklopädischen Wörterbücher in englischer Sprache[462] und ursprüngliches Vorbild der *Grande Encyclopédie*, verzeichnet in keiner ihrer zahlreichen Auflagen spezielle Lemmata zu Spanien oder Portugal. Da der Autor des Lemmas „Language“ in der fünften Auflage jedoch einen direkten Zusammenhang zwischen dem Wesen eines Volkes und seiner Sprache sieht („Thereis found a constant resemblance between the genius or natural complexion of each people, and the language they speak“), finden sich dort einige der gängigen stereotypen Aussagen über verschiedene europäische Nationen, inklusive über *die* Spanier:

> [T]he Italians, are sunk into softness, and effeminacy, which is as visibly in their *language*, as their manners. – The language of the Spaniards is full of that gravity, and haughtiness of air, which make the distinguishing character of that people. – The French, who have a world of vivacity, have a language that runs extremely brisk and lively. – And the English, who are naturally blunt, thoughtful, and of few words, have a language exceedingly short, concise, and sententious. … Of all the modern languages, the French is allowed to be the most clear and fit for philosophical and critical subjects: the chastest and most reserved in its diction; the most judicious and severe in its ornaments. – Of all others, the English is said to be the most honest, open, and undefigning: it will not bear double meanings, nor can it palliate, or hide nonsense: bad sense, and good English, being things inconsistent.[463]

Auch in der *Cyclopædia* taucht also die Gravität als hervorstechendes Merkmal der Spanier auf. Gut sichtbar ist in der Textpassage die Grundstruktur des nationalen Stereotyps: Die eigene Sprache erscheint – neben Französisch, der unanfechtbaren Modesprache des 18. Jahrhunderts – als besonders gut und „ehrlich“. In der sechsten Auflage der *Cyclopædia* findet sich bezüglich der spanischen *gravity* eine ähnliche Aussage auch unter dem Stichwort „Nation“: „[I]t is proverbially said, Light as a Frenchman, Waggish as an Italian, Grave as a Spaniard, Serious as an Englishman, Fierce as a Scotchman, Drunken as a German …“[464]

---

460 Art. „Spanien“, in: GEOGRAPHISCHES HANDWÖRTERBUCH, Bd. 2, 1765, S. 1158f., hier: S. 1159.

461 Art. „Espagne“, DICTIONNAIRE GEOGRAPHIQUE PORTATIF, 1747, ohne Paginierung und Bd. 1, 1748, S. 271.

462 PAUL, Zur Tradierung von Nationalstereotypen, S. 202.

463 Art. „Language“, in: CYCLOPAEDIA, Bd. 2, 1743, ohne Paginierung.

464 Art. „Nation“, in: CYCLOPAEDIA, Bd. 2, 1750, ohne Paginierung, zit. n. PAUL, Zur Tradierung von Nationalstereotypen, S. 202.

In den kleinformatigen geographischen Wörterbüchern fällt die Beschreibung der Einwohner Spaniens – gemäß ihrem weitaus geringeren Umfang – knapper aus als z.B. in den historischen Wörterbüchern der Moréri-Familie. Die Charakterisierungen der *Gazetteer's*-Ableger, die meist nur ein bis zwei Zeilen lang sind und einen einzigen (meist den letzten) Satz ausmachen, lesen sich wie Deklinierungen altbekannter Topoi: „Die Spanier sind unerschrocken (*intrépides*), genügsam (*sobres*), geduldig (*patiens*), spirituell (*spirituels*)", heißt es sowohl in den frühen französischen Ladvocat-Versionen als auch in der Ausgabe von 1778. Und weiter: „Ihr Wein ist exzellent, aber er ist nicht ihre Leidenschaft (*Le vin qu'ils ont excellent n'est pas leur passion*)"[465]. „Die Bewohner Spaniens sind ihrem König treu (*fedeli al loro Re*), gute Heilige (*buoni santi*), unerschrocken (*in trepidi*), genügsam (*sobrij*), bedächtig (*prudenti*), aber stolz (*superbi*) und jähzornig (*iracondi*)"[466], lautet die Charakterisierung in der italienischen Version von 1751. Das italienische *Nuovo Dizionario* schreibt, wie bereits im Zusammenhang mit dem Getreidemangel erwähnt, den Spaniern eine klimabedingte „Gleichgültigkeit" (*indiffereza*) zu und stimmt teilweise in den Kanon mit ein: „Man kann generell sagen, dass der Spanier ein eifriger Katholik (*zelante Cattolico*), ein treuer Untertan (*fedele vassallo*), ein unerschrockener Soldat (*intrepido Soldato*), geduldig (*paziente*) und sehr genügsam (*molto sobrio*) ist."[467] „Die Einwohner (*naturales*) Spaniens sind unerschrocken (*intrepidos*), genügsam (*sobrios*), geduldig (*pacientes*) und von hohem Verstand (*de mucho espiritu*)", steht nur leicht abgewandelt in der spanischen Fassung von Juan de La-Serna, und es heißt (wie in den französischen Fassungen) außerdem: „Sie sind nicht dem Wein zugetan, obgleich sie exzellenten haben."[468] „Die Spanier sind unerschrocken, mässig, können viel ausstehen, und besitzen viel witz. So vortrefflich auch der wein ist, der bey ihnen wächst, so sind sie doch nicht sonderlich vor ihn eingenommen"[469], vernimmt sich das deutsche Handwörterbuch 1765. Ein erneuter Blick in Bruzen de la Martinières *Dictionnaire Historique et Critique* (1737) zeigt, dass die Kette der Adjektive (neben anderen Aussagen) wohl von hier aus Eingang in die französischen geographischen Handwörterbücher gefunden hat.

Les nombreuses garnisons que l'Espagne entretient au dehors, les Colonies qu'elle y envoye & dont il ne revient gueres d'hommes, parce que la plupart s'y établissent ou meurent en chemin, sont que l'Espagne n'est pas à beaucoup près so peuplée que le merite la bonté du terroir. D'un autre côte, le mepris que les Espagnols font des Arts mechaniques & sur

465 Art. „Espagne", in: DICTIONNAIRE GÉOGRAPHIQUE PORTATIF, 1747, ohne Paginierung und Bd. 1, 1748, S. 271.

466 Art. „Spagna", in: DIZIONARIO GEOGRAFICO PORTATILE, 1751, S. 213f.

467 Art. „Spagna", in: DIZIONARIO GEOGRAFICO PORTATILE, S. 499.

468 Art. „España", in: DICCIONARIO GEOGRAPHICO LA-SERNA, Bd. 1, 1750, S. 283.

469 Art. „Spanien", in: GEOGRAPHISCHES HANDWÖRTERBUCH, Sp. 1160.

tout de l'Agriculture est cause qu'ils ne tirent pas de leur pays tous les avantages qu'ils en pourroient tirer, s'ils le cultivoient avec en pourroient tirer, s'ils le cultivoient avec soin. L'air contribue beaucoup à leur inspirer cette indolence & les François le plus agissans prennent les mêmes manieres après quelques années; & s'accoutument facilement à cette oisive gravité qui fait le caractere distinctif de la Nation Espagnole. On peut dire de l'Espagnol en general qu'il est Chrétien zelé, Sujet fidelle, Soldat intrepide, sobre & patient, & amant tendre & spirituel.[470]

Der *Dictionnaire de Trevoux* von 1771 stellt eine etwas andere Adjektiv-Kette der Beschreibung der Spanier voran; hier erfährt man Folgendes:

Die Spanier sind ernst, bedacht (wörtl. „umsichtig"), verschwiegen, genügsam, langsam darin, einen Entschluss zu fassen, aber beständig in ihrer Entscheidung und konstant in deren Ausführung, geduldig in Mühe und Not. Sie haben eine gesunde Physis, einen scharfen und tiefgründigen Verstand, verfügen über geistige „Größe und Erhabenheit" und über Würde, aber man beschuldigt sie, all diese „exzellenten Qualitäten" aufgrund ihrer Faulheit ungenutzt zu lassen und man wirft ihnen außerdem Hochmut und Stolz vor. Ihr Geist und ihre Vorstellungen des Rittertums sind geprägt von der Zeit der Besetzung durch Araber und Mauren; vielleicht hatten sie auch schon früher etwas von ihrer Grausamkeit.[471]

Wie nun beschreibt Nicolas Masson de Morvilliers in seinem berühmt gewordenen Artikel den Nationalcharakter der Spanier?

Les Espagnols sont en général sobres, graves, même dans les bagatelles, bons soldats, sujets fidèles, lents à délibérer, fermes dans leurs résulotions & patiens dans le malheur: ils ont l'esprit pénétrant & profond, mais ils sont indolens, paresseux, & mettent plus de courage à supporter la pauvreté qi'il ne leur en faudroit pour ne point la craindre. La chaleur du climat contribue beaucoup à leur inspirer cette honteuse apathie: les Français mêmes les plus agissans, contractent le même défaut après quelques années, & s'accoutument facilement à cette oisive gravité, qui fait le caractère distinctif de l'Espagnol. Leur zèle autré pour la religion est extrême, & devient souvent minutieux; car là, comme ailleurs, on s'échausse plus pour des miseres que pour des dogmes essentiels. L'Español a de l'aptitude pour les sciences, il a beaucoup de livres, & cependant, c'est peutètre la nation la plus ignorante de l'Europe. Que peut-on espérer d'un peuple qui attend d'un moine la liberté de lire & de penser?[472]

Der Rest der Spanier-Schelte, die in der rhetorischen Frage endet, was diese Nation „seit zehn Jahrhunderten" für die Welt getan habe, wurde zu Beginn

470 Art. „Espagne", in: DICTIONNAIRE GEOGRAPHIQUE ET CRITIQUE, Bd. 3, 1736, S. 328.

471 „Les *Espagnols* sont graves, circonspects, secrets, sobres, lents à délibrérer, mais fermes dans leurs résulutions, constans dans l'exécution, patiens dans les travaux & dans les maux. Ils ont le corps sain, l'esprit pénétrant & profund, de la grandeur & de l'élévation dans les pensées, de la noblesse dans les sentimens; mais on les accuse de rendre presque inutiles tant d'excellentes qualités par leur paresse: on leur reproche encore de l'orgueil & de la fierté. Ils ont pris des Arabes & des Maures l'esprit & les idées de Chevalerie: ils avoient peut-être aussi autrefois quelque chose de leur cruauté. Il faut cependant convenir qu'entre tous les peuples du monde, il n'en est point d'un si bon commerce avec les étrangers", Art. „Espanol", in: DICTIONNAIRE UNIVERSEL FRANÇOIS ET LATIN, vulgairement appelé Dictionnaire de Trévoux ..., 3. Bd., 1771, S. 848.

472 Masson de Morvilliers, Art. „Espagne" in: ENCYCLOPEDIE METHODIQUE, S. 564f.

dieser Arbeit zitiert. Betrachtet man Massons Artikel im Zusammenhang mit anderen, zuvor erschienenen, so wird deutlich, dass er zum großen Teil auf „schon immer" (in Enzyklopädien) tradierte Topoi rekurriert. Einige Aussagen Massons stimmen wörtlich mit früheren überein. Besonders jener Satz über die Luft bzw. das Klima, das die „müßige Gravität" der Spanier hervorrufe, weist eine zu große Übereinstimmung mit der des *Dictionnaire Geographique et Critique* auf, als dass es sich um Zufall handeln könnte. Julián Velasco wiederum übersetzt bzw. interpretiert die Textpassage Massons für die *Encyclopedia Metodica* folgendermaßen:

Der Charakter des Spaniers ist nicht jene schwere und ärgerliche Gravität und nicht jene Neigung zum Müßiggang, die ihm viele dreiste, ignorante und undankbare Ausländer zuschreiben wollten; vielmehr ist sein Charakter dem Ernsten, Wahren und Stetigen zugeneigt, sein Geist nimmt in allen Belangen auch noch das Mühseligste mit Ausdauer in Angriff. Und so sind die Spanier im Allgemeinen nüchtern, ernst auch in den kleinsten Bagatellen, gute Soldaten, treue Untertanen, langsam in ihren Entscheidungen, aber standhaft bei dem Beschlossenen; geduldig und belastbar bei der Arbeit und äußerst schweigsam, wenn es um Geheimnisse geht. Sie haben einen durchdringenden und tiefen Verstand und sie sind nicht so nachlässig und faul wie einige behaupten. Sie ertragen Armut geduldig und betreiben ihre Religion mit großer Inbrunst: Sie haben Begabung für die Wissenschaften und haben deshalb große Bibliotheken geschaffen. Die gleiche Veranlagung haben sie in Handwerk und Handel, und so wurden in Spanien vor einiger Zeit Manufakturen gegründet, in denen vor allem Seide, Wolle und Tressen aus Gold und Silber gearbeitet werden.[473]

Auffällig ist, dass alle Eigenschaften, die Velasco erwähnt, im enzyklopädischen Diskurs des 17. und 18. Jahrhunderts fest verankert sind, d.h. diesem entnommen wurden (auch wenn nicht alle Eigenschaften bei Masson auftauchen). Es findet sich nicht eine einzige neue. Interessant ist dabei, dass Velasco die „guten" Attribute der Spanier unverändert übernimmt. Diese sind, der Reihenfolge des Textes nach: ausdauernd, nüchtern, ernst, gute Soldaten, treue Untertanen, standhaft, geduldig, belastbar, verschwiegen, mit einem tiefen Verstand ausgestattet, religiös, für die Wissenschaften begabt. Die „schlechten" Eigenschaften (Gravität, Neigung zum Müßiggang,

---

473 Übersetzung der Verfasserin. Im Original: „[E]l caracter del Español no es una gravedad seria y enfadosa, no una inclinacion y propension al ocio, como han querido echarles en cara muchos extrangeros atrevidos, ignorantes y desagradecidos; es sí un caracter propio para lo serio, verdadero y sólido, un espiritu capaz de emprender con constancia lo mas arduo en qualquiera materia. Y asi los Españoles en general son sobrios, graves, aun en las mas minimas bagatelas, buenos soldados, vasallos fieles, tardos en resolver, pero firmes en sus resoluciones; pacientes y sufridos en los trabajos, y constantisimos en guardar secreto. Tienen un igenio penetrante y profundo, y no son tan indolentes y perezosos como algunos pretenden: muestran mucho valor en sobrellevar la pobreza y su zelo por la religion que profesan: tienen aptitud para las ciencias, y asi forman grandes librerias. Igual disposicion muestran para las artes, y el comercio; y asi, de algun tiempo á esta parte se han establecido varias fabricas, se trabaja particularmente en sedas, lanas, galones de oro y plata", Velasco, Art. „España", in: ENCICLOPEDIA METODICA, S. 97.

Nachlässigkeit, Faulheit) dementiert Velasco explizit, und am Ende weist er darauf hin, dass es in Spanien durchaus Bibliotheken und Manufakturen gibt und dass die Spanier auch für Handwerk und Handel begabt seien. Stellt man diese Aussagen gegenüber, so zeigt sich, dass die Liste der von Velasco akzeptierten und reproduzierten Aussagen länger ist als die der widersprochenen Aussagen. Mit anderen Worten: Er übernimmt mehr Aussagen aus dem enzyklopädischen Diskurs als er bestreitet. Dies erklärt auch, warum Velasco keinen grundlegend neuen, anderen Text über seine Landsleute verfasste und auch gar nicht verfassen konnte – viele Aussagen der *Encyclopédie Methodique*, aber auch anderer Lexika über *die* Spanier nahm er als „wahr" an. Außerdem gilt: Wer den Diskurs (teilweise) ändern will, muss seinen Regeln gehorchen.

IV.3.2 Der portugiesische Nationalcharakter

Die Lemmata zu Portugal fallen in den meisten frühneuzeitlichen Lexika kürzer aus als die zu Spanien (nur im portugiesischen *Vocabulario* von Raphael Bluteau verhält es sich umgekehrt). Entsprechend werden auch die (Charakter-)Eigenschaften der Portugiesen nicht so ausführlich beschrieben. „Die Portugiesen sind stolz und hochmütig, ziemlich gute Soldaten, sparsam; sie lieben ihren König", liest man kurz und knapp und ohne die kleinste Modifikation in allen vier französischen Moréri-Ausgaben.[474] Interessant ist die Veränderung, die hingegen in den deutschen Versionen vorgenommen wird. So heißt es in der Ausgabe von 1709 im Lemma „Portugall": „Was die einwohner anlanget/ so sind sie tapffer und ihrem Könige sehr getreu/ dabey aber hochmüthig auffgeblasen/ betriegerisch/ misstrauisch/ zum öfftern verwegen und unbesonnen. Ihre meiste sorge ist auf die handlung gerichtet/ daher florieren auch die *studia* daselbst nicht allzusehr".[475] In den Leipziger Ausgaben von 1722 und 1731 ist hingegen die Tapferkeit der Portugiesen als ein vergangenes Merkmal kenntlich gemacht. Hier heißt es: „Was die einwohner anlanget, so sind sie in den ehmaligen zeiten vor tapffer gehalten worden, welcher ruhm aber in den neuern zeiten sich ziemlich verringert"; der Rest der Beschreibung ist gleich geblieben.[476] Das niederländische *Groot algemeene Woordenboek* beschreibt die Portugiesen in zweiterer Manier: „Wat de inwoners belangt, dezelve zyn eertyds voor dapper gehouden, welke roem echter in later tyden vry vermindert is. Zy zyn

474 „Les Portugais sont fiers & meprisans, assez bons soldats, mênagers; & ils aiment beaucoup leur Roy", Art. „Portugal", in: GRAND DICTIONNAIRE HISTORIQUE, Bd. 1, 1681, S. 958; Bd. 4, 1724, S. 202; Bd. 7, 1740, S. 322; Bd. 8, 1759, S. 508.

475 Art. „Portugall" in: ALLGEMEINES HISTORISCHES LEXICON, Bd. 2, 1709, S. 225.

476 Art. „Portugall" in: ALLGEMEINES HISTORISCHES LEXICON, Bd. 2, 1722, S. 882f.; Bd. 3, 1731, S. 450f., hier: S. 450.

hunne konigen zeer getrouw, doch daar by hoogmoedig, opgeblazen, berieglyk, onbedacht. Hunno meeste zorge is voor den koophandel, waarom ook de studiën aldaar niet veel blooien." [477] Der spanische *Gran Diccionario Historico* gibt Mitte des 18. Jahrhunderts die Aussage des französischen *Moréri* nahezu unverändert wieder: „Die Portugiesen sind hochmütig (*altivos*) und verachten alles (*desprecian un todo*); gute Soldaten (*buenos soldados*), sparsam (*economos*) und ihrem König sehr zugetan (*muy afectos á su rey*)."[478]

Ganz anderer Meinung war in punkto *studia* Raphael Bluteau, der 1720 gleich drei Spalten mit Namen ruhmreicher portugiesischer Gelehrter füllt, deren Einzigartigkeit den Neid und die Bewunderung „aller Nationen" verdiene:

Die Wissenschaften haben Portugal nicht weniger berühmt gemacht als die Waffen. In den Universitäten zu Coimbra und Evora gediehen die Wissenschaften derart, dass ihre Erträge innerhalb und außerhalb des Königreiches in bemerkenswerter Fülle gesammelt wurden. Im Studium der heiligen Schrift, in der Theologie und der Philosophie, hat Portugal so viele und so ausgezeichnete Autoren hervorgebracht, dass sich mit Werken jedes dieser Fächer ganze Bibliotheken füllen lassen. Diejenigen Wissenschaftler, die in den Künsten und Wissenschaften durch ihre Einzigartigkeit die Bewunderung und den Neid aller Nationen verdienen, sind: In der Jurisprudenz: Pedro Barbosa, in der lateinischen Geschichte: Jeronymo Osoria, in der gemeinen Geschichte: João de Barros, in der Mathematik: Pedro Nunes, in der Poesie: Luis de Camões ... [viele weitere werden aufgezählt]. Ich habe gehört, dass P. Francisco da Cruz, der gerade unter dem Titel „Bibliotheca Lusitana" einen Katalog der portugiesischen Autoren zusammenstellt, schon 4.000 portugiesische Autoren gefunden hat. Viele andere, die ihr Vaterland verlassen haben, haben mit ihrem Wissen Europa erleuchtet. Thomé Correa [1536–1595] hat an vielen Universitäten Italiens Geisteswissenschaften (*letras humanas*) gelehrt, am *Colegio Romano* in Rom war er gleichbedeutend oder bedeutender als Mureto [Marc-Antoine Muret (1526–1586), französischer Humanist], der dort auch gelehrt hat; Correa war auch Professor an der Hochschule der Dominikaner in Rom, und zum Schluss hat ihn die Universität zu Bologna – gegen Gold – in die Stadt geholt.[479]

---

477 Art. „Portugal", in: GROOT ALGEMEENE WOORDENBOEK, Bd. 7, 1732, S. 326-328, hier: S. 326.

478 Art. „Portugal", in: GRAN DICCIONARIO HISTORICO Bd. 7 (1753), S. 446-460, hier: S. 447.

479 „Não menos illustrárañ [sic!] a Portugal as letras, que as armas. Nas Universidades de Coimbra, & Evora florecérão as Sciencias de sorte, que dentro & fóra do Reyno se colheo com abundancia notavel o fruto. No estudo das sagradas letras, na Theologia, & Filosofia tem Portugal tantos, & taõ insignes Authores, que delles en cada hũa destas profissoens se podem compor livrarias inteyras. Os que nas mais Artes, & Sciencias, com singularidade digna da admiraçaõ, & enveja de todas as nações, escreverão, forão na Jurisprudencia Pedro Barbosa; na Historia Latina, Jeronymo Osorio, na Historia vulgar, João de Barros, nas Mathematicas, Pedro Nunes, na Poesia, Luis de Camões, nas Humanidades, Achilles Estaço, na Eloquencia Ecclesiastica, o P. Antonio Vieyra, nas Grammaticas, o P. Manoel Alvares; & na Arquitectura militar, Luis Serraõ ... Finalmente ao P. Francisco da Cruz, que está compondo o Catalogo dos Escritores deste Reyno, com o titulo de Bibliotheca Lusitana, tenho ouvido dizer que já achára

Zumindest die Aussage über den Erfolg in Wissenschaft und Kriegskunst findet sich im enzyklopädischen Diskurs auch an anderer Stelle wieder: Die Portugiesen gälten als „höflich, großzügig und tapfer", heißt es im *Dicctionnaire Geographique et Critique*. Sie gerieten „selten in Zorn", aber wenn man sie reize, wollten sie sich „rächen". Sie seien „aufrichtig" zu Fremden, hätten gleichermaßen Erfolg in den Wissenschaften und der Waffenkunst, pflegten eine „unzerstörbare Anhänglichkeit" zur Religion und eine „große Liebe zu ihrem Herrscher". In der Geschichte finde man viele Portugiesen, die für ihre „profunden Literatur- und Sprachkenntnisse" bewundert würden. Ihren Mut hätten die Römer „zu spüren bekommen". Die portugiesische Sprache, zusammengesetzt aus der französischen und kastilischen, sei gleichsam „ernst und elegant", und weil sie außerdem „prunkvoll" sei und „heroischen Themen" Ausdruck verleihe, verfüge sie über eine „große Süße für die Feinheiten der Liebe".[480] Wieder zeigt sich, dass das Lemma des italienischen *Nuovo Dizionario* eine Teilübersetzung des Werkes von Bruzen de la Martinière ist:

I Portoghesi passano per gente polita e brava. Si mettono in colleta con fatica; ma irritati, vogliono vendicarsi. Sono onesti, ed assabili cogli stranieri. Riescono ugualmente negli studj delle Scienze, e nell'esercizio delle Armi, ed hanno un attacco inviolabile alla Religione e dun grand'amore pel loro Sovrano. ... La lingua Portoghese è composta della Latina, della Francese e della Castigliana. ... Questa lingua è bella, grave ed elegante, e siccome ha della pompa e dell'elocuzione per li Soggetti Eroici, cosi elle ha una grande dolcezza per le dilicatezze dell'Amore.[481]

Und auch die *Grande Encyclopédie* profitierte maßgeblich vom *Dictionnaire Geographique et Critique*: Die portugiesische Sprache, die Jaucourt als „ernst und elegant" (*grave & élégante*) bezeichnet, sei eine „Mischung aus Latein, Französisch und Spanisch". Durch ihre „Affinität zu heroischen

---

mais de quatro mil Authores Portuguezes. Outros muitos, q sahiraõ da Patria, illustraraõ com o seu saber a Europa. Thomé Correa ensinou letras humanas en varias Universidades de Italia, en Roma no Collegio Romano igualou, ou venceo a Mureto que tambem alli ensinava, no Collegio dos Dominicos de Roma foy tambem Mestre; ultimamenta a Universidade de Bolonha a peso de ouro, o levou para a sua Cidade", Art. „Portugal", in: Bluteau, VOCABULARIO, Bd. 6, 1720, S. 639f.

480 „Les Portugais passent pour être polis généreux & braves. Ils se mettent en colère avec peine; mais irritez, ils veulent se venger. Ils sont honnêtes avec les Etrangers. Ils réussissent également à l'étude des Sciences & à l'exercice des armes, & ils ont un attachement inviolable à la Religion & un grand amour pour leur Souverain. ... On en trouve dans l'Histoire un grand nombre qui se sont admirer par leur profonde connoissance dans les Belles-Lettres & dans les Langues. Les Romains ont souvent éprouvé leur valeur. La Langue Portugaise est composée de la Latine, de la Françoise & de la Castillanne. ... Cette Langue ... est également grave & élégant; & comme elle a de la pompe & d'élevation pour les Sujets Héroiques, de même elle a une grande douceur pour les délicatesses de l'Amour", Art. „Portugal", in: DICTIONNAIRE GEOGRAPHIQUE ET CRITIQUE, S. 450-459, hier: S. 458f.

481 Art. „Portogallo", in: NUOVO DIZIONARIO, Bd. 7, 1749, S. 610-617, hier: S. 617.

Themen", sei sie „voller Süße" und „geeignet für die Feinheiten der Liebe". Allerdings lobt Jaucourt nicht nur die portugiesische Sprache, sondern auch die Errungenschaften der portugiesischen Nation: Portugal, das von den modernen Nationen die erste gewesen sei, die den atlantischen Ozean überquert habe, habe sich durch die Veränderung des Welthandels (die allein „Frucht ihrer Entdeckungen" war) im 15. Jahrhundert einen gleichermaßen „dauerhaften" und „universellen Ruhm" (*gloire aussi durable que l'univers*) verschafft. Alles in allem sei Portugal ein „beachtenswertes Land" (*pays considerable*), vor allem wegen seiner Reichtümer in Brasilien und seines Handels mit England und der ganzen Welt.[482]

Auch die portugiesischen Eigenschaften werden in den geographischen Handwörterbüchern vielfach dekliniert: „Die Portugiesen sind höflich (*polis*), großzügig (*généreux*), tapfer (*braves*), spirituell (*spirituels*), sehr geeignet für Wissenschaft und Handel (*très-propres aux Scienes & au Com.*), ihrer Religion und ihrem Herrscher sehr zugetan (*très-attachés à leur Religion & à leur Souverain*). Sie gelten als rachsüchtig (*vindicatifs*)."[483] Ganz ähnlich urteilt der spanische *Diccionario Geographico* von 1750: „Die Portugiesen sind höflich, großzügig, kriegerisch, von hohem Verstand, sehr geeignet für die Künste, Wissenschaften und den Handel, ihrer Religion und ihren Herrschern sehr zugetan; allerdings werden sie für rachsüchtig gehalten."[484] Während der erste Halbsatz in der fünften Auflage des spanischen Lexikons (1793) unverändert bestehen bleibt („Son los Portugueses urbanos, generosos, guerreros, de mucho espiritu, y muy adictos à su Religion, y Soberanos"[485]), fällt der zweite Halbsatz über die Rachsucht der Portugiesen hier weg. Großes Gewicht auf die Fähigkeit zum (geschickten) Handel in „allen vier Teilen der Welt" legt das italienische Handwörterbuch: „I Portoghesi sono cortesi, generosi, dotati d'un grand'ingegno, valorosi, e molto atti alle Szienze; sono assai intenti a'negozj mercantili, da loro stabiliti, non solo nell'Eur. ma anche in tutte le 4. parti del Mondo; e perciò sono dati a tutte quelle virtù, e vizj, che vanno congiunti con questa professione."[486] Auch in Hübners Konversationslexikon steht bei der Beschreibung der Portugiesen der Handel an erster Stelle, während die sonst genannten positiven Eigenschaften (höflich, großzügig) gar nicht erwähnt werden: „Die Einwohner [Portugals] machen hauptsächlich von der Handlung Profeßion, und

482 Jaucourt, Art. „Portugal", in: ECYCLOPEDIE Bd. 13, 1765, S. 158.

483 Ladvocat, DICTIONNAIRE GEOGRAPHIQUE PORTATIF, 1747, ohne Paginierung; ders., DICTIONNAIRE GEOGRAPHIQUE PORTATIF (2 Bde.), Bd. 2, 1748, S. 195.

484 „Son los Portugueses urbanos, generosos, guerreros, de mucho espiritu, muy á proposito para las artes, ciencias, y comercio, y muy adictos á su Religion, y Soberanos; con todo esso son tenidos por vengativos."Art. „Portugal", in: DICCIONARIO GEOGRAPHICO UNIVERSAL, Bd. 2, 1750, S. 208f., hier: S. 209.

485 Art. „Portugal" in: DICCIONARIO GEOGRAPHICO UNIVERSAL, Bd. 3, 1793, S. 61.

486 Art. „Portogallo", in: DIZIONARIO GEOGRAFICO PORTATILE, Bd. 2, 1761, S. 148.

sind nebst ihrem König der Catholischen Religion zugethan."[487] Das deutsche *Geographische Handwörterbuch* lehnt sich wiederum eng an das französische Vorbild an: „Die Portugiesen sind höflich, großmüthig, herzhaft, witzig, zu den wissenschaften und zur handelschaft wohl ausgelegt, und ihrer religion und ihrem könig sehr ergeben: Man hält sie aber vor rachgierig."[488]

Insgesamt kann auch bei der Beschreibung der Portugiesen in enzyklopädischen Lexika der Frühen Neuzeit eine große Übereinstimmung festgestellt werden. Auch hier spielen antike Beurteilungen eine Rolle, wie der Zusatz des *Dictionnaire Geographique et Critique* belegt, dass die Römer ihren Mut zu spüren bekommen hätten. Hier rührt der Topos der Tapferkeit bzw. des „Kriegerisch-Seins" her. Ein in den Moréri-Versionen tradiertes Attribut haben die Portugiesen mit den Spaniern gemein: den Stolz bzw. Hochmut. Auch sonst gibt es Übereinstimmungen, z.B. bei der angeblichen Treue zum König und der Tapferkeit (im Krieg). Dies muss man wohl als Zeichen dafür deuten, dass die antiken Quellen nicht so viel zu Portugal (*Lusitania*) hergaben bzw. dass antik zugeschriebene Eigenschaften der Iberer (z.B. Strabos) in der Neuzeit bisweilen undifferenziert sowohl an Spanier als auch an Portugiesen vergeben wurden. Auch die Religiosität bzw. die Treue zur (katholischen) Religion, ein Topos, der freilich nicht aus der Antike stammen kann, sondern seinen Ursprung in der Neuzeit bzw. in der Zeit der Konfessionalisierung haben muss, wird beiden iberischen Nationen gleichermaßen zugeschrieben, ebenso wie die Bereitschaft (das „Geeignet-Sein") zur Wissenschaft. Der größte Unterschied besteht darin, dass den Portugiesen häufig eine besondere Begabung für den Handel attestiert wird, dessentwegen, so wird in einigen Werken behauptet, sie die Wissenschaften nicht ausgiebig (genug) betrieben. Die Faulheit spielt, im Gegensatz zu dem, was ihren Nachbarn unterstellt wird, keine Rolle.

IV.3.3 Exkurs: Feijoos Teatro crítico universal

Der Benediktinermönch Benito Jerónimo Feijoo y Montenegro (1676–1764), bisweilen als spanischer Chefaufklärer bzw. spanischer Voltaire apostrophiert, war einer der bedeutendsten Männer der spanischen Frühaufklärung.[489] Sein neunbändiger *Teatro Crítico Universal* (1726–1740)[490], der

---

487 Art. „Portugall", in: HÜBNER, S. 849f., hier: S. 849.

488 Art. „Portugall", in: GEOGRAPHISCHES HANDWÖRTERBUCH, Bd. 2, 1765, S. 751f., hier: S. 752.

489 HAẞLER, Sprachbewußtsein in der spanischen und portugiesischen Aufklärung, S. 17.

490 Der erste Band des Werkes wird im Folgenden zitiert nach der 7. (weitgehend unveränderten) Auflage: Theatro Critico Universal, o Discursos varios en todo genero de Materias, para desengaño de errores comunes, dedicado al R.^{mo} P. M. Fr. Joseph de

vom jesuitischen *Journal de Trevoux*[491] inspiriert wurde, gilt entsprechend als die „Bibel der spanischen Aufklärungsvariante“[492]. Der *Teatro* Feijoos ist, anders als alle zuvor untersuchten Werke, kein alphabetisch verschlagwortetes Lexikon. Da das Werk jedoch in 118 essayartige Schriften (*Discursos*) die unterschiedlichsten Themen aus Mathematik, Physik, Biologie, Medizin, Geschichte, Soziologie, Geographie, Kunst, Sprachlehre und Literatur, Astrologie, Theologie, Philosophie und Moral behandelt und einen „wahrhaft enzyklopädischen Geist“[493] atmet, und weil zudem das „Theatrum“ der Frühen Neuzeit eng mit der Gattung der Enzyklopädie verwandt ist[494], soll es in dieser Untersuchung nicht unberücksichtigt bleiben.

Das Zielpublikum des *Teatro* war – wie bei anderen aufklärerischen enzyklopädischen Werken Europas – nicht der Klerus, sondern der gebildete Laie, dem mit wissenschaftlicher, leserfreundlich aufbereiteter Lektüre in spanischer Sprache[495] zu geistiger Mündigkeit verholfen werden sollte.[496]

Barnuevo, General de la Congregacion de San Benito de España, Inglaterra, &c. Escrito Por el Rmo. P. M. Fr. Benito Geronymo Feijoo, Maestro General de la Religion de San Benito, Cathedratico de Prima de Theologia Jubilado de la Universidad de Oviedo, Abad que ha sido tres veces de el Colegio de San Vicente de aquella Ciudad, &c. (9 Bde.) Septima Impression, Madrid (Herederos de Francisco del Hierro) Bd. 1 (1742). Die anderen Bände sind nach anderen Auflagen bzw. Editionen zitiert (siehe jeweilige Fußnoten). Der *Teatro* wurde 1791 auszugsweise ins Deutsche übersetzt. Für einige der folgenden Zitate wurde diese deutsche Übersetzung (von der nur der erste Band in Berlin verfügbar war) herangezogen: Kritik gemeiner Irrthümer von Benito Feyjoo. Aus dem Spanischen übersetzt von L. Harscher von Almendingen, Gotha (Karl Wilhelm Ettinger) Bd. 1 (1791). Wenn nicht anders kenntlich gemacht, stammen die Übersetzungen aus dem Spanischen von der Verfasserin.

491 Vgl. Manfred TIETZ, Die spanische Literatur, in: Kindlers Neues Literatur Lexikon. Hauptwerke der spanischen und portugiesischen Literatur. Einzeldarstellungen und Interpretationen, München 1995, S. 9-27, hier: S. 16.

492 Vgl. Norbert REHRMANN, Spanien, Europa und Lateinamerika. Zur Geschichte legendärer Kulturbeziehungen, in: Prokla 75/2, 1989, S. 109-131, hier: S. 116.

493 Vgl. Aurelio Fuentes ROJO, Art. „Teatro Crítico Universal. Discursos varios en todo género de materias, para desengaño de errores comunes”, in: Kindlers Neues Literatur Lexikon, S. 244f., hier: S. 245.

494 Das *Theatrum* war in der Frühen Neuzeit eine Zentralmetaphorik für die *Sammlung* von Wissen. Bei vielen Werken, die sich selbst als Theatrum betitelten, stand – ebenso wie bei der Enzyklopädie – der Aspekt des Sammelns und Verfügbarmachens im Vordergrund. Vgl. Markus FRIEDRICH, Das Buch als Theater. Überlegungen zu Signifikanz und Dimensionen der *Theatrum*-Metapher als frühneuzeitlichem Buchtitel, in: in: Theo STAMMEN / Wolfgang E. J. WEBER (Hrsg.), Wissenssicherung, Wissensordnung und Wissensverarbeitung. Das europäische Modell der Enzyklopädien, Berlin 2004, S. 205-232, hier: S. 229ff.

495 Zur Begründung, warum er den *Teatro* in der Nationalsprache verfasst, schreibt Feijoo im Vorwort: “[M]an [kann] mir vorwerfen, daß ich über so viele blos wissenschaftliche Gegenstände, in meiner Muttersprache, im Kastilianischen schreibe. Ich könnte mich mit der Antwort begnügen, daß ich, um im vaterländischen Idiom zu schreiben,

Die für seine Zeit erstaunlich hohe Gesamtauflage (bis 1787 sollen etwa 100 Auflagen mit rund 500.000 Exemplaren erschienen sein[497]) löste zahlreiche Polemiken aus und trug zur Entstehung einer literarischen Öffentlichkeit in Spanien bei.[498] Die tonangebenden Kräfte der Zeit – Kirche und religiöse Orden, die das Erziehungs- und Bildungswesen beherrschten, Ärzte und Professorenschaft, die von den neuen wissenschaftlichen Methoden den Verlust ihres Ansehens befürchteten – stellten sich jedoch gegen Feijóo.[499] Er selbst soll gesagt haben: „Meine Stimme dringt überallhin, doch wird sie von niemandem gehört."[500]

Feijoo war Bewunderer Francis Bacons, und seine liberale, kritisch-polemische und grundsätzlich skeptische Einstellung ähnelt der des englischen Aufklärers.[501] In seinen Schriften bekämpft er die verschiedenen Formen des „Aberglaubens", die unreflektierte Dogmengläubigkeit, die Dominanz des theologischen über das naturwissenschaftliche Interesse, und tritt für einen wissenschaftlichen Skeptizismus ein.[502] Auf allen Wissensgebieten versuchte er in seinem *Kritischen Theater* gegen „gemeine Irrtümer" (*errores comunes*) und Vorurteile anzugehen[503] – keine leichte Aufgabe, wie er im Vorwort bekennt. Und hier scheint Feijoo auch die Grundsätze der modernen Diskurstheorie vorwegzunehmen: Jene Autoren, so Feijoo, die gegen die *errores comunes* vorgingen, dürften sich nicht wundern, wenn ihre Bücher (deren Inhalt, so könnte man aus heutiger Sicht hinzufügen, nicht „im Wahren" lag) mit Missfallen aufgenommen würden. Falls die Wahrheit je triumphieren sollte, komme der Sieg in so „schwerfälligen" Schritten, dass der betreffende Autor zu Lebzeiten meist nur den nutzlosen Trost habe, dass man ihm vielleicht einst den Lorbeerkranz aufs Grab legt. Ein gutes Bei-

---

keines andern Grundes bedarf, als – weil ich keinen Grund fürs Gegentheil sehe. Ich läugne nicht, daß es Wahrheiten gibt die man dem grossen Haufen verbergen mus. Seiner Schwäche ist oft Wissen gefährlicher als Unwissenheit. Aber solche Wahrheiten sollte man nicht einmal lateinisch sagen. Denn auch unter denen, die Latein können, gibt es Pöbel genug", Vorwort, in: KRITIK GEMEINER IRRTHÜMER, S. XIIf.

496 Vgl. TIETZ, Die spanische Literatur, S. 17.

497 Vgl. FUENTES ROJO, Teatro Crítico Universal, S. 245.

498 Vgl. TIETZ, Die spanische Literatur, S. 17.

499 Vgl. FUENTES ROJO, Teatro Crítico Universal, S. 245.

500 Zit. n. ebd.

501 Vgl. ebd.

502 Vgl. Hans HINTERHÄUSER, Benito Jerónimo Feijoo, in: Ders. (Hrsg.), Spanien und Europa. Stimmen zu ihrem Verhältnis von der Aufklärung bis zur Gegenwart, München 1979, S. 29f.

503 Vgl. Gerda HAßLER, Sprachbewußtsein und Tradition in der spanischen und portugiesischen Aufklärung, in: Christoph FRANK / Sylvaine HÄNSEL (Hrsg.), Spanien und Portugal im Zeitalter der Aufklärung, Frankfurt a.M. 2002, S. 15-30, hier: S. 16.

spiel hierfür sei der berühmte „Guillermo Herveo“[504]; als dieser die wertvolle Entdeckung des Blutkreislaufs machte, hätten die zeitgenössischen Ärzte wütend widersprochen. Im Nachhinein jedoch sähen ihn die Medizinprofessoren als „Orakel“.[505]

Zieht man die bisher aufgezeigten, in den meisten Wörterbüchern und Enzyklopädien Europas verbreiteten stereotypen Aussagen (über die iberischen Länder) als Vergleich heran, so präsentiert sich Feijoos *Teatro* als bemerkenswert selbstkritisch[506] und unprätentiös: Feijoos *Discursos* sind stets maßvoll und unaufdringlich.[507] Besonders hervorgehoben werden müssen im Kontext dieser Arbeit Feijoos Vorbehalte gegenüber der *pasión nacional*, der übertriebenen Liebe zum eigenen Vaterland (dem späteren Nationalismus), seine Polemik gegen den dünkelhaften Glauben einzelner Völker an ihr Wissenschaftsmonopol und schließlich sein Aufruf zur Nutzung der wissenschaftlichen Errungenschaften des Auslandes, insbesondere Frankreichs.[508] Der spanische Frühaufklärer urteilt, dass das Vaterland bzw. die übertriebene Vaterlandsliebe nur eine „imaginäre Gottheit“ sei:

> Ich leugne nicht, dass man beim Durchstöbern von Geschichtswerken auf Schritt und Tritt Tausende antrifft, die sich für [die Vaterlandsliebe] aufgeopfert haben. Welcher Krieg wurde nicht begonnen unter diesem schönklingenden Vorwand? Welches Schlachtfeld war nicht voll von Blut und Leichen, für welche die Nachwelt nicht die ehrenvolle, allgemein gehaltene Inschrift verfasst hätte, dass sie ihr Leben fürs Vaterland gelassen haben? Wenn wir aber den Dingen auf den Grund gehen, werden wir erkennen, dass die Welt sich sehr täuscht in der Vorstellung, um deretwillen diese imaginäre Gottheit so viele und so ergebene Anhänger hat. ... Der Gegend, wo man geboren ist, den Vorzug vor allen anderen der Welt zu geben, ist einer der weitverbreitetsten Irrtümer. Es gibt selten jemanden, und im gemeinen Volk niemanden, der nicht meint, dass seine Heimat die Majoratserbin der Natur und mit allen jenen Gütern, die diese verteilt, um das Drei- oder Fünffache ausgestattet sei, sowohl was das Wesen und die Tüchtigkeit der Einwohner, als auch die Fruchtbarkeit der Erde oder die Milde des Klimas betrifft. Bei den primitiveren Geistern stellen sich die naheliegenden Dinge so dar, wie es bei den leiblichen Augen der Fall ist: die Gegenstände erscheinen größer, obwohl sie kleiner sind als die entfernteren. Nur in ihrer Nation gibt es kluge Menschen, die übrigen stehen fast auf der Stufe der Tiere; nur ihre Gewohnheiten

---

504 Gemeint ist William Harvey (1578–1657).

505 Prologo al Lector, in: TEATRO CRITICO UNIVERSAL, Bd. 1, ohne Paginierung.

506 Auch mit den Begriffen „Irrtum“ und „Wahrheit“ geht Feijoo (selbst-)kritisch um: „Man wird mir vorwerfen, daß ich den Nahmen Irrthum allen Meinungen gebe, die ich angreife. Der Vorwurf würde gerecht seyn, wenn ich ihn nicht gleich jezt durch eine Gegenerklärung entkräften wollte. Irrthum in dem Sinn, den ich ihm hier beylege, ist nichts anderes, als eine von mir für falsch gehaltene Meinung. Ich bin weit entfernt in diktatorischem Machtton über Wahrheit und Irrthum inappellabel zu entscheiden. Wer bin ich um meine individuellen Meinungen, gegen die Meinungen ganzer Fakultäten, oder eines ganzen Publikums aufzustlellen? ... Unverwehrt sey jedem Wahrheitsforscher unpartheische Prüfung. Geduldig und dankvoll will ich jede raisonnierte Widerlegung anhören.“ Vorwort, in: KRITIK GEMEINER IRRTHÜMER, S. XIf.

507 Vgl. HINTERHÄUSER, Benito Jerónimo Feijoo, S. 29.

508 Vgl. ebd.

sind vernünftig, nur ihre Sprache ist lieblich und geschmeidig; einen Ausländer sprechen zu hören, reizt sie unweigerlich zum Lachen; nur ihr Land ist reich an Schätzen, nur ihr Fürst ist mächtig. ... Wie viele mit Zitaten vollgestopfte Köpfe habe ich vernarrt in die Idee gesehen, dass man lediglich in unserer Nation etwas wisse; dass die Ausländer nur Kindereien und Lappalien herausbrächten, besonders wenn sie in ihrer Muttersprache schrieben. Sie glauben nicht, dass man in Französisch oder Italienisch etwas Nützliches drucken könne, wie wenn die wichtigsten Wahrheiten nicht in allen Sprachen ausgedrückt werden könnten.[509]

Seine Meinung zu übertriebener Hoch- und Geringschätzung nationaler Eigenschaften, speziell bei seinen Landleuten, äußert Feijoo im Diskurs „Parallelen der kastilischen und französischen Sprache" (*Paralelo de las Lenguas Castellana, y Francesa*). Hier schreibt er, es gebe zwei extreme Tendenzen gäbe, die die Einstellung zu nationalen (spanischen) Dingen bestimmten: Manche lobten sie in den Himmel, andere machten sie „bis in den Abgrund" nieder.[510] Diejenigen, die weder durch Umgang mit Fremden noch durch Lektüre ausländischer Bücher ihren Horizont erweiterten, urteilten, dass das Gute in der Welt nur im eigenen Vaterland zu finden sei. Daher rühre die „barbarische Verachtung", mit der sie alle anderen Nationen betrachteten. Sie ekelten sich vor der Sprache Anderer, verabscheuten ihre Sitten, wollten nicht zuhören, wenn es um Fortschritte Anderer in Kunst und Wissenschaft ginge.[511] Diese Menschen litten an einem schwerwiegenden „Fehler", meint Feijoo. Aber auch das andere Extrem verurteilt er: Diejenigen, die durch verschiedene Länder gereist seien (*los que han peregrinado por varias tierras*) oder mit Fremden verkehrten, betrachteten alle Dinge anderer Nationen (*todas las cosas de otras Naciones*) mit Bewunderung (*admiracion*) und die der eigenen Nation mit Verachtung (*desdèn*). Nach deren Meinung, so Feijoo, regiere in Frankreich das Zartgefühl (*delicadeza*) und der gute Geschmack (*el buen gusto*), in Spanien hingegen Derbheit (*rudeza*) und Barbarei (*barbarie*). Es sei „witzig" anzusehen, dass einige dieser Nationalisten, die gleichzustellen seien mit „Antinationalen", alle zwingen wollten, selbst in Gestik und Bewegung die Ausländer nachzuahmen, und spezielle Studien anstellten, um zu gehen, wie sie gehen, zu sitzen, wie sie sitzen, zu lachen, wie sie lachen etc. Unter ihnen gäbe es auch einige „lei-

509 10. Diskurs: „Amor de la Patria, y Pasión nacional" Bd. 3 [zuerst 1729] zit. n. Feijoo, Gegen nationale Leidenschaft und Überheblichkeit, in: HINTERHÄUSER (Hrsg.), Spanien und Europa, S. 30-38, hier: S. 30ff.

510 „Dos extremos, entrambos reprehensibles, noto en nuestros Españoles, en orden à las cosas nacionales. Unos las engrandecen hasta el Cielo. Otros las abaten hasta el Abysmo", 15. Diskurs, in: TEATRO CRÍTICO UNIVERSAL, Bd. 1, S. 314ff.

511 „Aquellos, que ni con el trato de los Estrangeros, ni con la letura de los Libros, espaciaron su espiritu fuera del recinto de su Patria, jusgan que quanto hai de bueno en el Mundo, està encerrado en ella. De aqui aquel barbaro desdèn, con que miran à las demàs Naciones, asquean su Idioma, abominan sus costumbres, no quieren escuchar, ò escuchan con irrision sus adelantamientos en Artes, y Ciencias."

denschaftliche Liebhaber" der französischen Sprache. Sie schrieben ihr große Vorteile gegenüber der kastilischen zu und übertrieben diese maßlos. Diejenigen, die Kastilisch sprächen, würden von ihnen wie rückständige Menschen angesehen. Beide extremen Einstellungen betrachtet Feijoo als falsch. Doch lobt er auch die französische Sprache und – was für diese Arbeit besonders interessant ist – die enzyklopädischen Werke, die in Frankreich publiziert wurden: In „allen Arten der Gelehrsamkeit" (*todo genero de erudicion*), so Feijoo, gäbe es Bücher in französischer Sprache, die man nicht mit lateinischen oder spanischen ersetzen könne. Für die Geschichte (*Historia Sagrada y Profana*) gebe es in anderer Sprache kein Nachschlagewerk wie den *Grand Dictionnaire Historique* von Louis Moréri. Wenn jemand eine Zusammenfassung (*resumen*) irgendeines Themas suche, egal, aus welcher Zeit, müsse ohne den *Dictionnaire Historique* „mit großem Zeitaufwand viele Bücher" wälzen; im *Dictionnaire* aber finde er in alphabetischer Ordnung sofort alles, was er suche. Genauso schnelle Hilfe lieferten die geographischen Wörterbücher von Miguèl Baudrand[512] und Thomàs Cornelio[513]; wer diese nicht zur Hand habe, müsse auf die „immensen Werke" von Gerardo Mercator[514], Abraham Ortelio[515], Blaeu[516] oder Sanson[517] oder De-Fer[518] zurückgreifen. Auch für einige Fächer, die an den Universitäten gelehrt würden (namentlich erwähnt werden Logik, Metaphysik,

512 Gemeint ist wohl: Michel Antoine BAUDRAND, Dictionnaire géographique universel ... tire du Dictionnaire Géographique Latin de [M. A.] Baudrand : Des meilleures Relations, des plus fameux Voyages, et des plus fideles Cartes / Filippo Ferrari, übers. v. C. Maty, Amsterdam (F. Halma) / Utrecht (G. v. d. Water) 1701. Dieses Werk basierte auf dem lateinischen Novum Lexicon Geographicum. In qvo vniversi orbis oppida, vrbes, regiones ... recensentur / Illud primùm in lucem edidit Philippus Ferrarius ... Nunc vero Michael Antonivs Bavdrand ... hanc ultimam Editionem ita emendavit, illustravit, dimidia'que parte auctiorem fecit ... Accesserunt sub finem Dominici Magri ... Appendices [et] Correctiones, Isenaci (J. P. Schmidt) 1677.

513 Gemeint ist der in dieser Arbeit bereits mehrfach zitierte DICTIONNAIRE UNIVERSEL von Thomas Corneille.

514 Vermutlich ist der Atlas (inkl. Weltbeschreibung) von Gerhard Mercator (Gerhard Kremer) (1512–1594): Atlas sive cosmographicae meditationes de fabrica mundi et fabricati figura, erstmals erschienen 1585, gemeint.

515 Es muss sich um den „Theatrum Orbis terrarum" von Abraham Ortelius (1527–1598) handeln, erstmals erschienen in Antwerpen 1570.

516 Willem Janszoon Blaeu (1571–1638) publizierte 1635 in Amsterdam den Weltatlas „Theatrum Orbis Terrarum", der in zahlreichen weiteren Auflagen erscheinen sollte und von seinem Sohn Johann erweitert wurde.

517 Bereits 1652 hatten Nicolas Sanson (1600–1667) und Pierre Mariette (1603–1657) einen Atlas herausgegeben, der 1658 von den „Cartes générales de toutes les parties du monde" (Paris, 1658, mit 113 Karten, bis 1676 sechs weitere Auflagen) gefolgt wurde.

518 Gemeint ist hier vermutlich Nicolas de Fer (1646–1720) und sein fünfbändiges Werk „Les forces de l'Europe, ou description des principales villes", erschienen zuerst in Paris 1693.

Recht, Medizin, Theologie und Moral) sei – neben Latein – auch die französische Sprache „sehr nützlich" oder gar „absolut notwendig". Aber das heiße nicht, betont Feijoo, dass die französische Sprache per se der spanischen überlegen sei (S. 317ff.). Explizit „gegen die allgemeine Meinung" (*contra el comun dictamen*) urteilt er, dass alle Sprachen gleichwertig seien (*todas las Lenguas son iguales*). Innerhalb jeder Sprache müsse allein der Stil beurteilt werden – und dieser könne schlecht oder gut sein, je nach „Geist und Können" desjenigen, der schreibe oder spreche. „Wir haben die Auffassung, dass das Deutsche hart (*aspero*) ist", führt er als Beispiel an, doch „Padre Kircher" habe in seiner Beschreibung der *Torre de Babèl*[519] versichert, dass es keiner anderen Sprache der Welt an Eleganz nachstehe (S. 321). Man könne daher „mit Sicherheit" sagen, dass keine Sprache hart oder sanft sei, sondern nur – je nachdem – vertraut oder fremd.

Die Feindschaften der europäischen Nationen untereinander versucht Feijoo rational zu erklären. Sie resultieren seiner Meinung nach aus langjährigen Kriegen („Haß der Nationen entsteht durch die Uebel, die sie einander im Kriege zufügen, und diese Kriege entstehen durch wechselseitige Ansprüche der Fürsten"[520]) und müssen daher als „normal" angesehen werden, nicht als Ausnahme. In einem Diskurs legt er die „berühmteste" aller Antipathien dar, nämlich die Antipathie zwischen Franzosen und Spaniern[521], die seiner Meinung jedoch nur eine „angebliche Abneigung" und keinesfalls eine „angeborene" oder „natürliche" ist.[522] „Früher" hätten Franzosen und

519 Gemeint ist: Athnanasius KIRCHER, Jesu Turris Babel, sive archontologia qua primo Priscorum post diluvium hominum vita, mores rerumque gestarum magnitudo, secundo Turris fabrica civitatumque exstructio, confusio linguarum, & inde gentium transmigrationis, cum principalium inde enatorum idiomatum historia, multiplici eruditione describuntur & explicantur, Amstelodami (Johannes Janssonius van Waesberge) 1679.

520 „Grund des Nationalhasses zwischen Franzosen und Spaniern" (Antipathia de Franceses, y Españoles T. 2 D. 9), in: KRITIK GEMEINER IRRTHÜMER, S. 110. Der deutsche Übersetzer merkt hier in einer Fußnote an: „Ohne an Nationalsimpathie und Antipathie zu glauben, kann ich der Theorie des Verfassers nicht beypflichten. Ich mögte immer fragen, ob Nationalantipathien durch Kriege, oder Kriege durch Nationalantipathien entstehen? Man nimt gar zu oft das Gewürkte für die Würkung. Streitendes Nationalinteresse erregt Nationalhas, und nicht die vorübergehenden persönlichen Ansprüche der Fürsten. Durch alle Fehden des Hauses Bourbon gegen das Haus Oesterreich hindurch, hat man nie von einem Nationalhas zwischen Oesterreichern und Franzosen gehört. Wenn eine Nation der andern durch Handel, durch vorgreifende Eroberung, durch Emulation in der Angabe des allgemeinen Tons, durch wechselseitiges Beyspiel schadet, so entsteht sicher Nationalhas, den Fürsten nicht brechen, aber immer durch Bündnisse oder Krieg verstärken oder schwächen können." Ebd.

521 9. Diskurs: „Antipatia de Franceses, y Españoles", in: TEATRO CRÍTICO UNIVERSAL, Bd. 2, S. 223-230, hier: S. 229.

522 „Es gibt keine berühmtere Antipathie, als die angebliche Abneigung zwischen Franzosen und Spaniern. Alle Politiker waren von der angeblichen Abneigung beyder Nationen innig betroffen. Als das erlauchte Haus Bourbon Spanien einen König gab, erhob sich die Stimme aller politischen Propheten, gegen die Vereinigung Galliens und Ibe-

Spanier in Eintracht gelebt, und auch heute, so konstatiert der Autor des *Theatro*, lebten Spanier und Franzosen in „Freundschaft" und „gutem Kontakt" (*buena correspondencia*), und man müsse „den Himmel bitten", dass dieser Zustand sich nicht ändere.

Die gängigen europäischen Nationalstereotypen finden sich auch im *Teatro Crítico*, genauer: im 15. Diskurs des zweiten Buches („Mapa intelectual, y cotejo de Naciones") – allerdings nur zu dem Zweck, die jeweiligen Klischees zu widerlegen! Er beginnt mit den Deutschen: Sie seien für ihren „langsamen und groben Verstand" bekannt, hätten jedoch – zu ihrer Verteidigung – in jeder Geisteswissenschaft so viele exzellente Autoren, dass es „unmöglich sei, sie zu zählen" (*los Alemanes …que son notados de ingenios tardos, y groseros … tienen en su defensa tantos Autores excelentes en todo género de letras, que no es posible numerarlos*). Die Niederländer, denen seit der Antike der Ruf des „dummen Volkes" anhafte, hätten heute so viel dazu beigetragen, die Falschheit dieser Aussage zu beweisen und die Anerkennung ihres Könnens zu etablieren, dass sie nun nicht mehr passe (*los Holandeses … quienes desde la antigüedad viene la fama de gente estúpida, tienen hoy tan comprobada la falsedad de aquella nota, y tan bien establecida la opinión de su habilidad, que no cabe más*). Ähnliche Ausführungen folgen über die „Moskoviter" (Russen), Türken und Perser. Am Ende des Diskurses reproduziert Feijoo die Völkertafel des Johannes Zahn, die er in seiner *Specula physico-mathematico-historica* (Nürnberg 1696) entworfen hatte, doch schreibt er bemerkenswerterweise dazu, dass er für ihren Wahrheitsgehalt nicht bürgen will (*yo no salgo por fiador de su verdad en todas sus partes*). Vertreter fünf europäischer Nationen (Deutschland, Spanien, Italien, Frankreich, England) werden tabellarisch, ganz ähnlich wie bei der „Völkertafel", in bestimmten Bereichen bzw. unter bestimmten Schlagworten (z.B. „Aussehen", „bei Tisch", „in der Wissenschaft", „bei der Erteilung von Ratschlägen" etc.) charakterisiert, wobei der Spanier u.a. folgende, bereits aus anderen Lexika bekannten Klassifizierungen erfährt: „Theologe", „betrügerisch", „stumm" bei der Wahrung von Geheimnissen, „vorsichtig" bei der Erteilung von Ratschlägen, „beständig" in der Religion und „großartig" an den Waffen. In der Ehe sei der spanische

riens. Und in der That fühlten wir auch noch Jahre lang die schrekliche Würkung der tief eingewurzelten Abneigung. Aber sicher war doch dies kein verborgnes Misverhältnis der Herzen, durch den geheimen Einflus der Sterne verursacht. Die Wunden der leztern Kriege waren noch nicht vernarbt. Ihr Andenken war noch zu frisch und zu demüthigend. Gäbe es irgend eine angebohrne natürliche Antipathie zwischen beyden Nationen, so müste sie so alt seyn als sie. Diese Hipothese ist aber durchaus unhistorisch. Frankreich und Spanien standen vordem im freundschaftlichen Verhältnis, Fürst gegen Fürst, Volk gegen Volk, und Individuum gegen Individuum." KRITIK GEMEINER IRRTHÜMER, Bd. 1, S. 111f.

Mann „Tyrann“ und die Frau „Sklavin“.[523] Die vermeintlichen Nationalcharaktere speziell der Spanier und Franzosen finden sich außerdem noch an anderer Stelle, eingebettet in die vehemente Kritik an der nationalen Feindseligkeit:

> Ich läugne nicht, daß man manchen abstechenden Zug im Karakter beyder Nationen wahrnimmt. Der spanische Ernst kontrastirt freylich gegen französische Fröhligkeit. Der geheimnisvolle Spanier findet wenig Geschmak am offenherzigen Franzosen. Seine Treue und Beständigkeit gibt ihm ein Gefühl von Werth, welches dem leichtsinnigen Franzosen nicht eigen seyn kann. Aber das alles ist noch kein zureichender Grund zur Zwietracht zwischen beyden Nationen. Die Regel, daß Aehnlichkeit Liebe, und Unähnlichkeit Haß zeuge leidet so viele Ausnahmen, daß man sie aus dem Katalog der Axiome ausstreichen sollte. Bey jedem Schritt sieht man kontrastirende Karaktere die brüderlich neben einander leben. Ganz gleiche Gemüther würden sich wohl nicht einmal lieben können. Sie würden sich mehr Ekel als Zuneigung einflößen. Denn keiner würde in dem andern etwas anders finden, als was er immer in sich selbst wahrnimmt. Freundschaft erfordert nur Ebenmaas und Verhältnis, nicht Aehnlichkeit.[524]

Ganz im Gegensatz zu den oft harschen Bewertungen Spaniens durch französische Lexikonautoren lobt Feijoo die französische Nation in höchsten Tönen, und bezeichnet sie als „ruhmvollste“ (*ninguna otra mas gloriosa, por qualquiera parte que se mire*) von allen.[525] Die Literatur, die Waffenfertigkeit, die Künste, dies alles blühe in diesem „überaus üppigen Königreich“ (*todo florece en aquel opulentísimo Reyno*). Frankreich habe „dem Himmel viele Heilige“ beschert, „dem Feld unzählige (Kriegs-)Helden“ und den Universitäten „unendlich viele Gelehrte“. „Der Mut und die Lebhaftigkeit“ (*valor y vivacidad*) der Franzosen brillieren in allen Theatern und ihr Gewerbe müsse in Spanien den Willen zur Nachahmung hervorrufen (*su industria debe excitar nuestra imitacion*).

Wie der Exkurs in den *Teatro Crítico* gezeigt hat, werden hier die gängigen stereotypen Aussagen über die unterschiedlichen Völker Europas (in-

---

523 Die vollständige Tabelle lautet: „Physische Konstitution: scheußlich (*En el cuerpo: horrendo*), Seelenverwandt mit: Elefant (*En el ánimo: Elefante*), Kleidung: bescheiden (*En el vestido: Modesto*), bei Tisch: lästig (*En la mesa: Fastidioso*), Aussehen: Teufel (*En la hermosura: Demonio*), In der Konversation: gesprächig (*En la conversation: Habla*), Bei Geheimnissen: stumm (*En los secretos: Mudo*), In der Wissenschaft: Theologe (*En la ciencia: Teólogo*), In der Treue: betrügerisch (*En la fidelidad: Falaz*), Bei Ratschlägen: vorsichtig (*En los consejos: Cauto*), In der Religion: beständig (*En la Religión: Constante*), Großartige Leistungen: an den Waffen (*Magnificencia: En las armas*), In der Ehe ist der Mann: Tyrann (*En el matrimonio el marido es: Tirano*), Die Frau: Sklavin (*La mujer: Esclava*), Der Untergebene ist: Subjekt (*El criado es: Sujeto*), Krankheiten, an denen er leidet: alle (*Enfermedades que padece: Todas*), im Angesicht des Todes: großmütig (*En la muerte es: Generoso*).“

524 KRITIK GEMEINER IRRTHÜMER, Bd. 1, 1791, S. 117f.

525 9. Diskurs „Antipatia de Franceses, y Españoles“, in: TEATRO CRÍTICO UNIVERSAL, Bd. 2, S. 229.

klusive Spanien) zwar reproduziert, jedoch geschieht dies nicht unreflektiert. Wenn Feijoo von typischen Merkmalen der Franzosen und Spanier spricht, so benutzt er diese Merkmale nicht, um die Spanier besser zu zeichnen als ihre Nachbarn. Im Gegensatz zu den harschen Worten über Spanien und die Spanier in so manchem französischen Lexikon ist Feijoo voll des Lobes für das Nachbarland Frankreich. Sprachdünkel und übertriebene Vaterlandsliebe, kurz: Vorurteile aller Art (die andere Nationen betreffen), werden im *Teatro* vehement zurückgewiesen und kritisiert. Die Völkertafel von Johannes Zahn nimmt Feijoo nicht als (uneingeschränkt) richtig an. All das beweist, dass Feijoo ein wacher, ein wahrhaft aufgeklärter Geist war. Die kritischen Ansichten, die er im ersten Drittel des 18. Jahrhunderts in seinem *Teatro Crítico Universal* vertrat, fanden jedoch keinen Eingang in den enzyklopädischen Diskurs Europas. Seine im Vorwort formulierte These erweist sich als wahr: Die Erkenntnisse Einzelner kommen nicht – oder aber nur spät – gegen „allgemeine Irrtümer" an. Die Lorbeeren, die man ihm heute im übertragenen Sinne für seinen erstaunlichen Kampf gegen (nationale) Vorurteile aufs Grab legt, nützen ihm nichts mehr.

IV.3.4 Die Frauen

Die Frauen Iberiens werden nur in wenigen der bisher zitierten Lexikonartikel explizit erwähnt, und deshalb könnte man folgern, dass sie implizit stets in die Gesamtheit der Spanier oder der Portugiesen eingeschlossen wurden. Franz K. Stanzel weist jedoch darauf hin, dass es bei Frauen stets zu einer doppelten Kategorisierung kommt, und zwar „einmal nach dem Geschlecht und dann nach der ethnischen oder nationalen Zugehörigkeit".[526] Demnach unterliegt das Frauenbild der frühen Neuzeit einer zweifachen Stereotypisierung: Von jeder einzelnen Frau wurde erwartet, dass sie alle Eigenschaften, die im zeitgenössischen Stereotyp „Weib" enthalten waren, verkörpert. Das weibliche Geschlecht war und ist bekanntlich in stärkerem Maße dem Erwartungsdruck ausgesetzt, einer stereotypen Normvorstellung zu entsprechen. Von der Frau wird jedoch auch gefordert, dass sie sich nach der nationalen, ethnischen Typisierung verhält. Diese doppelte Überprägung des Geschlechts der Frau lässt nach Stanzel eine „ebenso rigide Perseveranz erkennen wie die Vorstellungen vom so genannten Nationalcharakter der Völker Europas"; der moderne Trivialroman und das Boulevardstück können auch heute nicht auf die „leidenschaftliche Italienerin" oder die „kühle Schwedin" verzichten.[527]

---

526 STANZEL, Europäer, S. 99.

527 Ebd, S. 102f.

Zur Untersuchung der *Images* der Ibererinnen in enzyklopädischen Werken der Frühen Neuzeit sei im Folgenden zunächst ein bisher nicht erwähntes Werk vorgestellt: das „Nutzbare, galante und curiöse Frauenzimmer-Lexicon“ (1715) von Amaranthes[528], ein „weibliches Pendant“ des Leipziger Verlagshauses Gleditsch zu den zuvor erschienenen Konversationslexika (*Reales Staats-Zeitungs- und Conversationslexicon* [1704] und *Curieuses und Reales Natur- Kunst- Berg- Gewerck- und Handlungs-Lexicon* [1712]).[529] In der ersten Auflage war dieses „Frauenzimmer-Lexicon“ ein einbändiges Werk und umfasste 2.176 Spalten, außerdem Vorrede und Anhang. Seine Lemmata reichen von zwei Zeilen (z.B. „Bellaea Claudia“, Sp. 196) bis über 30 Spalten (z.B. „Potage“-Rezepte, Sp. 1516ff.). Mit vermeintlich ausschließlich frauenspezifischen Themen sollte das Lexikon die Frau belehren, also „aufklären“, und unterhalten.[530] Der Autor Gottlob Siegmund Corvinus alias Amaranthes richtet sich, wie er im Vorwort ausführlich erklärt, an drei Typen von (allesamt bürgerlichen) „Frauenzimmern“: das „haushältige und sorgfältige Frauenzimmer“, das „curiöse und galante Frauenzimmer“ und das „gelehrte Frauenzimmer“.[531] Im deutschen Sprachraum sollte es das einzige Nachschlagewerk dieser Art im 18. Jahrhundert bleiben. Erstmals seit der Frühen Neuzeit wurde die Frau in den Bildungsprozess einbezogen – explizit und unmittelbar. Ist dies ein Beweis für die relativ frauenfreundliche Tendenzen der Frühaufklärung, wie Helga Brandes vermutet?[532] Christine Brokmann-Nooren ist in ihrem Werk „Weibliche Bildung im 18. Jahrhundert, ‚gelehrtes Frauenzimmer‘ und ‚gefällige Gattin‘“ anderer Ansicht. Sie meint, dass, nüchtern betrachtet, das *Frauenzimmer-Lexicon* kein allzu modernes und fortschrittliches Werk war. Ihrer Ansicht nach ging es bei diesem Projekt nicht um Wissen und Wissenschaft als solche; vielmehr sollten Wissenschaft und Wissen den „Wert“ der Person, die über dieses Wissen verfügt (und zeigt!), erhöhen. Frauen sollten sich durch bestimmte Kenntnisse „angenehm“ machen. Zu den „angeneh-

---

528 AMARANTHES (alias Gottlob Siegmund Corvinus), Nutzbares, galantes und curiöses Frauenzimmer-Lexicon: Worinnen nicht nur Der Frauenzimmer geistlich- und weltliche Orden, Aemter, Würden ... Professionen und Gewerbe, Privilegia und Rechtliche Wohltaten ... Nahmen und Thaten der Göttinnen, Heroinen, gelehrter Weibes-Bilder, Poetinnen, Ketzerinnen, Quackerinnen, Schwärmerinnen ...; sondern auch ein Gebakkens-Buch, samt denen darzu gehörigen Rissen, Taffel-Auffsätzen und Küchen-Zettuln, ordentlich nachdem Alphabet ... abgefaßt ... dem weiblichen Geschlechte insgesamt zu sonderbaren Nutzen, Nachricht und Ergötzlichkeit auff Begehren ausgestellet, Leipzig (Gleditsch) 1715 [Neudruck: Frankfurt a.M. 1980].

529 Vgl. Helga BRANDES, Das Frauenzimmer-Lexicon von Amaranthes, in: Das Achtzehnte Jahrhundert 22/1, 1998, S. 22-30, hier: S. 22.

530 Vgl. ebd., S. 26.

531 Vgl. Christiane BROKMANN-NOOREN, Weibliche Bildung im 18. Jahrhundert, „gelehrtes Frauenzimmer“ und „gefällige Gattin“, Oldenburg 1994, S. 74.

532 Vgl. BRANDES, Frauenzimmer-Lexicon, S. 22f.

men" Eigenschaften gehörten neben den äußeren auch die inneren (geistigen) Annehmlichkeiten.[533] Welches Wissen befand aber Amaranthes (bzw. die gelehrte Männerwelt) für wichtig, welches für unwichtig für Frauen? Während allgemein mathematisch-naturwissenschaftliche sowie politische, geschichtliche und geographische Themen völlig unterschlagen werden, stehen die traditionellen „drei Ks" (Kinder, Küche, Kirche) im Vordergrund.[534] Viele Lemmata beschäftigen sich darüber hinaus mit Kosmetik, Putz, Körperpflege und Mode. Auch Back- und Kochrezepte stellen einen wichtigen Bestandteil des Werkes dar[535] – ein Hinweis für die Tendenz, dem „Frauenzimmer" vor allem Wissen über die häusliche Sphäre vermitteln zu wollen.

Dementsprechend gibt es auch keine Einträge zu einzelnen Staaten und Nationen (Europas). Unter dem Stichwort „Frauenzimmer" findet sich jedoch ein ansehnliches Repertoire nationaler Stereotypen. Einleitend heißt es, dass „*Humeur*, Geist, Eigenschaft, *Inclination* und Wesen" des „edlen Geschlechtes" nach „ieder Landes=Art und Beschaffenheit von einander unterschieden zu seyn" scheine.[536] Nur ein kurzer Eintrag charakterisiert die portugiesische Frau: Das „Portugisische Frauenzimmer" werde von „denen *Scribenten*", die nicht namentlich genannt werden, für das „schönste in gantz *Europa*, darbey aber auch vor hochmüthig, eyfersüchtig und argwöhnisch ausgegeben". Für „die Spanierin" holt der Autor des Artikels weiter aus:

Das Spanische [Frauenzimmer] soll nicht von sonderbahrer Schönheit, wohl aber träg und nachläßig seyn: es schläfet gerne lange, lässet sich am Tage sehr selten sehen, gehet es aber aus, so verdecket es sich das Haupt; schmincket sich sehr starck, ist sehr verliebt, hat insgemein garstige und übelriechende Zähne, weswegen es sich auch starck zu parfumiren pfleget; zum Kleiden liebet es die schwartze Farbe, führet eine *a parte* Tracht; als einen sehr weiten und ausgesperten Unterrock, ein kurtzes Obersammst mit Flügeln, einen Kragen und kleines Hütlein. Die *Spendagen* sind ihnen angenehm. Wenn sie ihren *Courtisanen* eine *Affection* erweisen wollen, zeigen sie selbigen ihre Füsse, wormit sie gar spröde thun, weil sie hierinnen vor allen andern *Nationen* etwas besonders haben, angesehen selbige nette, schmal und sehr *delicat* sollen gewachsen seyn. Ohne Erlaubniß hoher Damen in Spanien Füsse zu sehen, halten sie vor *capital*; anbey sind sie von mittelmäßiger *Taille*, doch sehr schlanck.[537]

Innerhalb des „Lasterkatalogs" im *Zedler* und – weil dieser fast identisch ist – auch im *Geographisch- und Critischen Lexicon* wird der Frau ein separater Punkt gewidmet. Demnach verdiene „nichts … an dem Spanischen Frauenzimmer mehr getadelt zu werden" als ihre Schminke; denn mit dieser

533 Vgl. BROKMANN-NOOREN, Weibliche Bildung, S. 73.

534 Vgl. ebd., S. 78.

535 Vgl. ebd., S. 76f.

536 Art. „Frauenzimmer", in: AMARANTHES, Sp. 573-578, hier: Sp. 573.

537 Ebd., Sp. 578.

pflege sie „den Hals, Gesicht, ja fast den gantzen Leib zu beschmieren“. Die „Weibs=Personen in Spanien“, so erfährt man auch, seien zwar „an sich selbst mager vom Leibe, aber dabey ungemein verliebt“, die meisten von ihnen haben „schwartze Augen und kleine Brüste, welche sie von Jugend auf mit Bley beschweren, damit sie nicht groß wachsen können“ (Sp. 1121). Sie hielten kleine Füße „für ewas schönes“, und derjenige, der ihre „Füßgen“ zu sehen bekäme, müsse „in sonderbaren Gnaden stehen“, denn für gewöhnlich wüssten sie sie „unter ihren langen und weiten Röcken sorgfältig zu verbergen“. Die Aussagen über den übermäßigen Gebrauch der Schminke und die stets verborgen gehaltenen Füße, die sowohl im *Frauenzimmer-Lexicon* als auch im *Zedler* und im *Geographisch- und Critischen Lexicon* auftauchen, sowie die Geschichte über die bleibeschwerten Brüste stammen, wie Ulrike Hönsch nachgewiesen hat, allesamt ursprünglich aus Madame d'Aulnoys Reisebericht und sind aus mehreren ihrer Textpassagen kompiliert worden.[538]

Im *Zedler* erfährt man außerdem über die spanischen Frauen, dass sie eher „schleichen“ als gehen. Sie hätten das „Glück“, dass sie von den Männern „fast angebetet“ werden. Zur letzten Aussage passt auch der an anderer Stelle ausgeführte Bericht über das jährlich stattfindende spanische „Stier= Gefechte“ in Madrid (das übrigens als „unchristliches Vergnügen“ bezeichnet wird). Während des Spektakels stünden in „allen Erckern ... die vornehmsten Dames aus dem gantzen Königreich“, die „mit Edelgesteinen dermassen behangen“ wären, „als wenn sie noch so ein besonderes Festin halten und feyern wollten“. Eine jede von ihnen hätte „unter den Galanthommes“ einen Verehrer, der alles, was er in seinem Vermögen habe, daran wendete, „damit nur seine Geliebte bey dieser Solennität wohl möge bewirthet“ werden.[539] Kulturwissenschaftlich interessant sind auch die Haustiere, die die Spanierinnen nach Informationen des *Zedler* und des *Geographisch- und Critischen Lexikons* angeblich hielten: „In Biscaya hat man endlich noch eine so niedliche Gattung von Spann=Fercken, daß sie das Frauenzimmer auf den Armen und im Busen träget, als wenn es Bologneser=Hündgen wären“ (*Zedler* Sp. 1112) bzw. „in Biscaya hat es eine Art von Span-Ferckeln, die das Frauenzimmer auf dem Arme und im Busen, wie die Bologneser Hündgen, trägt“ (*Geographisch- und Critisches Lexicon* Sp. 1285).

Zusammenfassend lässt sich sagen, dass bei der Charakterisierung sowohl der Portugiesinnen als auch der Spanierinnen tatsächlich „nationale“ Eigenschaften ausgemacht werden können – „hochmütig“ bzw. „träg und nachlässig“ werden auch *die* Portugiesen und *die* Spanier in vielen Lexika genannt. Auch der Hinweis, dass die Spanierin gerne lange schläft und sich am Tage nicht sehen lässt (Amaranthes), ist in anderen, später erschienenen

538 Vgl. HÖNSCH, Wege des Spanienbildes, S. 58.

539 Art. „Spanien“, in: ZEDLER, Bd. 38, 1743, Sp. 1114f.

Lexika über die Gesamtheit der Spanier zu lesen. Andere Aussagen (z.B. über Schminke, Kleidung, Spanferkel als Haustiere) oder Eigenschaften in amourösen Angelegenheiten („eyfersüchtig“, „sehr verliebt“) sind hingegen vermeintlich typisch weiblich.

Ohne im Rahmen dieser Arbeit die Ursprünge aller Aussagen ergründen zu können, sei hier auf ein Attribut aufmerksam gemacht: die „übelriechenden Zähne“ der Spanierinnen, die in Amaranthes' *Frauenzimmer-Lexicon* angeprangert werden. Wieder einmal scheinen Strabos Aussagen im Spiel zu sein: Er berichtet im dritten Buch seiner *Geographika* von im Norden lebenden iberischen Völkern, deren Leben von „tierischen Impulsen“ und „schlechten Gewohnheiten“ bestimmt sei. Diese Leute, und dazu gehören auch ihre Frauen, wie Strabo explizit betont, wüschen sich nicht mit Wasser, sondern mit „in Behältern abgestandenem Urin“; mit diesem Urin säuberten sie sich auch die Zähne (Geogr. III 4,16). Es passt zu den Strukturen eines Stereotyps, dass eine solch ungewöhnliche Aussage, die einen Tabubruch beschreibt, verallgemeinert und auf die Gesamtheit der Ibererinnen übertragen wird. Es überdauert die Jahrhunderte und taucht, nun übertragen auf *die* Spanierin, schließlich in einem Lexikon des aufklärerischen 18. Jahrhunderts auf.

IV.3.5 Analyse: Die Vermischung antiker Topoi mit Topoi der Leyenda Negra *bei der Konstruktion des enzyklopädischen Iberienbildes*

Wie sich in den vorangegangenen Kapiteln gezeigt hat, setzen sich die in frühneuzeitlichen Lexika beschriebenen vermeintlichen Nationalcharaktere der Spanier und Portugiesen z.T. aus lange tradierten, aus der Antike stammenden stereotypisierten Aussagen zusammen. Nicht nur die „Nachlässigkeit“ der Spanier bzw. Iberer, die später zur „Faulheit“ wird, entstammt ursprünglich Strabos *Geographika*; in den französischen Moréri-Versionen und auch in der spanischen wird Strabo explizit als Quelle für die Charakterisierung der Spanier und ihrer geistigen Fähigkeiten genannt (im Süden „intelligenter“, im Norden „plump“). Die Übernahme antiker „nationaler“ Stereotypen und ihre Übertragung auf die zeitgenössischen Bewohner Iberiens war in frühneuzeitlichen Lexika also nicht nur üblich, sondern offensichtlich auch legitim. So rührt auch die in den enzyklopädischen Werken geschilderte angebliche Tapferkeit der Portugiesen aus Zeiten, in denen Römer gegen keltiberische Stämme kämpften – und Verluste hinnehmen mussten. Eine ziemlich abwegige Geschichte Strabos über das Zahnputzmittel der Ibererinnen verpasst den Spanierinnen noch viele Jahrhunderte später „übel riechende Zähne“. Dass es den Staat Portugal und also *die* Portugiesen ebenso wenig wie Spanien und *die* Spanier in der Antike gegeben hat, tut der Übertragung keinen Abbruch.

Doch nicht nur antike Schriften wurden in den enzyklopädischen Werken zur Beschreibung der Sitten und Neigungen der Iberer herangezogen. Es fließen, und dies gilt inbesondere für Spanien, Topoi in den enzyklopädischen Diskurs ein, die einer anderen Quelle entspringen: der so genannten *Schwarzen Legende*. Mit der Hegemonie und Vormachtstellung Spaniens im 16. Jahrhundert waren Elemente angelegt, die sich zu jener Spanienkritik zusammenbrauen sollten, die der spanische Historiker Julián Judarías in seinem gleichnamigen Werk 1913 *Leyenda Negra* nannte.[540] Sie bezeichnet seitdem die Gesamtheit negativer Bewertungen, die europäische Gegner seit Beginn der Neuzeit gegen Spanien zu Felde führten. Die europäischen Wurzeln der Leyenda Negra lagen vor allem in der *Apologie* (1581) von Wilhelm I. Prinz von Oranien (1533–1584). Wilhelm von Oranien, Führer im niederländischen Unabhängigkeitskrieg und erbitterter Gegner Philipps II. von Spanien, verallgemeinerte in seinem Werk ein ursprünglich in Oberitalien aus der Erfahrung mit der spanischen Soldateska entstandenes negatives Stereotyp auf *den* Spanier und integrierte es geschickt in die konfessionelle Polemik. Das spanische Negativimage wurde nach Kritiken des Dominikanermönchs Bartolomé de Las Casas (1474–1566), der als Missionar und Chronist in Amerika tätig war, um die „amerikanische Variante" erweitert. Sein „Bericht über die Zerstörung der Westindischen Länder" (*Brevissima Relación de la destrucción de las Indias*) von 1552 war ein publizistischer Erfolg in Europa und erschien in zahlreichen Auflagen und Übersetzungen (z.B. niederländisch 1578, französisch 1579).[541]

Während die Hauptanklagepunkte der europäischen Variante den religiösen Fanatismus bzw. fanatischen Katholizismus, die persönlichen Mängel Philipps II. und die Inquisition betrafen, waren die Kernpunkte der Anklage in der amerikanischen Variante die Gier nach Gold und das grausame Gemetzel an den Indios in der Neuen Welt.[542] Die Folge: Keine Kolonialmacht genoss in der Frühen Neuzeit ein derart schlechtes Image wie gerade die spanische; durch die Leyenda Negra verfestigt, wirkt es bis heute nach. Wie jeder historische Mythos entspricht auch dieser nur bedingt der Realität. Die frühneuzeitlichen Eroberungen anderer Kolonialmächte waren schließlich ebenfalls äußerst blutig.[543] Anders gesagt: Die Abwertungen Spaniens speisten sich aus „realen" Begebenheiten, waren aber übertrieben und müssen vor allem als propagandistische Waffe der Opposition gegen

540 Vgl. HINTERHÄUSER, Spanien und Europa, S. 85.

541 Vgl. Hugo SCHEPPER, Flandes y su Leyenda Negra, in: Maxim P. A. M. KERKHOF / Hugo de SCHEPPER / Otto ZWARTJES (Hrsg.), España: ¿ruptura 1492?, Amsterdam / Atlanta 1993, S. 115-125, hier: S. 121f.

542 Ebd., S. 118f.

543 Vgl. HAUSBERGER, Eroberung Amerikas durch die Spanier, S. 222.

die Hegemonie Spaniens im 16. Jahrhundert interpretiert werden.[544] Die Propaganda nutzte dabei bereits bestehende Vorurteile aus und verbreitete neue Fehl- und Feindbilder.[545] Es entstand das Bild eines „Dauerspaniers", dessen Kennzeichen man, hier in Anlehnung an Manfred Tietz[546], wie folgt beschreiben kann:

- Faulheit, Neigung zum Müßiggang
- die „gravitas" oder „Gravität" (Ernst, Würde)
- die „sobrietas" (Nüchternheit, lat. sobrius = nüchtern, nicht berauscht/ mäßig, enthaltsam/besonnen, verständig)
- die „Grandezza" und Betonung der eigenen Abstammung („Adelssucht")
- Spracharroganz
- Hang zum Prahlen
- tyrannisch-eifersüchtiges Verhalten der Frau gegenüber
- besondere Grausamkeit und Goldgier (Ausrottung der Indios)
- besondere Begabung für die Theologie (später, zur Zeit der Aufklärung, mit gleichzeitiger Unfähigkeit zur aufgeklärten Wissenschaft)
- Tendenzen zu übertriebener, intoleranter Frömmigkeit (fanatischer Katholizismus, Inquisition)

Auch wenn sie nicht in jedem Lexikon gleichzeitig erwähnt werden, finden sich alle aufgezählten Eigenschaften im enzyklopädischen Diskurs der Frühen Neuzeit wieder, wobei die ersten drei Eigenschaften bereits antik überliefert sind und die restlichen der *Leyenda Negra* des 16. Jahrhunderts zugeschrieben werden müssen. Konstitutiv für den Nationalcharakter der Spanier im 17. und 18. Jahrhundert, wie er in enzyklopädischen Lexika beschrieben wird, waren folglich Aussagen, die rund 1700 bzw. 200 Jahre alten Traditionsbahnen folgten. Auch bei den Portugiesen mischen sich die antik belegten Attribute, z.B. die Tapferkeit, mit frühneuzeitlichen, dem Neid anderer Nationen entspringenden Zuschreibungen (sie betreiben in allen Teilen der Welt erfolgreich Handel, aber keine Wissenschaft).

Johannes Barclay, der Völkerbeschreiber des frühen 17. Jahrhunderts, der in vielen Moréri-Versionen als Quelle für den spanischen Nationalcharakter herangezogen wird, greift im Wesentlichen auf die antik „belegten" Aussagen zurück. Auch Reiseberichte, namentlich die *Relation du voyage*

---

544 Vgl. Carlos MARTÍNEZ-SHAW, Origen y desarrollo de la Leyenda Negra, in: Miguel Ángel VEGA CERNUDA / Henning WEGENER (Hrsg.), España y Alemania. Percepciones mutuas de cinco siglos de historia, Madrid 2002, S. 63-66, hier: S. 63f. Siehe auch: Frauke GEWECKE, De „noveleros", „sediciosos" y un Catón „salvaje": La leyenda negra en el contexto de los conflictos religioso-políticos europeos (siglo 16) in: Estudios de literatura española y francesa: siglos XVI y XVII Frankfurt a.M. 1984, S. 237-254.

545 Vgl. BRIESEMEISTER, Das Bild des Deutschen in der spanischen und das Bild des Spaniers in der deutschen Literatur, S. 3.

546 Vgl. TIETZ, Das französische Spanienbild, S. 26.

d'Espagne der Gräfin d'Aulnoy, die z.B. im Zedlerschen Lexikon (und also auch im *Historisch- und Critischen Lexicon*) hinzugezogen wurden, schmücken die schon zuvor tradierten Topoi lediglich aus und führen weder zu einer Änderung des spanischen Images noch des enzyklopädischen Diskurses. (Auf das Phänomen, dass Reisende nur sehen, was sie bereits wissen, ist bereits in Kap. II.3 eingegangen worden.)

In vielen Lexika der Frühen Neuzeit wird den Spaniern eine „Begabung für die Wissenschaften" zugesprochen. Aber das heißt nicht, dass die Spanier nach Ansicht der Lexikonautoren tatsächlich Wissenschaft betrieben hätten! Es bedeutet vielmehr das Gegenteil: Sie könnten es, tun es aber nicht. Ihre Faulheit, ihre Gravität und ihr Hochmut wirkten jeglichem (geistigen) Fortschritt entgegen. Eine ganz ähnliche Struktur wies der Topos der mangelhaften Agrarwirtschaft Spaniens auf: Der spanische Boden wurde als überaus fruchtbar beschrieben, doch die Faulheit der Bewohner war der vermeintliche Grund für das Scheitern einer effizienten Bewirtschaftung. Bei den Wissenschaften werden ihnen ebenfalls gute Voraussetzungen (Begabung) attestiert, aber wieder stehen vor allem Faulheit und Hochmut der (diesmal geistigen) Ernte entgegen. Der Ursprung beider Topoi liegt in der Aussage Strabos über die „Nachlässigkeit" der Iberer beim Ackerbau und der Nicht-Nutzung ihrer natürlichen Ressourcen. Strabo war es auch, der einem Teil der Iberer „plumpe und schwerfällige" Gemüter zuschrieb. So gesehen ist Masson de Morvilliers' „skandalöse" Bemerkung, dass Spanien „seit zehn Jahrhunderten" nichts für die Menschheit getan habe, im enzyklopädischen Diskurs keine neue, sondern lediglich eine modifizierte Aussage. Von seinem Standpunkt aus gesehen wäre „seit achtzehn Jahrhunderten" sogar korrekter gewesen. Zwar wählte er in seinem Lemma drastischere Formulierungen und benutzte die rhetorische Figur der Steigerung; von der antik belegten, durch Nachlässigkeit hervorgerufenen „Unfähigkeit zum Ackerbau", die in nahezu allen Lexika des 17. und 18. Jahrhunderts tradiert wurde, zur „Unfähigkeit zur Wissenschaft" ist es jedoch nur ein verhältnismäßig kleiner Schritt. Die Aussage über die in der Scholastik stehen gebliebenen Spanier in den Ausgaben des *Allgemeinen Historischen Lexicon* und im *Groot algemeen Woordenboek* sowie die von Louis de Jaucourt in der *Encyclopédie* getroffene Aussage über die „fehlende" Industrie passen nicht zufällig hervorragend in dieses Bild hinein.

V. SCHLUSSBETRACHTUNG UND AUSBLICK

Das Ziel der vorliegenden Arbeit war, einzelne stereotype Aussagen innerhalb der enzyklopädischen Diskurse über Spanien und Portugal zunächst zu isolieren, in Längs- und Querschnitten ihre Verbreitung über einen Zeitraum von knapp 200 Jahren (1611 bis 1792) zu erforschen und schließlich ihren Ursprung zu ergründen. Als erstes Ergebnis kann gelten, dass sich in nahezu allen untersuchten Werken und über alle Sprach- und Staatsgrenzen hinweg stereotype Aussagen über die iberischen Staaten und deren Bewohner nachweisen lassen, und zwar in allen untersuchten Bereichen (Geographie, Wirtschaft, Politik, Religion und Gesellschaft). Die Annahme, dass Völker oder Nationen in ihrer Gesamtheit bestimmte Eigenschaften haben und einen spezifischen Charakter besitzen, liegt fast allen Lemmata über Spanien und Portugal zugrunde. Auch die als aufgeklärteste aller Enzyklopädien geltende *Encyclopédie* von Diderot und d'Alembert geht von festen „Nationalcharakteren" aus.[547] Diese Annahme spielt in alle Bereiche ein und z.B. auch dort eine Rolle, wo es um die Ökonomie geht: Die angebliche „Gravität" der Spanier wird unmittelbar mit der mangelhaften Agrarwirtschaft in Verbindung gebracht.

Die Erkenntnis, dass die in dieser Arbeit herausgearbeiteten stereotypen Aussagen über Spanien und Portugal und *die* Spanier und *die* Portugiesen nicht „wahr" sind, ist dabei weder überraschend noch bahnbrechend: Es liegt in der Natur des Phänomens, dass ein Stereotyp stets fiktiv ist. Interessanter und überraschender ist die Tatsache, dass fast alle untersuchten enzyklopädischen Werke der Frühen Neuzeit *dieselben* stereotypen Wendungen aufweisen bzw. denselben (literarischen) Traditionsbahnen folgen und sich aus demselben Topoi-Fundus bedienen. Auch wenn nicht alle Lexika Europas bzw. nicht alle Auflagen berücksichtigt werden konnten und sich auch nicht jede einzelne Aussage in jedem Werk findet, konnte eine starke Interdependenz der Diskurse nachgewiesen werden: Einzelne Aussagen über Spanien und Portugal und *die* Spanier und *die* Portugiesen fanden sich, manchmal leicht modifiziert, in den unterschiedlichsten Werken – unabhängig von Zeit, Raum und Sprache. Die Lexikographen, sofern es sich um Übersetzungen anderer Werke handelte, wichen in ihren Darstellungen nur selten vom Original ab, und auch Werke, die sich nicht primär als Überset-

547 Vgl. SCHULZE, Entstehung des nationalen Vorurteils, S. 646.

zungen verstanden (und titulierten), verwandten i.d.R. die gleichen Topoi wie andere Lexika. Viele der stereotypen Aussagen wiesen innerhalb des Zeitrahmens und auch darüber hinaus eine erstaunliche Beständigkeit auf. So fand sich der in Kap. IV.1.1 analysierte Rinderhaut-Vergleich, der 1611 erstmals im enzyklopädischen Diskurs nachgewiesen werden konnte, auch noch in einem modernen Lexikon von 1984.

Beim Aufwickeln der „Fäden" bzw. der wertenden Aussagen (*énoncés*), aus denen die portugiesischen und spanischen Images „gestrickt" waren, führte die Spur meist in eine weit zurückliegende Zeit, genauer: ins frühe 17. Jahrhundert (z.B. Vertreibung der Juden und Mauren), ins 16. Jahrhundert (*Leyenda Negra*), oft aber auch in die Antike der Zeitenwende (z.B. zu Strabo und Plinius). Insbesondere bei der Beschreibung der natürlichen Reichtümer (üppige Bodenschätze, extrem fruchtbarer Boden) Iberiens (analysiert in Kap. IV.1.) und der vermeintlichen spanischen und portugiesischen Nationalcharaktere (Kap. IV.5) rekurrieren die frühneuzeitlichen Lexika explizit und meist ausführlich auf antike Texte. Die getroffenen Aussagen basieren somit nicht auf aktuellen Informationen, sondern entspringen einer längst vergangenen Zeit. In französischen, britischen, deutschsprachigen, venezianischen, niederländischen, aber auch iberischen Lexika selbst folgte das Wissen über die iberischen Staaten und „Nationen" bereits ausgetretenen Pfaden bzw. speiste sich meist aus lange etablierten literarischen Topoi. Das *Image* der Iberer setzt sich daher jeweils aus Aussagen zusammen, die mitunter mehrere tausend Jahre alt waren. Kurz: Enzyklopädische Werke des 17. und 18. Jahrhunderts, die als Institutionen des Wissens und als Medien der Aufklärung par excellence gelten, trafen ihre *wertenden* Aussagen über Iberien auf der Grundlage antiker, d.h. mitunter antiquierter Befunde. Um keine Missverständnisse aufkommen zu lassen, sei nochmals betont: Die Macher der Enzyklopädien wollten ihre Leser nicht etwa täuschen. Der Rückgriff auf die „Alten" war im Gegenteil geradezu ein Qualitätsmerkmal für einen Lexikoneintrag, denn aus klassischen (kanonischen) Schriften ließ sich vermeintlich das „wahre", das „gute" Wissen generieren.

Die Erkenntnisse über die weite räumliche Verbreitung und die Permanenz der Aussagen zeigen, dass die diskursgeschichtliche Herangehensweise eine sinnvolle, ja die *einzig mögliche* Methode für die Untersuchung nationaler Stereotypen in enzyklopädischen Werken ist.[548] Denn wenn sich dieselbe Aussage über Portugal oder Spanien, die ein Lexikon des späten (oder gar frühen) 17. Jahrhunderts verzeichnet, in einem Lexikon des späten

548 Zur Verbreitung und Permanenz von stereotypen Darstellungen auch einer einzelnen berühmten Persönlichkeit in Enzyklopädien siehe: Debora GERSTENBERGER, Herodes, einer der „allerlasterhafftigsten" Könige. Herodes der Große in deutschen enzyklopädischen Lexika des 18. Jahrhunderts, in: Gymnasium. Zeitschrift für Kultur der Antike und Humanistische Bildung 113/3, 2006, S. 253-276.

18. Jahrhunderts wieder findet – wie sollte man sie dann aus ihrem jeweiligen politischen, wirtschaftlichen und gesellschaftlichen Kontext erklären können? In dem Moment, in dem venezianische, niederländische und britische Enzyklopädien das Gleiche über ehemalige Besatzer bzw. politische Gegner verlautbaren wie eine spanische Enzyklopädie über die eigene Nation, lassen sich kaum Rückschlüsse auf politische Konstellationen oder wirtschaftliche und kulturelle Entwicklungen ziehen. Anders gesagt: Die herkömmliche äußere und innere Quellenkritik, also Fragen nach Autor, Verlag, Rezipienten etc. und danach, was der Text „wollte" oder sollte, führt bei der Untersuchung nationaler Stereotypen in enzyklopädischen Werken i.d.R. nicht weit.

Was bedeutet es nun, dass stereotype Aussagen über Iberien in Nachschlagewerken der Frühen Neuzeit existieren, dass sie zum großen Teil aus längst vergangenen Epochen stammen und dass sie an verschiedenen Orten und zu verschiedenen Zeiten (oft unverändert!) immer wieder aufgegriffen wurden? Mehr als über Spanien und Portugal im 17. und 18. Jahrhundert und über jene Länder, die ihr Bild in Enzyklopädien (zuerst) entwarfen, lernen wir über das Wissen als solches bzw. über seine frühneuzeitlichen Repräsentanten: die enzyklopädischen Lexika. Wörterbücher und Enzyklopädien der Frühen Neuzeit stehen für das Vertrauen in die Macht des Wissens[549] bzw. für das Vertrauen, Wissen „wahrheitsgemäß" an den Leser weitergeben zu können. Der „Wille zur Wahrheit" und der „Wille zur (alphabetischen) Ordnung" waren offensichtlich Faktoren, die zur Kanonisierung bzw. Normierung des Wissens wesentlich beitrugen. Der „Raum des Sagbaren" wurde nicht durch die jeweilige Gesellschaft, also durch ihre Macher und Rezipienten, definiert – vielmehr war die „Wahrheit" (über Iberien) eng an das Medium des enzyklopädischen Lexikons gekoppelt. Gleichgültig, ob die Lexikographen, Herausgeber, Kompilatoren, Autoren protestantisch (z.B. Johann Franz Buddeus, Johann Heinrich Zedler) oder katholisch (z.B. Louis Moréri, Antonio Sancha, Antoine Bruzen de la Marinière) waren, ob britischer, niederländischer, französischer, spanischer etc. Herkunft – die Aussagen über äußere Parameter der iberischen Länder und die „Nationalcharaktere" ihrer Bewohner bleiben, mit einigen Ausnahmen, über viele Jahrzehnte hinweg ähnlich bestehen. Der bereits vorhandene enzyklopädische Diskurs über Spanien und Portugal mit seinen begrenzten Aussagen gab den Rahmen vor, in dem ein anderes Lexikon sein „gesichertes" Wissen ausbreiten konnte. Der einzelne Autor konnte sich nicht entziehen, sondern *musste* schreiben, was schon in anderen Nachschlagewerken verbreitet wurde. Wer abwich, lag nicht mehr „im Wahren". Positiv formuliert: Die Autoren traten – zugunsten oder als Zeichen einer vermeintlich größeren Objektivität – hinter ihre Texte (Lexikoneinträge) zurück und rekurrierten auf bereits vorhandene „Wahrheiten". Zumindest in Ansätzen

549 SCHNEIDER / ZEDELMAIER, Wissensapparate, S. 349.

wird dies auch heute praktiziert: Ob *Brockhaus*, *Encyclopedia Britannica* oder *Kindlers Literaturlexikon* – am Ende der Lemmata sind stets nur die Initialen der Autoren vermerkt, nicht ihre Namen. Wen kümmert's, wer spricht, wenn er die Wahrheit spricht bzw. das, was jeder ohnehin schon (aus anderen Werken) weiß?

Der inhaltliche Gattungszwang wirkte so stark, dass auch der *Gran Diccionario Historico* stereotype Charakterisierungen der Spanier wörtlich übernahm, die der *Grand Dictionnaire Historique* und in ähnlicher Form das *Great Historical Dictionary* zuvor verzeichneten – und zwar trotz der Beteuerung der *Libreros*, alle beleidigenden Äußerungen über die spanische Nation getilgt zu haben. In manchen iberischen Werken veränderten die Autoren bestimmte Aussagen – durch Weglassen oder Modifizierung einiger Ausdrücke – zugunsten ihres eigenen Landes. Und doch bleiben die Grundaussagen meist bestehen. Eklatante Abweichungen, z.B. die detaillierten Beschreibungen der Minen in der spanischen Moréri-Ausgabe oder die langen Ausführungen Bluteaus über die Vorzüge Portugals, sind selten und haben im enzyklopädischen Diskurs keine Chance auf weitere Tradierung. Ende des Jahrhunderts, bei dem Skandal um die *Encyclopédie Methodique* und bei deren Übertragung ins Spanische wird deutlich, dass Widerspruch möglich ist. Doch auch Velasco folgt bei der Beschreibung der Spanier, insbesondere bei deren „positiven" Eigenschaften, größtenteils alten Wissensbahnen.

Interessant und eine weitere Überlegung wert ist der Befund, dass die Übernahme kanonischer Aussagen speziell bei der Gattung der Enzyklopädie im engeren Sinne und dem historischen oder geographischen Wörterbuch zu beobachten ist. Jene im Rahmen dieser Arbeit untersuchten enzyklopädischen Werke, die *nicht* in deren Tradition stehen, weisen weniger stereotype Beschreibungen der eigenen, aber auch fremder Nationen auf. Bspw. war Feijoo Autor eines „kritischen Theaters", nicht Autor eines alphabetisch verschlagworteten geographischen Wörterbuchs, eines Lexikons oder einer Enzyklopädie. Ist dies der Grund, warum er lange tradierte Vorurteile nicht reproduzieren musste, sondern widerlegen „durfte"? Befreite ihn die literarische Form des *Theatrums* von gattungsspezifischen Zwängen?

Angesichts dieser Ergebnisse sind Zweifel angebracht, wenn es in der Forschung heißt, Enzyklopädien urteilten „seit dem ausgehenden 17. Jahrhundert immer genauer und tendenzfreier", wie Ulrich Johannes Schneider und Helmut Zedelmaier postulieren[550] oder spiegelten stets den „Wandel von Mentalitäten und Einstellungen"[551] wider. Zumindest in der Bewertung

550 Wörtlich heißt es dort: „Bayle setzt mit seinem Werk ein Element in die Welt, das in der Geschichte der Enzyklopädie durchgängig tonangebend werden wird: immer genauer und immer tendenzfreier zu urteilen", ebd., S. 360.

551 Vgl. TOMKOWIAK, Vorwort, S. 9.

der iberischen Nationen trifft dies nicht zu. Aus dem Befund, dass die Aussagen vieler Lexika ähnlich oder gar identisch sind, sollte sich freilich nicht die Schlussfolgerung ergeben, es sei immer nur ein einziges Werk zu untersuchen. Vielmehr ist das Gegenteil der Fall: Für die Analyse eines einzelnen Lemmas ist es unerlässlich, zunächst vom Meta-Diskurs auszugehen und die jeweiligen Aussagen in früheren, womöglich als Vorbilder dienenden enzyklopädischen Werken zu prüfen. Erst dann kann – vielleicht – eine Bewertung und Interpretation eines einzelnen Textes oder einer einzelnen Aussage vorgenommen werden.

Aber auch wenn eine Enzyklopädie eben *kein* zuverlässiger Indikator für die jeweiligen gesellschaftlichen Diskurse ihrer Zeit ist (hätten Spanier in einem ureigenen Werk, also ohne Vorlage des *Grand Dictionnaire*, die gleichen Aussagen über das eigene Land getroffen, wie es im *Gran Diccionario* geschehen ist?), muss man davon ausgehen, dass ihre Informationen in umgekehrter Richtung wirksam wurden, nämlich durch das Lexikon in die Gesellschaft gelangten, und dass Enzyklopädien für die Verbreitung bestimmter Klischees und Stereotypen daher eine große Rolle spielten. Als Werke, die überindividuelles Wissen verzeichnen wollen und denen der *Lesemodus des Konsultierens* eigen ist (keine Enzyklopädie ist auf Ganzschriftlektüre ausgelegt), wirken sie auf die Diskurse ihrer Zeit ein und sind für die Verbreitung bestimmter „Wahrheiten" von großer Bedeutung. Mit anderen Worten: Die Aufnahme der seit der Antike bestehenden vermeintlichen Nationalcharaktere in die enzyklopädischen Lexika trug zu deren Popularisierung und Kanonisierung bei. Immerhin wurden sie nun mit der Autorität eines Nachschlagewerks behauptet und der lesenden, schreibenden und diskutierenden Öffentlichkeit als glaubwürdige Tatsache dargeboten.[552]

An diesem Punkt könnten weitere historische Forschungsprojekte ansetzen: So wären die Auswirkungen des Spanien- und Portugalbildes in frühneuzeitlichen Lexika auf literarische und wissenschaftliche Werke und in der Folge auch auf politisches Handeln zu untersuchen. Denn die Festschreibung des spanischen Images durch andere hatte große Folgen für die Selbstwahrnehmung der Spanier. „Perhaps more than most peoples, Spaniards have allowed their identity to be formulated by others", schreibt Richard Herr.[553] Die Ansicht, dass die Pyrenäen die „Wetterscheide der Kultur" waren, wurde nicht nur von Franzosen des 18. Jahrhunderts vertreten. Es war der spanische Philosoph José Ortega y Gasset (1883–1955), der das viel zitierte „desaströse Fehlen des 18. Jahrhunderts" (*esta desastrosa ausencia del siglo XVIII*) in Spanien konstatierte.[554] Erst in den 1940er Jahren setzte

552 Vgl. PAUL, Zur Tradierung von Nationalstereotypen, S. 217.

553 Vgl. HERR, Forms of Identity in Iberia, S. 210.

554 Vgl. HAßLER, Intertexte der europäischen Aufklärung, S. 164.

die Auseinandersetzung mit der – sehr wohl vorhandenen – spanischen Aufklärung ein.[555]

Vielleicht kann man auf diese Weise auch so manchem Irrtum auf die Spur kommen. So gilt Montesquieu als einer der Hauptverantwortlichen für die Tradierung und Popularisierung der *Leyenda Negra* im 18. Jahrhundert und seine fiktiven *Lettres persanes* (1721) als der Grundstein für die antispanische Polemik französischer Aufklärer.[556] Im berühmten 78. Brief der *Lettres persanes* beschreibt er die Spanier, welche er übrigens mit den Portugiesen vermengt, als stolz, faul, bigott und als grausame imperialistische Herrscher.[557] Außerdem heißt es dort über Spanien: „Ils disent que le soleil se lève et se couche dans leur pays: mais il faut dire aussi qu'en faisant sa course il ne rencontre que des campagnes ruinées et des contrées désertes." Zwei der von Montesquieu benutzen Adjektive (faul, stolz), die Bezeichnung Spaniens als das „Reich, in dem die Sonne niemals untergeht" und auch die Aussage über brach liegende und bevölkerungsarme spanische Territorien sind, wie diese Arbeit gezeigt hat, jedoch bereits *vor* 1721 in vielen Lexikoneinträgen durchaus üblich. Auch andere Topoi in dem besagten Brief Montesquieus, bspw. die „strenge Inquisition" und die zahlreichen Gold- und Silberminen, finden sich in früheren enzyklopädischen Werken. Eine eingehende Analyse der Aussagen Montesquieus sowie anderer französischer Aufklärer und ein Vergleich mit Enzyklopädien-Lemmata wären sicherlich lohnend und interessant. Schillers Drama „Don Karlos" gilt indes als *die* deutsche literarische Manifestation der Schwarzen Legende. Als Schiller 1782 mit seiner Arbeit am Drama begann, hat er, so Ulrike Hönsch,

---

555 Zur Aufklärung in Spanien und Portugal siehe z.B. Christoph FRANK / Sylvaine HÄNSEL (Hrsg.), Spanien und Portugal im Zeitalter der Aufklärung. Internationales Symposium der Carl-Justi-Vereinigung und des Forschungszentrums Europäische Aufklärung Potsdam, 19.–22. Februar 1998, Frankfurt a.M. 2002; Siegfried JÜTTNER, Spanien – Land ohne Aufklärung? Zur Wiedergewinnung eines verdrängten Erbes, in: Ders., Europäische Aufklärung(en): Einheit und nationale Vielfalt, Hamburg 1992, 249-268; ders., Spanien, S. I-X; Antonio MESTRE SANCHIS, La Ilustración española, Madrid 1998; Daniel-Henri PAGEAUX, La España de la Ilustración juzgada por la Francia de las Luces, in: Siegfried JÜTTNER (Hrsg.), Spanien und Europa im Zeichen der Aufklärung, Frankfurt a.M. / Bern / New York / Paris 1991, S. 197-210; María Dolores ALBIAC, Les voies des Lumières. Le monde ibérique ou XVIIe siècle. Los caminos de la razón, Paris 1998; Ana ARAUJO, A Cultura das Luzes em Portugal. Temas e problemas, Lissabon 2003; Lucienne DOMERGUE, Censure et lumière dans l'Espagne de Charles III, Paris 1982; Klaus-Dieter ERTLER, Kleine Geschichte der spanischen Aufklärungsliteratur, Tübingen 2003; Roberto FERNANDEZ DIAZ, La época de la Illustración: sociedad y cultura en el siglo XVIII, Madrid 1997; Reyes MATE / Friedrich NIEWÖHNER (Hrsg.), La ilustración en España y Alemania, Barcelona 1989.

556 HERR, Forms of Identity in Iberia, S. 210.

557 Vgl. Charles de Secondat MONTESQUIEU, in: Hans HINTERHÄUSER (Hrsg.), Spanien und Europa. Stimmen zu ihrem Verhältnis von der Aufklärung bis zur Gegenwart, München 1979, S. 39-42, hier: S. 39.

keine konkrete Vorstellung von Spanien besessen und seinen Schwager um die Zusendung von Staatskunden und Geschichtswerken gebeten, aus denen er sein Völkerbild gewinnen konnte.[558] Ob er und andere Literaten nicht auch Enzyklopädien und geographische Wörterbüchern konsultiert haben?

Nicht nur die Frühe Neuzeit bietet ein weites Feld für weitere Forschungen; der Wissenshorizont der Moderne ist gleichsam durch ähnliche Diskurse beschränkt. Oder was bedeutet es, wenn ein Historiker wie Michelet in der 16-bändigen *Histoire de France* (1837-1867) von einer „schrecklichen [physischen und geistigen] Sterilität" (*stérilité terrible*) Spaniens schreibt, und davon, dass die Inquisition hier „allein" regiert habe? Abgesehen davon reproduziert er auch sonst fast alle üblichen negativen Aussagen des 18. Jahrhunderts über Spanien.[559] Und was sagt es aus, dass sich Spanier aller Regionen in einer 1981 durchgeführten repräsentativen Umfrage als „religiös" und „stolz" (*orgulloses*) bezeichnen?[560] Unnötig zu erwähnen, dass der stolze Spanier auch überall sonst in aller Munde und Köpfen ist. Die Liste ließe sich endlos fortsetzen, und in allen Beispielen klingen die in dieser Arbeit analysierten Aussagen frühneuzeitlicher Lexika an. Es wäre folglich sinnvoll und nötig, bei der historischen (Stereotypen-) Forschung stets diese Werke zu berücksichtigen und zu prüfen, inwieweit sie zur Verfestigung eines bestimmten Stereotyps beigetragen haben.

Fruchtbar wäre außerdem die Untersuchung von Enzyklopädien des 19. Jahrhunderts. Dass Stereotypen beständig sind und sich gleichsam flexibel an politische und gesellschaftliche Umstände anpassen können[561] (indem nämlich die zugeschriebenen Eigenschaften die selben bleiben, die Bewertung sich jedoch ändert), beweist ein Blick in eine der größten deutschen Enzyklopädien: den „Krünitz" (242 Bände zwischen 1773 und 1858). In dem 1832[562] erschienenen Spanien-Lemma wird konstatiert, dass der „Charakter des Spaniers" von „ausgezeichneten Eigenschaften" sei. Gleich darauf erfährt der Leser den Grund für die positive Bewertung: „Die Spanier haben einen hohen Grad von Patriotismus, den sie besonders bei der Invasi-

558 HÖNSCH, Wege des Spanienbildes, S 4f.

559 Michelet *Oeuvres complètes* (VII, 130f). „Michelet was the heir of the philosophes of the eighteenth century, who gave the leyenda negra, that general defamation of things Spanish, a stridency and a volume unknown before or since. … Michelet reproduces the eighteent-century attitude toward Spain and shows nothing of the romantic, Carmen-plus-bullfight Hispanophilia", Ronald HILTON, A fundamental Michelet Antithesis: North versus South, France versus Spain, in: Ders., Four Studies in Franco-Spanish Relations, Toronto 1943, S. 1-36, hier: S. 2.

560 Dies sind zwei der fünf meistgenannten Adjektive von 26. Vgl. SANGRADOR GARCIA, Estereotipos de las Nacionalidades y regiones de España, S. 133.

561 Zu Stabilität und Wandel von Stereotypen aus sozialpsychologischer Perspektive siehe das Kapitel „Estabilidad y cambio de los estereotipos", ebd., S. 24-29.

562 Art. „Spanien", in: Johann Georg KRÜNITZ (Hrsg.), Ökonomisch-technologische Enzyklopädie (242 Bde.), Berlin 1773–1858, Bd. 156, S. 167-233.

on der Franzosen unter Napoleon bewiesen haben, Zuverlässigkeit und Haltung des gegebenen Wortes, Tapferkeit und tiefes Ehrgefühl."[563] Auffällig ist hier, dass die Klischees der Standhaftigkeit und der Tapferkeit, die aus der Antike stammen und auch in den Enzyklopädien des 17. und 18. Jahrhunderts auftauchen, besonders positiv hervorgehoben werden. Allerdings, und auch hier trifft der Leser auf altbekannte stereotype Formulierungen, träten diesen guten Eigenschaften „Rachsucht, Unversöhnlichkeit und hohe Einbildung von eigenen Vorzügen" entgegen. Für die Arbeit dünke sich der Spanier „zu vornehm", seine Geburt stelle er „zu hoch". Immerhin ist der Autor des Krünitz-Artikels geneigt, einige Dinge zu widerlegen, die man „früher" erzählte: Dass der „gemeine spanische Mann" seinen Stammbaum an den Wänden aufhänge, der Bauer „den Degen beim Pfluge" und der „geringe Edelmann" sich einbilde, „von eben so vornehmen Geschlechte zu seyn, als der König", all das sei „nur ein Mährchen".[564] Wenn stereotype Aussagen für die antispanische Propaganda missbraucht werden konnten, wie in der *Encylopédie* und in der *Encyclopédie Methodique* geschehen, konnten sie offensichtlich genauso gut für die Verteidigung instrumentalisiert werden. Hier zeigt sich ein Charakteristikum im Gebrauch von Stereotypen: Das Bild ist schon da, wird aber in einer bestimmten Situation „blitzartig hochemotional"[565] aufgeladen. Aus diesem Grunde sind positive stereotype Zuschreibungen nicht unbedingt ungefährlicher als negative.

Bleibt zu bemerken, dass auch der moderne enzyklopädische Diskurs über Iberien keinesfalls frei von Stereotypen ist. Oder wie sollte man z.B. die lapidare Bemerkung des *Kleinen Ploetz* von 1999 einordnen: „Im 18. Jh. dringen die Ideen der französischen Aufklärung in Spanien ein, bleiben aber auf die Wirtschaft beschränkt."[566] Auch folgende Aussagen des *Großen Ploetz* lassen tief blicken:

> Spanien bleibt bis zum Ende des 18. Jhs. insgesamt ein verhältnismäßig zurückgebliebenes, typisch mediterranes *Agrarland*. ... Angesichts eines schwachen, adligen Lebensstil nachahmenden Bürgertums beherrschen ausländische Kaufleute und Unternehmer den spanischen Außenhandel. Die sozioökonomischen Modernisierungsbemühungen des aufgeklärten Absolutismus im 18. Jh. sind auf der Meseta [= im Inland] wenig erfolgreich; die peripheren Provinzen erleben dagegen in dieser Zeit einen industriellen Aufschwung.[567]

---

563 Ebd., S. 176. Das Lemma ist nicht in Sublemmata eingeteilt. Informationen zu den Eigenschaften der „Bewohner Spaniens" im weitesten Sinne (Sitten, Physiognomie, Charakter, Religion inkl. Inquisition, Wissenschaften, Erziehung) finden sich ebd., S. 174-182.

564 Ebd., S. 177.

565 HAHN / HAHN, Nationale Stereotypen, S. 50.

566 DER KLEINE PLOETZ. Hauptdaten der Weltgeschichte, Freiburg [37]1999, S. 335.

567 DER GROßE PLOETZ. Auszug aus der Geschichte von den Anfängen bis zur Gegenwart [31]1991, S. 700.

Die allgemeine Rückständigkeit Spaniens, die ökonomischen Nachteile durch (adeligen) Müßiggang, die schon von Strabo konstatierte höhere Entwicklung der peripheren Provinzen, all das klingt hier, wenn auch abgeschwächt und in gewandelter Form, noch an. Was Jahrhunderte lang in Lexika als „Wahrheit" dargeboten wurde, kann offensichtlich auch heute nicht einfach ad acta gelegt werden.

Foucaults Frage „Wie kommt es, dass man in einer bestimmten Epoche gewisse Dinge aussprechen kann und andere nicht?" sollte man, insbesondere bei der Beschäftigung mit Nachschlagewerken, die Frage anschließen: „Wie kommt es, dass man in und mit bestimmten Medien – jederzeit und überall – gewisse Dinge verbreiten kann und andere nicht?"

QUELLEN UND DARSTELLUNGEN

QUELLEN

Enzyklopädische Lexika des 17. und 18. Jahrhunderts

[ALLGEMEINES HISTORISCHES LEXICON (1709)] Allgemeines Historisches Lexicon in welchem das Leben und die Thaten derer Patriarchen / Propheten / Apostel / Väter der ersten Kirchen / Päbste / Cardinäle / Bischöffe / Prälaten / vornehmer Gottes = Gelahrter / nebst denen Ketzern / wie nicht weniger derer Kayser / Könige / Chur= und Fürsten [...] in alphabetischer Ordnung mit bewehrten Zeugnissen vorgestellet werden (2 Bde. in vier „Theilen") Leipzig (Thomas Fritsch) 1709 [Supplement: 1714].

[ALLGEMEINES HISTORISCHES LEXICON (1722)] Allgemeines Historisches Lexicon, in welchem das Leben und die Thaten derer Patriarchen/ Propheten/ Apostel/ Väter der ersten Kirchen/ Päbste/ Cardinäle/ Bischöffe/ Prälaten/ vornehmer Gottes=Gelahrten/ nebst denen Ketzern/wie nicht weniger derer Kayser/ Koenige/ Chur= und Fuersten/ grosser Herren und Ministern/ ingleichen derer berühmten Gelahrten/ Scribenten und Künstler/ ferner ausführliche Nachrichten von den ansehnlichsten Gräflichen/ Adelichen und andern Familien/ von Conciliis, Münchs= und Ritter=Orden/ Heydnischen Goettern/ etc. und endlich die Beschreibungen derer Kaeyserthümer/ Königreiche/ Fürsten=thümer/freyer Staaten/ Landschafften/ Inseln/ Städte/ Schlösser/ Klöster/ Gebürge/ Flüsse und so fort/ in Alphabetischer Ordnung mit bewehrten Zeugnissen vorgestellet werden. Andere und vermehrte Auflage, Leipzig (Thomas Fritsch) 1722.

[ALLGEMEINES HISTORISCHES LEXICON (1730–32)] Allgemeines Historisches Lexicon in welchem das Leben und die Thaten derer Patriarchen/ Propheten/ Apostel/ Väter der ersten Kirchen/ Päbste/ Cardinäle/ Bischöffe/ Prälaten/ vornehmer Gottes=Gelahrten/ nebst denen Ketzern/ wie nicht weniger derer Kayser, Koenige, Chur= und Fuersten, grosser Herren und Minister, ingleichen derer berühmten Gelahrten, Scribenten und Künstler/ ferner ausführliche Nachrichten von den ansehnlichsten Gräflichen, Adelichen und andern Familien, von Conciliis, Münchs= und Ritter=Orden, Heydnischen Goettern, etc. und endlich die Beschreibungen derer Kaeyserthümer, Königreiche, Fürsten= thümer, freyer Staaten, Landschafften, Inseln, Städte, Schlösser,Klöster, Gebürge, Flüsse und so fort, in Alphabetischer Ordnung mit bewehrten Zeugnissen vorgestellet werden. Dritte um vieles vermehrte und verbesserte Auflage, Leipzig (Thomas Fritsch sel. Erben) 1730–1732.

[AMARANTHES] Amaranthes (alias Gottlob Siegmund Corvinus), Nutzbares, galantes und curiöses Frauenzimmer-Lexicon: Worinnen nicht nur Der Frauenzimmer geistlich- und weltliche Orden, Aemter, Würden ... Professionen und Gewerbe, Privilegia und Rechtliche Wohltaten ... Nahmen und Thaten der Göttinnen, Heroinen, gelehrter Weibes-Bilder, Poetinnen, Ketzerinnen, Quackerinnen, Schwärmerinnen ...; sondern auch ein Gebackens-Buch, samt denen darzu gehörigen Rissen, Taffel-Auffsätzen und

Küchen-Zettuln, ordentlich nachdem Alphabet ... abgefaßt ... dem weiblichen Geschlechte insgesamt zu sonderbaren Nutzen, Nachricht und Ergötzlichkeit auff Begehren ausgestellet. Leipzig (Gleditsch) 1715 [Neudruck: Frankfurt a.M. 1980].

[BASLER LEXICON] Neu=vermehrtes Historisch= und Geographisches Allgemeines Lexicon, in welchem das Leben / die Thaten / und andere Merckwürdigkeiten deren Patriarchen / Propheten / Apostel / Vätter der erste Kirchen [...] und nicht weniger derer Käyser / Königen / Chur= und Fürsten / Grafen, grosser Herren [...] auß allen vorhin ausgegebenen und gleichen Materien handelnden Lexicis [...] zusammen gezogen / dißmahlen von neuem mit Fleiß gantz übersehen / von einer grossen Anzahl Fehlern / die noch immer in denen alten Ausgaben geblieben waren / gereinigt [...] von Jacob Christoff Iselin (4 Bde.) Basel (Brandmüller) 1726–1727.

[CYCLOPÆDIA (1741–1743)] Chambers, Cyclopædia, or, an Universal Dictionary of Arts and Sciences, London (2 Bde.) 1741–1743.

[CYCLOPÆDIA (1750)] Chambers, Cyclopædia, or, an Universal Dictionary of Arts and Sciences, London (2 Bde.) 1750.

[DICCIONARIO DE AUTORIDADES] Diccionario de la Lengua Castellana en que se explica el verdadero sentido de las Voces, su Naturaleza y Calidad ..., hrsg. v. der Real Academia Española, Madrid (Francisco del Hierro, Impressór de la Real Académia Española) 1726–1737.

[DICCIONARIO GEOGRAFICO CAPMANY] Diccionario Geográfico Universal que comprehende la descripción de las quatro Partes del Mundo; Y de las Naciones, Imperios, Reynos, Repúblicas y otros Estados, Provincias, Territorios, Ciudades, Villas y Lugares memorables ... Quarta edicion, corregida y enmendada por D. Antonio [de Capmany y de] Montpalau, 4. Aufl., Bd. 1 [A–F], Madrid (Miguel Escribano, Real Comp. de Impresores, Libreros etc. Marin Dr.) 1783 bzw. Quinta edicion, corregida y enmendada por D. Antonio [de Capmany y de] Montpalau, 5. Aufl. Bd. 2 [G–O] u. 3 [P–Z], Madrid (Miguel Escribano, Real Compañia de Impresores, Libreros etc. Marin Dr.) 1793.

[DICCIONARIO GEOGRAPHICO LA-SERNA] La-Serna, Juan de, Diccionario geographico, ò Descripcion de todos los Reynos, Provincias, Islas, Patriarchados, Obispados, Ducados... de las quatro partes del mundo, con la Noticia de los Reynos, Provincias, y Territorios en que se Hallan... & c. ... Obra Util para la Inteligencia de la Historia Moderna, y negocios presentes: Escrita primeramente en el Idioma Inglès por Lorenzo Echard: Traducida al Francès de la XIII. Ediccion de Londres por Mr. Vosgien, Canonigo de Vaucoulers, con muchas correcciones, y adicciones: y ahora nuevamente al Castellano de la ultima impression de Paris, con varias correcciones, y adicciones, por lo que mira à España, y aumento de un numero considerable de Pueblos de ella: por D. Juan de La-Serna; escrito en Inglés y traducido del Francés al Castellano por D. Juan de La-Serna, Madrid (Viuda de Peralta) [1750].

[DICTIONNAIRE DE TREVOUX] Dictionnaire universel françois et latin, vulgairement appelé dictionnaire de Trévoux, Contenant la signification & la Définition des mots de l'une & de l'autre Langue; avec leur différens usages; les termes propres de chaque Etats & de chaque Profession: La description de toute les choses naturelles & artificielles; leurs figures, leurs espèces, leurs propriétés: L'Explication de tout ce que renferment les Sciences & les Art, foit Libéraux, foit Méchaniques & c. Avec des Remarques d'Érudition et de critique: Le tout tiré des plus excellens Autreurs, des meilleurs Lexicographes, Etymologistes & Glossaires, qui ont paru jusq'ici en different Langues.

Nouvelle Édition, corrigée et considérablement augmentée (8 Bde.) Paris (Compagnie des Libraires Associés) 1771 [Nachdruck: Genf 2002].

[DICTIONNAIRE GEOGRAPHIQUE ET CRITIQUE] Le Grand Dictionnaire Geographique Et Critique, Par M. [Antoine Augustin] Bruzen la Martiniere, Géographe de Sa Majesté Catholique Philippe V. Roi des Espagnes et des Indes. (9 Bde.) La Haye (Pierre de Gosse, Pieter de Hondt, Alberts) – Amsterdam (Hermannus Uytwerf, François Changuion) – Rotterdam (Jean Daniel Beman) 1726–1738.

[DICTIONNAIRE GEOGRAPHIQUE PORTATIF (1747)] [Ladvocat, Jean-Baptiste] Dictionnaire géographique Portatif, ou description de tous les Royaumes, Provinces, Ville, Patriarchats, Eveches, Duches, Comtes, Marquisats, Villes Iperiales et anséatiques, Ports, Forteresses, Citadelles, et autres Lieux Considerables des Quatre Parties du Monde. Dans lequel on indique en quels Royaumes, Province, et contrées ces Lieux se trouvent, les princes dont ils dependent, les Rivieres, Bayes, Mers, Montagnes, & c. Sur lesquels ils sont situés, leur distance en lieues françoises des places remarquables des environs. Avec leur longitude & leur latitud selon les meilleurs Cartes. Les Sieges que les villes ont soutenus, les Grands Hommes qu'elles ont produits, & c. les Lieux ou se sont données les principales Batailles. Ouvrage Tres-utile pour l'intelligence de l'Histoire moderne et des Affaires presentes. Traduit de l'Anglois Sur la treiziéme Edition de Laurent Echard, avec des additions & des corrections considérables, Par Monsieur Vosgien, Chanoine de Vaucouleurs. Paris (Didot) 1747.

[DICTIONNAIRE GÉOGRAPHIQUE PORTATIF (1748)] [Jean-Baptiste Ladvocat] Dictionnaire géographique Portatif, ou description de tous les Royaumes, Provinces, Ville, Patriarchats, Eveches, Duches, Comtes, Marquisats, Villes Imperiales et anséatiques, Ports, Forteresses, Citadelles, et autres Lieux Considerables des Quatre Parties du Monde. Dans lequel on indique en quels Royaumes, Province, et contrées ces Lieux se trouvent, les princes dont ils dependent, les Rivieres, Bayes, Mers, Montagnes, & c. Sur lesquels ils sont situés, leur distance en lieues françoises des places remarquables des environs. Avec leur longitude & leur latitud selon les meilleurs Cartes. Les Sieges que les villes ont soutenus, les Grands Hommes qu'elles ont produits, & c. les Lieux ou se sont données les principales Batailles. Ouvrage Tres-utile pour l'intelligence de l'Histoire moderne et des Affaires presentes. Traduit de l'Anglois Sur la treiziéme Edition de Laurent Echard, avec des additions & des corrections considérables, Par Monsieur Vosgien, Chanoine de Vaucouleurs. Troisieme Edition, Dans la quelle on a mis les Additions en Place, & corrigé les Fautes de la seconde (2 Bde. in einem Bd.) La Haie (Daniel Aillaud) 1748.

[DICTIONNAIRE GÉOGRAPHIQUE PORTATIF (1778)] [Jean-Baptiste Ladvocat], Dictionnaire géographique-portatif, ou Description des Royaumes, Provinces, Villes, Patriarchats, Évéchés, Duchés, Comtés, Marquisats, Villes impériales et anséatiques, Ports, Fortresses, Citadelles, Et autres Lieux considérables des quatre parties du Monde; Dans lequel on indique en Royaumes, Provinces & Contrées, ces lieux se trouvent: les Princes dont ils dépendent; les Rivieres, Baies, Mers, Montgnes, &c. sur lesquelles ils sont situés: leur distance, en lieues Françoises, des Places remarquables des environs, avec leur longitude & leur latitude, selon les meilleures & plus nouvelles Carte: les Sieges que les Villes ont soutenus, les grands Hommes qu'elles ont produits, &c. les lieux où se sont données les principales Batailles. Traduit de l'Anglois, sur la treizieme Édition de Laurent Échard, par Mr. Vosgien, Chanoine de Vaucouleurs. Nouvelle Édition corrigée, & augmentée de la Géographie ancienne, Paris (Libraires Associés) 1778.

[DICTIONNAIRE UNIVERSEL CORNEILLE] Thomas Corneille, Dictionnaire Universel, Géographique et Historique, contenant La Description Des Royaumes, Empires, Estats,

Province, Pays, Contrées, Deserts, Villes, Bourg, Abbayes, Chasteaux, Forteresses, Mers, Rivières, Lacs, Bayes, Golphes, Détroits, Caps, Isles, Presqu'Isles, Montagnes, Vallées. La Situation, L'Estenduë, Les Limites, les distances de chaque Pays ; La Religion, Les Mœurs, Les Coustumes, le Commerce, Les Cérémonies Particulières des Peuples, & ce que l'Histoire fournit de plus curieux touchant les choses qui s'y sont passées. Le Tout Recuëilli des meilleurs Livres de Voyages & autres qui ayent paru jusqu'apresent. Par M. [Thomas] Corneille, de l'Académie Françoise, & de celle des Inscriptions & des Medailles (3 Bde.) (Jean Baptiste Coignard) 1708.

[DIZIONARIO GEOGRAFICO PORTATILE] Dizionario Geografico Portatile, ovvero Descrizione di tutti i Regni, Provincie, Città, Patriarcati, Vescovati, Forti, Fortezze, Cittadelle, ed altri luoghi considerabili delle quattro parti del mondo; in cui Dichiarasi in qual Regno, Provincia, o Distretto questi luoghi si trovano, i Principi, a cui sono foggetti; i Fiumi, Baje, Capi, Mari, Monti, ec. ove sono situati; lovo distanze di loughi circonvicini più rimarchevoli, colla lovo longitudine, e latitudine giusta le migliori carte. Traduzione dall' Originale Inglese nel Francese, e da Questo nell' Italiano. , nuovamente Corretta, ed arricchita da un celebre Professore di molte aggiunte considerabili non più stampare; e di una nuova Carta Generale di tutte le quattro parti del mondo Del Ch. Sig. Brouckner Geografo del Re Cristianissimo (2 Bde) Venedig (Remondini) 1761.

[ENCYCLOPÆDIA BRITANNICA] Encyclopædia Britannica or, a Dictionary of Arts and Sciences, compiled upon a new Plan. In which The different Sciences and Arts are digested into distinct Treatises or Systems; and The various Technical Terms, & c. are explained as they occur in the order of the Alphabet. Illusttrated with one hundered and sixty copperplates. By a Society of Gentlemen in Scotland. (3 Bde.) Endinburgh (A. Bell u. C. Macfarquhar) 1771.

[ENCYCLOPEDIA METHODICA] Encyclopedia Metodica dispuesta por orden de Materias, hrsg. v. Antonio Sancha (11 Textbde. u. 1 Kupferband) Madrid (Antonio Sancha) 1788–1794 [Abt. Geographia Moderna (3 Bde.) 1792–1793].

[ENCYCLOPÉDIE METHODIQUE] Encyclopédie Methodique, hrsg. v. Charles Joseph Panckoucke (196 Bde.) Paris u. Liège (Panckoucke, Plomteux) / Paris (Agasse) 1782-1832 [Abt. Geographie Moderne (3 Bde.) 1783–1788].

[ENCYCLOPÉDIE] Jean le Rond d'Alembert / Denis Diderot, Encyclopédie, ou Dictionnaire Raisonné des Sciences, des Arts et des Métiers (28 Bde.) Paris 1751–1772.

[GAZETTEER'S] Laurence Echard, The Gazetteer's or, Newsman's Interpreter, Beeing a geographical Index of all the Considerable Provinces, Cities, Patriarchships, Bishopricks, Universities, Dukedoms, Earldoms, und such like; Imperial and Hanse-Towns, Ports, Forts, Castles, & c. in Europe. Shewing [sic!], In what Kingdoms, Provinces, and Connties [sic!] they are; to what Prince they are now subject; upon, or nicht what Rivers, Bays, Seas, Mountains, & c. they stand; their Distances (in *ENGLISH* Miles) from several other Places of Note; with their Longitude and Latitude, according to the best and approv'd Maps ... Of special Use for the true Understanding of all Modern Histories of Europe, as well as the present Affairs; and for the Conveniency of Chepness and Pocket-Carriage, Explained by Abbreviations and Figures, The Fifteenth Edition, Corrected, and very much Enlarged, with the Addition of all the several Provinces and Counties of *EUROPE*, and all the Towns of *GREAT-BRITAIN*, which send Members to Parliament; and of the Towns and other Places that give Titles to the Nobility ... London (S. Ballard, D. Midwinter, R. Ware, C. Rivington, A. Ward, J. and P.

Knapton, S. Birt, T. Longman, R. Hett, C. Hitch, S. Austen, J. Wood, J. Pemberton and J. Davidson) 1741.

[GEOGRAPHISCH- UND CRITISCHES LEXICON] Historisch-Politisch-Geographischer Atlas der gantzen Welt; Oder, Grosses und vollständiges Geographisch- und Critisches Lexicon Darinnen die Beschreibung des Erd-Kreises, Aller Monarchien, Käyserthümer, Königreiche ... Nebst denen dazu gehörigen Denck= und Merckwürdigkeiten enthalten: Aus des berühmten Königl. Spanischen Geographi Mr. Brvzen La Martinière Dictionnaire Geographiqve Et Critiqve ins Deutsche übersetzt, Mit vielen tausend Artickeln vermehret und durchgängig aus den neuesten Geschichten verbessert, sammt einer Vorrede von dem Nutzen und Vortrefflichkeit dieses Wercks und denen Lexicis überhaupt, von Christian Wolffen (13 Bde.) Leipzig (Johann Samuel Heinsius) 1744–1750.

[GEOGRAPHISCHES HANDWÖRTERBUCH] Herrn Vosgien Chorherrn zu Vaucouleurs, Geographisches Handwörterbuch, oder Beschreibung der Königreiche, Provinzen, Städte, Patriarchate, Erzbißthümer, Bißthümer, Herzogthümer, Markgrafschaften, Grafschaften, Reichs- und Hansestädte, Seehäfen, Vestungen, Citadellen, und anderer merckwürdigen Oerter in allen vier Theilen der Welt: darinne man Nachricht findt in welchen Königreichen, Provinzen und Gegenden diese Örter liegen; die Prinzen, denen sie gehören; die Flüsse, Bayen, Meere, Berge u. v. g. an oder auf welchen sie gelegen sind; ihre Entfernung nach deutschen Meilen, von andern nahligenden, oder auch entfernten mächtigen Oertern, nebst ihrer Länge und Breit, nach den besten Charten; die Belagerungen, welche die Städte oder Vestungen ausgestanden; die grossen Männer, welche darinne gebohren; die Oerter, bey welchen Schlachten, besonders im letzten Kriege, vorgefallen sind, u v. m. Ein zur Erkänntniß der neuern Geschichte und des gegenwärtigen Zustandes der Welt sehr nützliches Werk. Aus dem Englischen nach der dreyzehenden Ausgabe des Lorenz Echard ins Französische; und jetzt mit sehr vielen Verbesserungen und Zusätzen ins Deutsche übersetzt (2 Bde.) Ulm (Albrecht Friederich Bartholomäi) 1764–1765.

[GRAN DICCIONARIO HISTORICO] Gran Diccionario Historico, o Miscellanea Curiosa de la Historia Sagrada y Profana, que contiene en compendio la Historia Fabulosa de los Dioses, y de los Heroes de la Antiguedad Pagana: Las Vidas y las Acciones Notables de los Patriarchas, Juezes, y Reyes de los Judios, de los Papas, de los santos Martyres y Consessores, de los Padres de la Iglesia, de los Obispos, Cardenales, Emperadors, Reyes, Principes ilustres, Capitanes insignes, de los Autores antiguos y modernos, y de quantos se hicieron famosos en alguna ciencia y arte. El Establecimiento y el Progresso De las Ordenes Religiosas y Militares; y la Vida de sus Fundadores. Las Genealogias de muchas Familias ilustres de España, dc Portugal, y de otros Paises. La Descripcion de los Imperios, Reynos, Republicas, Provincias, Ciudades, Islas, Montañas, Rios, y ortos Lugares dignos de consideracion de la antigua y nueva Geographia, & c. La Historia de los Concilios Generales y Particulares, con el nombre de los lugares donde se celebraron. Traducido del Frances de Luis oreri: Con amplissimas Adiciones y curiosas investigaciones relativas à los Reynos pertenecientes à las coronas de España y Portugal assi en le antiguo como en el nuevo mundo. Por Don Joseph de Miravel y Casadevante, de la Real Academia de Historia, y Canonigo del Sacro monte de Granada (10 Bde.) Paris (Libreros Privilegiados) – Lyon (Detournes) 1753.

[GRAND DICTIONNAIRE HISTORIQUE (1681)] Grand Dictionaire Historique, Ou Le Mélange Curieux De L'Histoire Sacrée Et Profane, ... qui contient en abrégé l'histoire fabulouse des Dieux et des Héres de l'antiquité Paienne: Les vies et les actions remarquables des Patriarches; des Empereurs; des Rois; des Princes ... : L'histoire des

Religions ...:Par M. Louys Moreri, Prêtre, Docteur en Theologie, Seconde Edition, Reveuë, corrigée, & augmentée de la moitié (2 Bde.) Lyon (Jean Girin, Barthélemy Rivière) 1681.

[GRAND DICTIONNAIRE HISTORIQUE (1724)] Grand Dictionaire Historique ou le Mèlange Curieux de Histoire Sacrèe et Profane, qui contient en Abregé les vies et les Actions Remarquables Des Patriarches, des Juges, des Rois des Juifs, des Papes, des saints Péres ... Le tout enrichi de Remarques & de Recherches curieuses, pour l'éclaircissement des difficultez de l'Histoire, de la Chronologie, & de la Géographie. Par Louïs Moreri, Prêtre, Docteur en Théologie. Onzie'me Edition, où l'on a mis le Supplément dans le même ordre Alphabétique, corrigé les fautes centurées dans le Dictionaire Critique de Mr. Bayle, & grand nombre d'autres, & Ajouté plus de 600. Articles et Remarques Importantes (4 Bde.) Amsterdam (Pierre Brunel, R. & G. Wetstein, Janssons-Waesberge, Pierre de Coup) – La Haye (La Veuve d'Adrien Moetjens, la Veuve de H. van Dole) – Utrecht (Guillaume vande Water) 1724.

[GRAND DICTIONAIRE HISTORIQUE (1740)] Grand Dictionaire Historique, ou le mêlange curieux de l'Histoire sacrée et profane; que contient en Abregé, les Vies et les Actions remarquables Des Patriarches, des Juges, des Rois de Juifs, des Papes ... La Description Des Empires, Royaumes, Républiques, Provinces, Villes... Par Mre. Louïs Moreri, Prêtre, Docteur en Théologie. Dix-huitieme et derniere Edition, Revue, corrigée & augmentée très considérablement (8 Bände) Amsterdam (P. Brunel, R. Wetstein, la Veuve de P. de Coup & G. Kuyper, F. l'Honoré & Fils, P. Humbert, Z. Chatelain, H. Uytwerf u.a.) – Leyden (S. Luchtmans & C. Haak) – La Haye (P. Gosse, J. van Duren, J. Néaulme, A. Moetjens, G. Block, & A. van Dole) – Utrecht (E. Néaulme) 1740.

[GRAND DICTIONNAIRE HISTORIQUE (1759)] Grand Dictionnaire historique, ou le mêlange curieux de l'histoire sacrée et profane, qui contient en abrégé l'histoire fabulouse des Dieux et des Héres de l'antiquité Paienne: Les vies et les actions remarquables des Patriarches; des Empereurs; des Rois; des Princes ... : L'histoire des Religions ...: Des Conciles généraux et particuliers: Des Auteurs anciens et modernes; des Philosophes ...: L'établissement et les progrès des Ordres religieux et militaires; ...: Le généalogies des Familles illustres de France ...: La description des Empires, Royaumes, Républiques, Provinces, Villes ... Par Mre. Louïs Moreri, Nouvelle edition, dans laquelle on a refondu les supplémens de l'abbé Goujet. Le tout revu ... par Drouet (10 Bde.) Paris 1759 [Nachdruck: Genf 1995].

[GREAT HISTORICAL DICTIONARY] Great Historical, Geographical, Genealogical and Poetical Dictionary; being A Curious Miscellany of Sacred and Prophane History. Containing, in short, The Lives and most remarkable Actions of the Patriarchs, Judges, and Kings of the Jews; Of the Apostles, Fathers, and Doctors of the Church; Of Popes, Cardinals, Bishops, & c.... The Description Of Empires, Kingdoms, Common-Wealths, Provinces, Cities, Towns, Islands, Mountains, Rivers ... Collected From the best Historians, Chronologers, and Lexicographers, as Calvisius, Helvicus, Isaason, Marsham, Baudrand, Hoffman, Lloyd, Chevreau, and others: But more especially out of Lewis Morery, D. D. his Eighth Edition Corrected and Enlarged by Monsieur Le Clerc; in Two Volumes in Folio. To which are added, by way of Supplement, intermix'd throughout the Alphabet, The Lives, most Remarkable Actions, and Writings of several Illustrious Families of our English, Scotch and Irish Novility, and Gentry, and most Famous Men of all Professions, Arts and Sciences: As also, an Exact Description of these Kingdoms; with the most Considerable Occurrences that have happened to this present Time. The Second Edition Revis'd, Corrected and Enlarg'd to the Year

1688: by Jer. Collier, A. M. (2 Bd.) London (Henry Rhodes, Thomas Newvorough, Elizabeth Harris) 1701.

[GROOT ALGEMEENE WOORDENBOEK] Groot algemeene historisch, geographisch, genealogisch en oordeelkundig Woordenboek, behelzende zo het voornaamste dat vervat is in de Woordenboeken van Morery, Bayle, Buddeus, enz. als de gehele kerkelyke en wereldlyke geschiedenis ... (8 Bde.), hrsg. v. HOOGSTRATEN, David / Matthaeus Brouërius van Nidek / Jan Lodewijk Schuer (Hrsg.), Amsterdam (bei Brunel, Wetsteins, Waesberge, de Coup, Humbert) – Utrecht (bei Willem van de Water) – Leiden (Samuel Luchtmans; 's Gravenhage, De weduwe A. Moetjes, van Dole, Vaillant) 1725–1733.

[HÜBNER] Hübner, Johann, Neu=vermehrtes und verbessertes Reales Staats=Zeitungs= und Conversationslexicon, Darinnen sowohl Die Religionen und geistlichen Orden, die Reiche und Staaten, Meere, Seen, Inseln, Flüsse, Städte, Festungen, Schlässer, Häfen, Berge, Vorgebürge, Pässe und Wölder, die Linien Teutscher hoher Häuser, die verschiedenen Ländern übliche so geistliche als weltliche Ritter=Orden, Wapen, Reichs=Täge, gelehrte Societäten, Gerichte, Civil und Militair-Chargen zu Wasser und Lande ... als auch Andere in Zeitungen und täglicher Conversation vorkommende aus fremden Sprachen entlehnte Wörter, nebst den alltäglichen Terminis Juridicis und Technicis, Gelehrten und Ungelehrten zu sonderbarem Nutzen klar und deutlich beschrieben werden. Die allerneueste Auflage, Darinnen alles, was sich in Publicis, Geographicis, Genealogicis und andern Stücken verändert, bis auf gegenwärtige Zeit fleißig angemerkt zu finden. Nebst einem angehängten brauchbaren Register und neuen Vorrede, auch nützlich= und zur Erläuterung dienenden Kupfern, Regensburg / Wien (Emerich Felix Bader) 1759.

[KRITIK GEMEINER IRRTHÜMER] Benito Gerónimo Feijoo, Kritik gemeiner Irrthümer von Benito Feyjoo. Aus dem Spanischen übersetzt von L. Harscher von Almendingen, Bd. 1., Gotha (Karl Wilhelm Ettinger) 1791.

[KRÜNITZ] Krünitz, Johann Georg (Hrsg.), Ökonomisch-technologische Enzyklopädie (242 Bde.), Berlin 1773–1858.

[NUOVO DIZIONARIO] Pivati, Gianfrancesco, Nuovo Dizionario scientifico e curioso sacro-profano (10 Bde.) Venedig (Milocco) 1746-1751.

[THEATRO CRITICO UNIVERSAL] Theatro Critico Universal, o Discursos varios en todo genero de Materias, para desengaño de errores comunes, dedicado al R.[mo] P. M. Fr. Joseph de Barnuevo, General de la Congregacion de San Benito de España, Inglaterra, &c. Escrito. Por el Rmo. P. M. Fr. Benito Geronymo Feijoo, Maestro General de la Religion de San Benito, Cathedratico de Prima de Theologia Jubilado de la Universidad de Oviedo, Abad que ha sido tres veces de el Colegio de San Vicente de aquella Ciudad, &c. (9 Bde.) Bd. 1, Septima Impression, Madrid (Herederos de Francisco del Hierro) 1742.

[TEATRO CRITICO UNIVERSAL] Teatro Critico Universal, ò Discursos varios en todo género de materias, para desengaño de errores comunes: Escrito por el muy ilustre Señor D. Fr. Benito Gerónimo Feyjoó y Montenegro, Maestro General del Orden de San Benio, del Consejo de S. M. & c. (8 Bde.) Nueva Impression, Madrid (Blas Roman, Joachin Ibarra, Pedro Marin, Andrés Ortega) 1777–1779.

[TERREROS Y PANDO] Estaban de Terreros y Pando, Diccionario castellano con las voces de ciencias y artes y sus correspondientes en las tres lenguas francesa, latina e italiana (4 Bde.), Madrid 1786–1793.

[TESORO] Covarrubias Orozco, Sebastián de, Tesoro de la lengua castellana o española, Madrid (Luis Sanchez) 1611 [Nachdruck: Barcelona ²1989].

[VOCABULARIO] Raphael Bluteau, Vocabulario Portuguez e Latino, Aulico, Anatomico, Architectonico, Bellico, Botanico, Brasilico, Comico, Critico, Chimico, Dogmatico, Dialectico, Dendrologico, Ecclesiastico, Etimologico, Economico, Florifero, Forense, Fructifero, Geographico, Geometrico ... Isagogico, Laconico, Liturgico, Lithologico, Medico, Musico ... Zoologico (8 Bde. u. 2 Suppl.-Bde.) Coimbra – Lissabon 1712–1728 [CD-Rom: Rio de Janeiro 2000].

[ZEDLER] Johann Heinrich Zedler (Hrsg.), Großes Vollständiges Universal-Lexikon aller Wissenschaften und Künste, welche bißhero durch menschlichen Verstand und Witz erfunden und verbessert wurden... (64 Bde.) Halle / Leipzig (Gleditsch) 1732–1754 [Nachdruck: Graz 1994].

Moderne Lexika

Der große Ploetz. Auszug aus der Geschichte von den Anfängen bis zur Gegenwart [31]1991.

Der kleine Ploetz. Hauptdaten der Weltgeschichte, Freiburg [37]1999.

[ESPASA] Enciclopedia Universal Ilustrada Europeo-Americana (72 Bde.), Madrid (Espasa-Calpe) 1905–1930 [10 Suppl.-Bde. 1931–1935].

[GER] Gran Enciclopedia Rialp (25 Bde.), Madrid 1971–1989.

Gran Enciclopedia de España, Zaragoza 1990- [noch nicht abgeschlosen].

Andere Quellen

BARCLAY, John, Icon Animorum (Seelengemählde) Latein-Deutsch. Faksimiles [zuerst 1614] 1680 & 1784, hrsg. v. Anton F. W. Sommer, Wien 2000.

PLINIUS, Historia Naturalis. Lateinisch-Deutsch. Edition u. übers. v. Roderich König, Joachim Hopp und Wolfgang Glöckner, München 1973.

STRABO, Geographika. Mit Übersetzung und Kommentar, hrsg. v. Stefan Radt, Göttingen 2002.

DARSTELLUNGEN

ABBATTISTA, Guido (Hrsg.), L'enciclopedismo in Italia nel XVIII secolo (Studi settecenteschi n.s. 16) Napoli 1996.

AGUILAR PIÑAL, Francisco, Conocimiento de Alemania en la España ilustrada, in: Siegfried Jüttner (Hrsg.), Spanien und Europa im Zeichen der Aufklärung, Frankfurt a.M. / Bern / New York / Paris 1991, S. 1-12.

AHUMADA, Ignacio u.a. (Hrsg.), Diccionarios españoles. Contenido y aplicaciones, Jaén 1991.

ALBIAC, María Dolores, Les voies des Lumières. Le monde ibérique ou XVIIe siècle. Los caminos de la razón, Paris 1998.

ALBRECHT, Wolfgang, Aufklärerische Selbstreflexion in deutschen Enzyklopädien und Lexika zur Zeit der Spätaufklärung, in: Franz M. EYBL u.a (Hrsg.), Enzyklopädien der Frühen Neuzeit. Beiträge zu ihrer Erforschung, Tübingen 1995, S. 232-254.

ALDEA, Quintín, Das Spanienbild in der *Hispania Illustrata* von Andreas Schott, in: Hans JURETSCHKE (Hrsg.), Zum Spanienbild der Deutschen in der Zeit der Aufklärung. Eine historische Übersicht, Münster 1997, S. 10-41.

ALDEN, Dauril, The making of an enterprise: the Society of Jesus in Portugal, its empire and beyond, Stanford 1996.

ALCIDES REISSNER, Raul, El indio de los diccionarios, in: Comunicación y Cultura en America Latina 14, 1985, S. 5-33.

ALLEBRAND, Raimund, Alles unter der Sonne. Irrtümer und Wahrheiten über Spanien. Mit einem Beitrag von Walther L. Bernecker, Unkel/Rhein / Bad Honnef 2000.

ALVAR EZQUERRA, Manuel, Spanisch. Lexikographie, in: Günter HOLTUS / Michael METZELTIN / Chr. SCHMITT (Hrsg.), Lexikon der romanistischen Sprachen (LRL) Bd. 6,1: Aragonesisch-Navarresisch, Spanisch, Asturianisch-Leonesisch, Tübingen 1992, S. 636-651.

ALVAR EZQUERRA, Manuel, Tradición en los diccionarios del español, in: Revista española de lingüistica (RSEL) 22/1, 1992, S. 1-23.

ANAYA REVUELTA, Inmaculada, Sobre el carácter enciclopédico de los diccionarios del español, in: Boletín de la Real Academia Española 80/280, 2000, S. 177-207.

ANDERSON, Benedict, Die Erfindung der Nation. Zur Karriere eines folgenreichen Konzeptes, Berlin 1998.

ANES, Gonzalo, La ‚Encyclopédie Méthodique' en España, in: José Luis GARCÍA DELGADO / Julio SEGURA (Hrsg.), Ciencia social y análisis económico. Estudios en homenaje al profesor Valentín Andrés Alvarez, Madrid 1978, S. 105-152.

ANES, Gonzalo, La inquisición en la *Encyclopédie*: una censura inédita de Jovellanos, in: Joaquín ÁLVAREZ BARRIENTOS / José CHECA BELTRÁN (Hrsg.), El siglo que llaman ilustrado. Homenaje a Francisco Aguilar Piñal, Madrid 1996, S. 87-97.

ARAÚJO, Ana, A Cultura das Luzes em Portugal. Temas e problemas, Lissabon 2003.

ARROYO ILERA, Fernando, El Catastro de Ensenada y el Diccionario Geográfico, http://www. catastrolatino.org/trabajos/arroyoespanol.pdf (Abruf 1. November 2006).

ASCHMANN, Birgit, „Stolz wie ein Spanier". Genese und Gestalt des deutschen Spanienbildes in der Nachkriegszeit, in: Dies. / Michael SALEWSKI (Hrsg.), Das Bild „des Anderen". Politische Wahrnehmung im 19. und 20. Jahrhundert, Stuttgart 2000, S. 90-108.

ASCHMANN, Birgit, Vorwort, in: Dies. / Michael SALEWSKI (Hrsg.), Das Bild „des Anderen". Politische Wahrnehmung im 19. und 20. Jahrhundert, Stuttgart 2000, S. 7f.

ATTMAN, Artur, American bullion in the European world trade 1600-1800, Göteborg 1986.

AYALA, Francisco, La imagen de España. Continuidad y cambio en la sociedad española. Papeles para un curso, Madrid 1986.

AZORÍN FERNÁNDEZ, Dolores, La labor lexicográfica de Sebastián de Covarrubias, in: Boletín de la Asociación Europea de Profesores de Español 36/37, 1989, S. 81-90.

BAASNER, Frank, La difusión de las luces europeas en España: la función de Francia en algunos periódicos españoles del siglos XVIII, in: Siegfried JÜTTNER (Hrsg.), Spanien und Europa im Zeichen der Aufklärung. Internationales Kolloquium an der Universität-GH-Duisburg vom 8.-11. Oktober 1986, Frankfurt a.M. – Bern / New York / Paris 1991, S. 13-31.BABEL, Reiner, Frankreichs Gegner in der politischen Publizistik der Ära Richelieu, in: Franz BOSBACH (Hrsg.), Feindbilder. Die Darstellung des Gegners in der politischen Publizistik des Mittelalters und der Neuzeit, Köln / Weimar / Wien 1992, S. 95-116.

BARBERI, Alessandro, Diskursanalyse und Historiographie. Prolegomena zu einer zu einer Archäologie der Archäologie, in: ÖZG 15/2, 2004, S. 71-87.

BARCELÓ, Pedro A., Kleine Geschichte Spaniens, hrsg. v. Peer Schmidt, Stuttgart 2002.

BARRO, Ana / Klaus DIRSCHERL, Spanien und das Fremde, in: Walther L. BERNECKER / Klaus DIRSCHERL (Hrsg.), Spanien heute. Politik – Wirtschaft – Kultur, Frankfurt a.M. 1998, S. 427-454.

BARTENS, Werner / Martin HALTER / Rudolf WALTHER, Letztes Lexikon. Mit einem Essay zur Epoche der Enzyklopädien, Frankfurt am Main 2002.

BECQ, Annie (Hrsg.), L'encyclopédisme. Actes du colloque de Caen, 12–16 janvier 1987, Paris 1991.

BEHNKE, Dorothea, Furetière und Trévoux. Eine Untersuchung zum Verhältnis der beiden Wörterbuchserien, Tübingen 1996.

BEHRNDT, Karsten, Die Nationskonzeptionen in deutschen und britischen Enzyklopädien und Lexika im 18. und 19. Jahrhundert, Frankfurt a.M. / Berlin / Bern u.a. 2003.

BERGMANN, Werner, Was sind Vorurteile?, in: Informationen zur politischen Bildung 271, 2001, S. 3-9.

BERNECKER, Walther L., Spanische Geschichte. Vom 15. Jahrhundert bis zur Gegenwart, München ^{2}2001.

BERNECKER, Walther L. / Klaus DIRSCHERL (Hrsg.), Spanien heute. Politik – Wirtschaft – Kultur, Frankfurt a.M. 2004.

BERNECKER, Walther L. / Horst PIETSCHMANN, Geschichte Spaniens. Von der frühen Neuzeit bis zur Gegenwart, Stuttgart / Berlin / Köln ^{3}2000.

BERNECKER, Walther L. / Horst PIETSCHMANN, Geschichte Portugals. Vom Spätmittelalter bis zur Gegenwart, München 2001.

BERNECKER, Walther L., Spanische Geschichte. Von der Reconquista bis heute, Darmstadt 2002.

BERNECKER, Walther L., Das Spanien-Lexikon. Wirtschaft, Politik, Kultur, Gesellschaft, München 1990.

BICHLER, Reinhold, Der Barbarenbegriff des Herodot und die Instrumentalisierung der Babaren-Topik in politisch-ideologischer Absicht, in: Ingomar WEILER (Hrsg.), Soziale Randgruppen und Außenseiter im Altertum, Graz 1988, S. 117-128.

BIELEFELD, Ulrich, Das Konzept des Fremden und die Wirklichkeit des Imaginären, in: DERS. (Hrsg.), Das Eigene und das Fremde. Neuer Rassismus in der alten Welt, Hamburg 1998.

BIERBACH, Mechtild, Die Wörterbücher des Jerónimo Cardoso (ca. 1500–1569) als Zeugnisse humanistischer Lexikographie, in: Annette ENDRUSCHAT / Eberhard GÄRTNER (Hrsg.), Untersuchungen zur portugiesischen Sprache, Frankfurt a.M. 1996, S. 47-62.

BILLAUDELLE, Peter: Spanischsprachige Lexikographen im Spiegel der Prologe ihrer Werke (1780–1925), Hamburg 1999.

BITTERLI, Urs, Die „Wilden“ und die „Zivilisierten“, München [2]1991.

BLÁZQUEZ, José María, Die Iberische Halbinsel, in: Friedrich VITTINGHOFF (Hrsg.), Europäische Wirtschafts- und Sozialgeschichte in der Römischen Kaiserzeit, Stuttgart 1990, S. 511-534.

BLOM, Philipp, Das vernünftige Ungeheuer. Diderot, d'Alembert, de Jaucourt und die Große Enzyklopädie, Frankfurt a.M. 2005.

BOCK, Hans Manfred, Nation als vorgegebene oder vorgestellte Wirklichkeit? Anmerkungen zur Analyse fremdnationaler Identitätszuschreibung, in: Ruth FLORACK (Hrsg.), Nation als Stereotyp. Fremdwahrnehmung und Identität in deutscher und französischer Literatur, Tübingen 2000, S. 11-36.

BOL, Iris / Marcel ROUWÉ, The encyclopaedia: arrangement and storage of knowledge, Groningen 1993.

BÖNING, Holger, Popularaufklärung – Volksaufklärung, in: Richard VAN DÜLMEN / Sina RAUSCHENBACH (Hrsg.), Macht des Wissens. Die Entstehung der modernen Wissensgesellschaft, Köln / Weimar / Wien 2004, S. 563-581.

BÖNISCH-BREDNICH, Brigitte, Reiseberichte. Zum Arbeiten mit publizierten historischen Quellen des 18. und 19. Jahrhunderts, in: Silke GÖTTSCH / Albrecht LEHMANN (Hrsg.), Methoden der Volkskunde. Positionen, Quellen, Arbeitsweisen der Europäischen Ethnologie, Berlin 2001, S. 123-137.

BOXER, Charles R., The Portuguese Seaborne Empire 1415–1825, London 1969.

BRANDES, Helga, Das Frauenzimmer-Lexicon von Amaranthes, in: Das Achzehnte Jahrhundert 22/1, 1998, S. 22-30.

BRAVO LIRA, Bernardino, El absolutismo ilustrado en España e Indias bajo Carlos III (1759–1788). De la visión judicial a la visión administrativa del gobierno con motivo de un bicentario, in: Revista chilena de historia del derecho Santiago de Chile 14, 1991, S. 11-34.

BRIELER, Ulrich, Die Unerbittlichkeit der Historizität. Foucault als Historiker, Köln / Wiemar / Wien 1998.

BRIESEMEISTER, Dietrich, Die Iberische Halbinsel und Europa. Ein kulturhistorischer Rückblick, in: Aus Politik und Zeitgeschichte 8, 1986, S. 13-27.

BRIESEMEISTER, Dietrich / José A. Friedl ZAPATA, Das Bild des Deutschen in der spanischen und das Bild des Spaniers in der deutschen Literatur. Das Bild des Deutschen in der lateinamerikanischen und das Bild des Lateinamerikaners in der deutschen Literatur, o.O. 1980.

BRIESEMEISTER, Dietrich, „allerhand iniurien schmehkarten pasquill vund andere schandlose ehrenrürige Schriften vnd Model". Die antispanischen Flugschriften in Deutschland zwischen 1580 und 1635, in: Wolfenbütteler Beiträge 4, 1981, S. 147-190.

BRIESEMEISTER, Dietrich, „Die spanische Verwirrung" (Johann Wolfgang von Goethe): zur Geschichte des Spanienbildes in Deutschland, in: Jahrbuch Preußischer Kulturbesitz 34, 1997, S. 291-311.

BRIESEMEISTER, Dietrich, Der publizistische Rangstreit zwischen Spanien und Frankreich in der frühen Neuzeit, in: Jörn ALBRECHT (Hrsg.), Translation und interkulturelle Kommunikation, Frankfurt a.M. u.a. 1987, S. 315-338.

BRIESEMEISTER, Dietrich, Die Rolle von Sprache und Dichtung bei der Ausbildung des frühneuzeitlichen Nationalbewußtseins in Portugal, in: Klaus GARBER (Hrsg.), Nation und Literatur im Europa der Frühen Neuzeit. Akten des I. Internationalen Osnabrücker Kongresses zur Kulturgeschichte der Frühen Neuzeit, Tübingen 1989, 329-343.

BRINKMANN, Sören, Aufstieg und Niedergang Spaniens. Das Dekadenzproblem in der spanischen Geschichtsschreibung von der Aufklärung bis 1898, Saarbrücken 1999.

BRINKMANN, Sören, Nación sin tradición. La „decadencia" de España en la conciencia histórica del liberalismo decimonónico, in: Ibero-Amerikanisches Archiv 26/1-2, 2000, S. 111-133.

BROKMANN-NOOREN, Christiane, Weibliche Bildung im 18. Jahrhundert, „gelehrtes Frauenzimmer" und „gefällige Gattin", Oldenburg 1994.

BRÜGGEMANN, Werner, Die Spanienberichte des 18. und 19. Jahrhunderts und ihre Bedeutung für die Formung und Wandlung des deutschen Spanienbildes, in: Spanische Forschungen I/12, 1956, S. 1-146.

BUCHANAN, William / Hadley CANTRIL, National Stereotypes, in: W. L. SCHRAMM (Hrsg.), The process and effects of Mass Communication, Illinois 1955, S. 191-206.

BUCHANAN, William / Hadley CANTRIL, How nations see each other. A study in public opinion, Urbana 1953.

BUCK, August, Diderot und die Antike, in: Richard TOELLNER (Hrsg.), Aufklärung und Humanismus, Heidelberg 1980, S. 131-144.

BÜTTNER, Frank u.a. (Hrsg.), Sammeln, Ordnen, Veranschaulichen. Zur Wissenskompilatorik in der Frühen Neuzeit, Münster 2003.

BURKE, Peter, Papier und Marktgeschrei. Die Geburt der Wissensgesellschaft, Berlin 2001.

CALVO PÉREZ, Julio, Sebastián de Covarrubias o la fresca instilación de las palabras, Cuenca 1991, S. 131-133.

CAPEL, Horacio, Los Diccionarios Geográficos de la Ilustración Española, in: Geocriítica 31, 1981, S. 1-51.

CAPPELLETTI, Vincenzo, Humanistische und aufgeklärte Wissenschaft, in: Richard TOELLNER (Hrsg.), Aufklärung und Humanismus, Heidelberg 1980, S. 251-260.

CASEY, James, Early Modern Spain. A social history, London / New York 1999.

CASO GONZÁLES, José Miguel, Sobre el concepto de Ilustración, in: Siegfried JÜTTNER (Hrsg.), Spanien und Europa im Zeichen der Aufklärung, Frankfurt a.M. / Bern / New York / Paris 1991, S. 32-41.

CAVIGNEAUX, Antoine, Art. „Lexikalische Listen“, in: Reallexikon der Assyriologie Bd. 6, Berlin 1983, S. 609-641.

CERNUSCHI, Alain (Hrsg.), Auf dem Weg zur europäischen Enzyklopädie. Actes du colloque international de Potsdam (6.–8. September 2001), Genf 2002.

CIPOLLA, Carlo M., Die Odyssee des spanischen Silbers. Conquistadores, Piraten, Kaufleute, Berlin 1998.

COLLISON, Robert, Encyclopaedias: Their History throughout the Ages. A bibliographical guide with extensive historical notes to the general Encyclopaedias issued throughout the world from 350 B.C. to the present day, New York / London 1964.

CROUZET, François, Angleterre – Brésil 1697–1850: Un siècle et demi d'echanges commerciaux, in: Histoire, economie et Société 9/2, 1990, S. 288-317.

DARNTON, Robert, Glänzende Geschäfte. Die Verbreitung von Diderots *Encyclopédie*. Oder: Wie verkauft man Wissen mit Gewinn?, Berlin 1993.

DECKER, Uwe, Die Deutsche Encyclopädie (1778–1807), in: Das Achtzehnte Jahrhundert 14/2, 1990, S. 147-151.

DEFOURNEAUX, Marcelin, L'Inquisition espagnole et les livres français au XVIIe siècle, Paris 1963.

DEFOURNEAUX, Marcelin, Spanien im Goldenen Zeitalter. Kultur und Gesellschaft einer Weltmacht, Stuttgart 1986.

DELANDINE, Antoine François, Mémoires bibliographiques et littéraires, Paris / Lyon (Renouard) [1816].

DELGADO CASADO, Juan, Diccionario de impresores españoles. Siglos XV–XVII (2 Bd.) Madrid 1996.

DESJARDINS-DAUDE, Juliette, John Barclay, ou les derniers feux de l'humanisme, in: Litteratures classiques 15, 1991, S. 69-83.

DIERSE, Ulrich, Enzyklopädie. Zur Geschichte eines philosophischen und wissenschaftlichen Begriffs, Bonn 1977.

DIZ, Alejandro, Idea de Europa en la España del siglo XVIII, Madrid 2000.

DOMERGUE, Lucienne, Censure et lumière dans l'Espagne de Charles III, Paris 1982.

DOMERGUE, Lucienne, La censure des livres en Espagne à la fin de l'Ancien Régime, Madrid 1996.

DOMÍNGUEZ, Francisco (Hrsg.), Identity and discursive practices. Spain and Latin America, Bern / Berlin / Bruxellles u.a. 2000.

DONATO, Clorinda, Eighteenth-Century Encyclopedias and National Identity, in: History of European Ideas 16/4-6, 1993, S. 959-965.

DUALA-M'BEDY, Munasu, Xenologie. Die Wissenschaft vom Fremden und die verdrängung der Humanität in der Anthropologie, Freiburg / München 1977.

DUCHHARDT, Heinz, Distanciamentos y alienación: La imagen de España en Alemania desde la Paz de Westfalia a Federico II., in: Miguel Ángel Vega CERNUDA / Henning WEGENER (Hrsg.), España y Alemania. Percepciones mutuas de cinco siglos de historia, Madrid 2002, S. 67-78.

ECHEVERRIA, Durand / Everett C. WILKIE, The French image of America. A chronological and subject bibliography of French books printed before 1816 relating to the British North American colonies and the United States, Metuchen, NJ / London 1994.

EDELMAYER, Friedrich, Spanien und die Neue Welt, in: Friedrich EDELMAYER / Bernd HAUSBERGER / Michael WEINZIERL (Hrsg.), Die beiden Amerika, Frankfurt a.M. 1996, S. 45-66.

EDWARDS, John, Die spanische Inquisition, Düsseldorf / Zürich 2003.

EICHHORN-JUNG, Silvia, Anthropologie et religion chinoises dans les encyclopédies françaises et allemandes du XVIIIe. Siècle des Lumières, in: Florence LOTTERIE / Darrin M. MCMAHON (Hrsg.), Les Lumières Européennes dans leurs relations avec les autres grandes cultures et religions, Paris 2002, S. 165-190.

ERTLER, Klaus-Dieter, Kleine Geschichte der spanischen Aufklärungsliteratur, Tübingen 2003.

EYBL, Franz M. / Wolfgang HARMS / Hans Henrik KRUMMACHER / Werner WELZIG (Hrsg.), Enzyklopädien der Frühen Neuzeit. Beiträge zu Ihrer Erforschung, Tübingen 1995.

FERNÁNDEZ DIAZ, Roberto, La época de la Illustración: sociedad y cultura en el siglo XVIII, Madrid 1997.

FERNÁNDEZ GONZÁLES, Ángel-Raimundo, El Teatro crítico Universal de Benito Jerónimo Feijoo, Madrid ^{6}1998.

FERREIRA, Karin de Sousa, Deutsche sehen Portugal. Bibliographische Ausstellung 12.–31. Oktober 1997 im Literaturhaus Frankfurt und November/Dezember 1997 im Goethe-Institut Lissabon, Lissabon 1997.

FISCHER, Manfred S., Nationale Images als Gegenstand Vergleichender Literaturgeschichte. Untersuchungen zur Entstehung der komparatistischen Imagologie, Bonn 1981.

FLOECK, Wilfried, Masson de Morvilliers Spanien-Artikel in der Encyclopédie méthodique und die spanische Fassung von Julián de Velasco, in: Siegfried JÜTTNER (Hrsg.), Spanien und Europa im Zeichen der Aufklärung, Frankfurt a.M. / Bern / New York / Paris 1991, S. 42-62.

FLOECK, Wilfried, Das Spanienbild der französischen Aufklärer und seine Auswirkung auf die spanische Ilustración, in: Iberoromania 13, 1981, S. 62-76.

FOUCAULT, Michel, Die Ordnung des Diskurses, Inauguralvorlesung am Collège de France, 2. Dezember 1970, in: Ders., Die Ordnung des Diskurses, Frankfurt a.M. 1991, S. 11-30.

FOUCAULT, Michel, Die Ordnung der Dinge. Eine Archäologie der Humanwissenschaften, Frankfurt a.M. 1974.

FONSECA, Luís Adão da, Portugal 1350–1500, in: Hermann KELLENBENZ (Hrsg.), Europäische Wirtschafts- und Sozialgeschichte vom ausgehenden Mittelalter bis zur Mitte des 17. Jahrhunderts, Stuttgart 1986, S. 777-799.

FRANZBACH, Martin, Abriß der spanischen und portugiesischen Literaturgeschichte in Tabellen, Frankfurt a.M. / Bonn 1968.

FREEMAN, Susan Tax, Identity in Iberia: Some Remarks, in: Richard HERR (Hrsg.), Iberian identity: essays on the nature of identity in Portugal and Spain, Berkeley 1989, S. 197-204.

FREY, Manuel, „Reinliche Holländer“ und „schmutzige Lappländer“. Zur Bedeutung nationaler Stereotypen im Prozeß der kulturellen Modernisierung 1700–1850, in: Jahrbuch für Volkskunde 20, 1997, S. 36-58.

FRIEDRICH, Markus, Das Buch als Theater. Überlegungen zu Signifikanz und Dimensionen der *Theatrum*-Metapher als frühneuzeitlichem Buchtitel, in: Theo STAMMEN / Wolfgang E. J. WEBER (Hrsg.), Wissenssicherung, Wissensordnung und Wissensverarbeitung. Das europäische Modell der Enzyklopädien, Berlin 2004, S. 205-232.

FRÖHNER, Annette, Die Oeconomisch-technologische Encyclopädie von Johann Georg Krünitz, in: Das Achtzehnte Jahrhundert 17/2, 1993, S. 119-129.

FRÖHNER, Annette, Technologie und Enzyklopädismus im Übergang vom 18. zum 19. Jahrhundert. Johann Georg Krünitz (1728–1796) und seine Oeconomisch-technologische Encyclopädie, Mannheim 1994.

FUHRMANN, Dietrich, Die Auffassung von Recht, Staat, Politik und Gesellschaft in Zedlers Lexikon, (Diss. Erlangen-Nürnberg) 1978.

GADAMER, Hans-Georg, Wahrheit und Methode, Tübingen [4]1975.

GALTER, Hannes D., Zwischen Isolation und Integration. Die soziale Stellung des Fremden in Mesopotamien im 3. und 2. Jahrtausend v. Chr., in: Ingomar WEILER (Hrsg.), Soziale Randgruppen und Außenseiter im Altertum, Graz 1988, S. 277-301.

GARCÍA CÁRCEL, Ricardo, La Leyenda Negra. Historia y opinión, Madrid 1992.

GARCÍA CÁRCEL, Ricardo / Lourdes MATEO BRETOS, La leyenda negra, Madrid 1990.

GARCÍA FELGUERA, María de los Santos, El Madrid de la Ilustración: Reformas urbanas, in: Christoph FRANK / Sylvaine HÄNSEL (Hrsg.), Spanien und Portugal im Zeitalter der Aufklärung, Frankfurt a.M. 2002, S. 497-510.

GERNDT, Helge, Zur kulturwissenschaftlichen Stereotypenforschung, in: Helge GERNDT (Hrsg.), Stereotypenvorstellung im Alltagsleben. Beiträge zum Themenkreis Fremdbilder – Selbstbilder – Identität, FS für Georg R. Schroubek zum 65. Geburtstag, München 1988, S. 9-12.

GAROFALO, Silvano, L'enciclopedismo italiano. Gianfrancesco Pivati, Ravenna 1980.

GAROFALO, Silvano, Gianfrancesco Pivati's *Nuovo Dizionario*, in: Franz A. KAFKER (Hrsg.), Notable Encyclopedias of the Seventeenth and Eighteenth Centuries. Nine Predecessors of the Encyclopédie, Oxford 1981, S. 197-218.

GERSTENBERGER, Debora, Herodes, einer der „allerlasterhafftigsten" Könige. Herodes der Große in deutschen enzyklopädischen Lexika des 18. Jahrhunderts, in: Gymnasium. Zeitschrift für Kultur der Antike und Humanistische Bildung 113/3, 2006, S. 253-276

GERSTENBERGER, Erhard, Andere Sitten – andere Götter, in: Ingo KOTTSIEPER / Jürgen VAN OORSCHOT / Diethard RÖMHELD / Harald Martin WAHL (Hrsg.), „Wer ist wie du, HERR, unter den Göttern?" Studien zur Theologie und Religionsgeschichte Israels. FS für Otto Kaiser, Göttingen 1994, S. 127-141.

GEWECKE, Frauke, De „noveleros", „sediciosos" y un Catón „salvaje": La leyenda negra en el contexto de los conflictos religioso-políticos europeos (siglo 16) in: Estudios de literatura española y francesa: siglos XVI y XVII, Frankfurt a.M.1984, S. 237-254.

GIBSON, Charles, The black legend. Anti-Spanish attitudes in the Old World and the New, New York 1971.

GÓMEZ ESPELOSÍN / F. JAVIER / Antonio PÉREZ LARGACHA / Margarita VALLEJO GIRVÉS, La imagen de España en la antigüedad clásica, Madrid 1995.

GONZÁLEZ-VARAS IBÁÑEZ, Santiago, España no es diferente, Madrid 2002.

GRAÇA FEIJÓ, Rui, State, Nation, and Regional Diversity in Portugal: An Overview, in: Richard HERR (Hrsg.), Iberian identity: essays on the nature of identity in Portugal and Spain, Berkeley 1989, S. 37-50.

GRAUE, Frank, Schönes Land: Verderbtes Volk. Das Spanienbild britischer Reisender zwischen 1750 und 1850, Trier 1991.

GSCHWENDTNER, Ferdinand, Reconquista und Conquista, Kastilien und der Ausgriff nach Amerika, in: Peter FELDBAUER / Gottfried LIEDL / John MORRISEY (Hrsg.) Von der mediterranen zur atlantischen Macht. Geschichte der europäischen Expansion bis in die Frühe Neuzeit, Wien 1999, S. 148-168.

GÜNNEWIG, Beatrix, Das Bild der Germanen und Britannier. Untersuchungen zur Sichtweise von fremden Völkern in antiker Literatur und moderner wissenschaftlicher Forschung, Frankfurt a.M. / Berlin / Bern u.a. 1998.

GÜNTHER, Horst, Rückgriffe der Aufklärung auf Geschichtstheorien des Humanismus, in: Richard TOELLNER (Hrsg.), Aufklärung und Humanismus, Heidelberg 1980, S. 59-68.

GUYARD, Marius-François, La Littérature comparée, Paris 1951.

HAHN, Hans Henning, Stereotypen in der Geschichte und Geschichte im Stereotyp, in: Hans Henning HAHN (Hrsg.), Historische Stereotypenforschung. Methodische Überlegungen und empirische Befunde, Oldenburg 1995, S. 190-204.

HAHN, Hans Henning, Einführung. Zum 80. Geburtstag des Begriffs „Stereotyp", in: Ders. (Hrsg.), Stereotyp, Identität und Geschichte. Die Funktion von Stereotypen in gesellschaftlichen Diskursen, Frankfurt a.M. / Berlin / Bern u.a. 2002, S. 9-13.

HAHN, Hans Henning / Eva HAHN, Nationale Stereotypen. Plädoyer für eine historische Stereotypenforschung, in: Hans Henning HAHN (Hrsg.), Stereotyp, Identität und Geschichte. Die Funktion von Stereotypen in gesellschaftlichen Diskursen, Frankfurt a.M. / Berlin / Bern u.a. 2002, S. 17-56.

HAßLER, Gerda, Intertexte der europäischen Aufklärung und die Entwicklung des spanischen und portugiesischen Wortschatzes im 18. Jahrhundert und der ersten Hälfte des 19. Jahrhunderts, in: Chritian SCHMITT / Wolfgang SCHWEICKARD (Hrsg.), Kulturen im Dialog. Die iberoromanischen Sprachen aus interkultureller Sicht, Bonn 1996, S. 164-193.

HAßLER, Gerda, Sprachbewußtsein und Tradition in der spanischen und portugiesischen Aufklärung, in: Christoph FRANK / Sylvaine HÄNSEL (Hrsg.), Spanien und Portugal im Zeitalter der Aufklärung, Frankfurt a.M. 2002, S. 15-30.

HAUSBERGER, Bernd, La Nueva España y sus metales preciosos. La industria minera colonial a través de los 'libros de cargo y data' de la Real Hacienda, 1761–1767, Frankfurt a.M. 1997.

HAUSBERGER, Bernd, Die Eroberung Amerikas durch die Spanier (1492–1572), in: Peter FELDBAUER / Gottfried LIEDL / John MORRISEY (Hrsg.), Von der mediterranen zur atlantischen Macht. Geschichte der europäischen Expansion bis in die Frühe Neuzeit, Wien 1999, S. 216-237.

HAUSBERGER, Bernd, Für Gott und König. Die Mission der Jesuiten im kolonialen Mexiko, Wien / München 2000.

HAUSBERGER, Bernd, Lateinamerika – der eroberte Kontinent, in: Friedrich EDELMAYER / Peter FELDBAUER / Marija WAKOUNIG (Hrsg.), Globalgeschichte 1450–1620, Wien 2002, S. 53-74.

HEINE, Hartmut, Geschichte Spaniens in der frühen Neuzeit 1400–1800, München 1984.

HENSCHEL, Helgunde, Zur Theorie und Praxis des „Diccionario de Autoridades" im Zusammenhang mit den Bemühungen um eine spanische Sprachreform, Berlin 1969.

HERR, Richard, Forms of Identity in Iberia, in: Ders. (Hrsg.), Iberian identity: essays on the nature of identity in Portugal and Spain, Berkeley 1989, S. 205-212.

HERR, Richard, The Eighteenth-Century Revolution in Spain, Princeton / New York 1958.

HERR, Richard, The twentieth century spaniard views the Spanish enlightenment, in: Hispania 45/2, 1962, S. 183-193.

HERREN, Madeleine, Globalisierung des Wissens in europäischen Enzyklopädien des 18. Jahrhunderts, in: Hans-Jörg GILOMEN / Margrit MÜLLER / Béatrice VEYRASSAT (Hrsg.), Globalisierung – Chancen und Risiken. Die Schweiz in der Weltwirtschaft 18.-20. Jahrhundert, Zürich 2003, S. 131-144.

HEß, Gilbert, Enzyklopädien und Florilegien im 16. und 17. Jahrhundert. Doctrina, Eruditi-on und Sapientia in verschiedenen Thesaurierungsformen, in: Theo STAMMEN / Wolfgang E. J. WEBER (Hrsg.), Wissenssicherung, Wissensordnung und Wissensverarbeitung. Das europäische Modell der Enzyklopädien, Berlin 2004, S. 39-57.

HILLGARTH, Jocelyn Nigel, The Mirror of Spain. 1500–1700. The formation of a myth, Ann Arbor 2000.

HILTON, Ronald, Four studies in Franco-Spanisch relations, Toronto 1943.

HINTERHÄUSER, Hans, Tugenden und Laster des Spaniers im Wandel der Jahrhunderte, in: Franz K. STANZEL (Hrsg.), Europäischer Völkerspiegel. Imagologisch-ethnographische Studien zu den Völkertafeln des frühen 18. Jahrhunderts, Heidelberg 1999, S. 157-168.

HINTERHÄUSER, Hans, Spanien und Europa: Bilanz einer dreihundertjährigen Diskussion, in: Integración de España en Europa, München [1986], S. 82-100.

zum HINGST, Anja, Die Geschichte des Großen Brockhaus. Vom Conversationslexikon zur Enzyklopädie, Wiesbaden 1995.

HOBSBAWM, Eric J., Nacion, Estado, Etnicidad y Religion: Transformaciones de la Identidad, in: Anuario. Segunda época 16, 1993–94, S. 9-19.

HOBSBAWM, Eric J., Nationen und Nationalismus. Mythos und Realität seit 1780, Frankfurt a.M. u.a. 1992.

HOFFMANN, Léon-François, Romantique Espagne: l'image de l'Espagne en France entre 1800 et 1850, New Jersey / Paris 1961.

HÖNSCH, Ulrike, Wege des Spanienbildes im Deutschland des 18. Jahrhunderts: Von der schwarzen Legende zum „Hesperischen Zaubergarten", Tübingen 2000.

HOLTUS, Günter / Ulrike MÜHLSCHLEGEL, Die Wörterbücher von Raphael Bluteau (1712/1728) und von Antonio de Moraes Silva (1789). Ein Vergleich am Beispiel der diasystematischen Markierungen, in: Bruno STAIB (Hrsg.), Linguistica Romanica et Indiana. FS für Wolf Dietrich zum 60. Geburtstag, Tübingen 2000, S. 171-185.

IGLESIAS, María Carmen, Montesquieu and Spain: Iberian Identity as Seen through the Eyes of e Non-Spaniard of the Eighteenth Century, in: Richard HERR (Hrsg.), Iberian identity: essays on the nature of identity in Portugal and Spain, Berkeley 1989, S. 143-155.

ILIE, Paul, Self-Image in the Mirror of Otherness, in: Richard HERR (Hrsg.), Iberian identity: essays on the nature of identity in Portugal and Spain, Berkeley 1989, 156-180.

IMHOF, Michael, Sterotypen und Diskursanalyse. Anregungen zu einem Forschungskonzept kulturwissenschaftlicher Stereotypenforschung, in: Hans Henning HAHN (Hrsg.), Stereotyp, Identität und Geschichte. Die Funktion von Stereotypen in gesellschaftlichen Diskursen, Franfurt a.M. / Berlin / Bern u.a. 2002, S. 57-71.

JEISMANN, Michael, Was bedeuten Stereotypen für nationale Identität und politisches Handeln?, in: Jürgen LINK (Hrsg.), Nationale Mythen und Symbole in der zweiten Hälfte des 19. Jahrhunderts. Strukturen und Funktionen von Konzepten nationaler Identität, Stuttgart 1991, S. 84-93.

JOHANSEN, Angelus H., Spanien und Portugal 1640/68–1833/68, in: Ilja MIECK (Hrsg.), Europäische Wirtschafts- und Sozialgeschichte von der Mitte des 17. Jahrhunderts bis zur Mitte des 19. Jahrhunderts, Stuttgart 1986, S. 796-836.

JÜTTNER, Siegfried, Spanien – Land ohne Aufklärung? Zur Wiedergewinnung eines verdrängten Erbes, in: Ders. (Hrsg.), Europäische Aufklärung(en): Einheit und nationale Vielfalt, Hamburg 1992, S. 249-268.

JÜTTNER, Siegfried, Der Aufklärer als Historiker. Ein politischer Mythos im Zeichen des aufgeklärten Absolutismus, in: Ders. (Hrsg.), Spanien und Europa im Zeichen der Aufklärung, Frankfurt a.M. / Bern / New York / Paris 1991, S. 109-126.

JÜTTNER, Siegfried, Spanien – ein Testfall für die Erforschung der Aufklärung in Europa, in: Ders. (Hrsg.), Spanien und Europa im Zeichen der Aufklärung, Frankfurt a.M. / Bern / New York / Paris 1991, S. I-X.

KAFKER, Frank A., The Encyclopedists as a group: a collective biography of the authors of the Encyclopédie, Oxford 1996.

KAFKER, Frank A. / Serena L. KAFKER, The Encyclopedists as individuals: a biographical dictionary of the authors of the Encyclopédie, Oxford 1988.

KAFKER, Frank A. (Hrsg.), Notable Encyclopedias of the seventeenth and eighteenth centuries: Nine predecessors of the Encyclopédie, Oxford 1981.

KAFKER, Frank A. (Hrsg.), Notable encyclopedias of the late eighteenth century: eleven successors of the Encyclopédie, Oxford 1994.

KAHLE, Günter, Lateinamerika-Ploetz. Die Geschichte der lateinamerikanischen Länder zum Nachschlagen, Freiburg / Würzburg ²1993.

KAMEN, Henry A. F., The Spanish Inquisition: an historical revision, London 1997.

KILCHER, Andreas B., *mathesis* und *poiesis*. Die Enzyklopädik der Literatur 1600 bis 2000, München 2003.

KILLY, Walther, Grosse Deutsche Lexika und ihre Lexikographen 1711–1835. Hederich, Hübner, Walch, Pierer, München 1992.

KOMOROWSKI, Manfred, Das Spanienbild Voltaires, Frankfurt 1976.

KOSSOK, Manfred, Der aufgeklärte Absolutismus in Spanien, in: Zeitschrift für Geschichtswissenschaft 30, 1982, S. 111-129.

KRAMER, Johannes, Das Bild Galiciens und des Galicischen in deutschen Konversationslexika, in: Galicion Magazin 5, 1998, S. 5-8.

KRÖMER, Wolfram, Das Bild der anderen Kultur. Wahrnehmungsraster in den Beziehungen zwischen Spanien und dem deutschsprachigen Raum, in: Margit RADERS / Maria Luisa SCHILLING (Hrsg.), Deutsch-spanische Literatur- und Kulturbeziehungen. Rezeptionsgeschichte / Relaciones Hispano-alemanas en la literatura y la cultura. Historia de la Recepción, Madrid 1995, S. 25-36.

KRAUSS, Werner, Die Aufklärung in Spanien, Portugal und Lateinamerika, München 1973.

KRIEGER, Erhard, Spanien europäisch gesehen, Darmstadt 1977.

LAFARGA, Francisco, Una réplica al la ‚Encyclopédie Méthodique', in: Anales de Literatura Epañola 2, 1983, S. 329-339.LANDIS, Dennis Channing / John ALDEN (Hrsg.), European Americana: a chronological guide to works printed in Europe relating to the Americas Bd. 6: 1726–1776, New Canaan, Connecticut 1988.

LANDWEHR, Achim, Das Sichtbare sichtbar machen. Annäherung an ‚Wissen' als Kategorie historischer Forschung, in: Ders. (Hrsg.), Geschichte(n) der Wirklichkeit. Beiträge zur Sozial- und Kulturgeschichte, Augsburg 2002, S. 61-89.

LANDWEHR, Achim, Einleitung. Geschichte(n) der Wirklichkeit, in: Ders. (Hrsg.), Geschichte(n) der Wirklichkeit. Beiträge zur Sozial- und Kulturgeschichte, Augsburg 2002, S. 9-27.

LANDWEHR, Achim, Geschichte des Sagbaren. Einführung in die historische Diskursanalyse, Tübingen ²2004.

LANDWEHR, Achim / Stefanie STOCKHORST, Einführung in die Europäische Kulturgeschichte, Paderborn 2004.

LANDWEHR, Achim, Die Stadt auf dem Papier durchwandern. Das Medium des Reiseberichts im 17. Jahrhundert, in: Jahrbuch für Kommunikationsgeschichte 3, 2001, S. 48-70.

LANGEWIESCHE, Dieter: Was heißt ‚Erfindung der Nation'? Nationalgeschichte als Artefakt – oder Geschichtsschreibung als Machtkampf, in: Historische Zeitschrift 277, 2003, S. 593-617.

LEBRÓN SAVIÑÓN, Carlos, España frente a la Leyenda Negra, in: Aula Santo Domingo 51, 1984, S. 49-57.

LEMBERG, Eugen, Nationalismus Bd. 1: Psychologie und Geschichte, Reinbek b. Hamburg 1964.

LEMM, Robert, Die spanische Inquisition. Geschichte und Legende, München 1996.

LENZ, Werner, Kleine Geschichte großer Lexika. Ein Beitrag zum „Internationalen Jahr des Buches", Gütersloh / Berlin / München / Wien 1972.

LÉPINETTE, Brigitte, Contribution à l'étude du Tesoro de la lengua castellana o española (1611) de Sebastián de Covarrubias, in: Historiographia Linguistica 16/3, 1989, S. 257-310.

LIEBHART, Karin / Elisabeth MENASSE / Heinz STEINERT, Fremdbilder – Feindbilder – Zerrbilder. Zur Wahrnehmung und diskursiven Konstruktion des Fremden, in: Dies. (Hrsg.), Fremdbilder – Feindbilder – Zerrbilder. Zur Wahrnehmung und diskursiven Konstruktion des Fremden, Klagenfurt 2002, S. 7-14.

LIEHR, Reinhard / Hartmut HEINE, Die Französische Revolution und Spanien, in: Winfried ENGLER (Hrsg.), Die Französische Revolution, Stuttgart 1992, S. 159-165.

LIPPMANN, Walter, Die öffentliche Meinung. Reprint des Publizistik-Klassikers, Bochum 1990.

LISBOA, Eugénio, „As Invasões" Francesas, in:, Otília Pires MARTINS (Hrsg.), Portugal e o Outro: uma relação assimétrica?, Aveiro 2002, S. 67-77.

LOPE, Hans-Joachim, Art. „Portugal", in: Werner SCHNEIDERS (Hrsg.), Lexikon der Aufklärung. Deutschland und Europa, München 2001, S. 327.

LOPE, Hans-Joachim, La vida cultural en España observada por los representantes diplomáticos de la Corte de Viena acreditados en Madrid durante el reinado de Carlos III (1759-1788), in: Siegfried JÜTTNER (Hrsg.), Spanien und Europa im Zeichen der Aufklärung, Frankfurt a.M. / Bern / New York / Paris 1991, S. 168-187.

LOPEZ, François, Juan Pablo Forner et la crise de la conscience espagnole au XVIIIe siècle, Bordeaux 1977.

LOUGH, John, The Encyclopédie, Longman 1971, Genève 1989.

LÜBCKE, Alexandra, „Welch ein Unterschied aber zwischen Europa und hier ...". Diskurstheoretische Überlegung zu Nation, Auswanderung und kultureller Geschlechteridentität anhand von Briefen deutscher Chileauswanderinnen des 19. Jahrhunderts, Frankfurt a.M. 2003.

LUHMANN, Nicklas, Inklusion und Exklusion, in: Helmut BERDING (Hrsg.), Nationales Bewußtsein und kollektive Identität, Frankfurt a.M. 1996, S. 15-45.

MALTBY, William S., The black legend in England. The development of anti-Spanish Sentiment, 1558–1660, Durham 1971.

MARÍAS, Julián, La España posible en tiempo de Carlos III, Madrid 1963.

MARQUES, A. H. de Oliveira, Deutsche Reisenden im Portugl des 15. Jahrhunderts, Marilia DOS SANTOS LOPEZ / Ulrich KNEFELKAMP / Peter HANENBERG (Hrsg.), Portugal und Deutschland auf dem Weg nach Europa, Pfaffenweiler 1995, S. 11-26.

MARTÍN ACOSTA, Maria Emelina, El dinero americano y la política del imperio, Madrid 1992.

MARTÍNEZ SHAW, Carlos, Origen y desarrollo de la Leyenda Negra, in: Miguel Ángel VEGA CERNUDA / Henning WEGENER (Hrsg.), España y Alemania. Percepciones mutuas de cinco siglos de historia, Madrid 2002, S. 63-66.

MARTÍNEZ SHAW, Carlos, La emigración española a América (1492–1824), Colombres 1994.

MARTSCHUKAT, Jürgen (Hrsg.), Geschichte schreiben mit Foucault, Frankfurt a.M. 2002.

MASET, Michael, Diskurs, Macht und Geschichte. Foucaults Analysetechniken und die historische Forschung, Frankfurt a.M. 2002.

MATE, Reyes / Friedrich NIEWÖHNER (Hrsg.), La ilustración en España y Alemania, Barcelona 1989.

MAXWELL, Kenneth, Pombal. Paradox of the Enlightenment, Cambridge 1995.

MCMAHON, Darrin M., Seeing the Century of Lights as a Time of Darkness: The Catholic Counter-Enlightenment in Europe and the Americas 1750–1799, in: Florence LOTTERIE / Darrin M. MCMAHON (Hrsg.), Les Lumières Européennes dans leurs relations avec les autres grandes cultures et religions, Paris 2002, S. 81-104.

MEIER, Christel, Enzyklopädischer Ordo und sozialer Gebrauchsraum. Modelle der Funktionalität einer universalen Literaturform, in: Dies. (Hrsg.), Die Enzyklopädie im Wandel vom Hochmittelalter bis zur frühen Neuzeit, München 2002, S. 511-532.

MESTRE SANCHIS, Antonio, La Ilustración española, Madrid 1998.

MESTRE, Antonio, Mayans' Beitrag zum deutschen Spanienbild im 18. Jahrhundert, in: Hans JURETSCHKE (Hrsg.), Zum Spanienbild der deutschen Aufklärung. Eine historische Übersicht, Münster 1997, S. 60-86.

MEYER, Silke, Die Ikonographie der Nation. Nationalstereotype in der englischen Druckgraphik des 18. Jahrhunderts, Münster u.a. 2003.

MIECK, Ilja, Europäische Geschichte der Frühen Neuzeit, Stuttgart / Berlin / Köln 51994.

MIGUEL, Amando de, Autobiografía de los Españoles. Así nos vemos. ¿Así somos?, Barcelona 1997.

MISSLER, Eva, Lissabon. Das Bild der Stadt und die Stadt als Bild, Aachen 1997.

MITTAG, Martina, Nationale Identitätsbestrebungen und antispanische Polemik im englischen Pamphlet, 1558–1630, Frankfurt a.M. / Berlin / Bern u.a. 1993.

MOLINA MARTÍNEZ, Miguel, La leyenda negra, Madrid 1991.

MORALES PADRÓN, Francisco, Las Casas y la leyenda negra, in: Mundo hispánico 28/322, 1975, S. 51-54.

MÜHLSCHLEGEL, Ulrike, Enciclopedia, vocabulario, dictionario. Spanische und portugiesische Lexikographie im 17. und 18. Jahrhundert, Frankfurt a.M. 2000.

MÜLLER, Klaus E., Geschichte der antiken Ethnographie und ethnologische Theoriebildung. Von den Anfängen bis auf die byzantinischen Historiographen (2 Bde.), Wiesbaden 1972/80.

MÜNKLER, Herfried, Nationen als politische Idee im frühneuzeitlichen Europa, in: Klaus GARBER (Hrsg.), Nation und Literatur im Europa der Frühen Neuzeit, Tübingen 1989, S. 56-87.

MÜNKLER, Herfried / Hans GRÜNBERGER, Nationale Identität im Diskurs der Deutschen Humanisten, in: Helmut BERDING (Hrsg.), Nationales Bewusstsein und kollektive Identität, Frankfurt a.M. 1994, S. 211-248.

NEUROTH-HARTMANN, Birgit, Das Bild der Spanier in bundesdeutschen Spanischlehrbüchern (1960–1984): Eine Untersuchung von Lehrbuchpersonen in ausgewählten Spanischlehrbüchern der letzten 25 Jahre, Göttingen 1986.

NÚÑEZ FLORENCIO, Rafael, Sol y sangre. La imagen de España en el mundo, Madrid 2001.

NUßBECK, Ulrich, Schottenrock und Lederhose. Europäische Nachbarn in Symbolen und Klischees, Berlin 1994.

OFFENHÄUßER, Dieter, Das Bild Portugals in Deutschland, in: Dietrich BRIESEMEISTER / Axel SCHÖNBERGER (Hrsg.), Portugal heute: Politik – Wirtschaft – Kultur, Frankfurt a. M. 1997, S. 899-938.

OPITZ, Alfred, „Europa-Träume": Zur Problematik der Länderimagologie am Beispiel der deutsch-portugiesischen Kulturbeziehungen, in: Marília dos Santos LOPES / Ulrich KNEFELKAMP / Peter HANENBERG (Hrsg.), Portugal und Deutschland auf dem Weg nach Europa, Pfaffenweiler 1995, S. 243-262.

OSTERMANN, Änne / Hans NICKLAS, Vorurteile und Feindbilder, München / Berlin / Wien 1976.

PAGEAUX, Daniel-Henri, La España de la Ilustración juzgada por la Francia de las Luces, in: Siegfried JÜTTNER (Hrsg.), Spanien und Europa im Zeichen der Aufklärung, Frankfurt a.M. / Bern / New York u.a. 1991, S. 197-210.

PAGEAUX, Daniel-Henri, Imagens de Portugal na cultura francesa, Lissabon 1984.

PAUL, Ina Ulrike, Stichwort „Europa". Enzyklopädien und Konversationslexika beschreiben den Kontinent (1700–1850), in: Dieter ALBRECHT / Karl Otmar Freiherr VON ARETIN / Winfried SCHULZE (Hrsg.), Europa im Umbruch 1750–1850, München 1995, S. 29-50.

PAUL, Ina Ulrike, „Wache auf und lies ...". Zur Tradierung von Nationalstereotypen in europäischen Enzyklopädien des 18. Jahrhunderts, in: Ingrid TOMKOWIAK (Hrsg.), Populäre Enzyklopädien. Von der Auswahl, Ordnung und Vermittlung des Wissens, Zürich 2002, S. 198-221.

PAUL, Ina Ulrike, Niemals ohne Gewähr. Über die Quellen nationaler Eigen- und Fremdbilder in europäischen Enzyklopädien und Universallexika: http://enzyklopaedie.ch/kongress/aufsaetze/paul.pdf (Abruf: 30. Oktober 2006).

PECHE, Martin, Bibliotheca lexicorum. Kommentiertes Verzeichnis der Sammlung Otmar Seemann. Eine Bibliographie der enzyklopädischen Literatur von den Anfängen bis zur Gegenwart, unter besonderer Berücksichtigung der im deutschen Sprachraum ab dem Jahr 1500 gedruckten Werke, bearb. v. Martin Peche. Nach einem von Otmar

Seemann erstellten Gesamtverz. und mit einer mehr als 3000 Titel umfassenden Bibliographie zur Geschichte der Lexikonistik, hrsg. v. Hugo Wetscherek, Wien 2001.

PÉREZ SAMPER, Maria de los Ángeles, La vida y la época de Carlos III., Barcelona 1999.

PETTER, Wolfgang, Probleme der deutsch-spanischen Begegnung in den Anfängen Karls V., in: Spanische Forschungen I/26, 1971, S. 89-150.

PINEDO IPARRAGUIRRE, Isidoro, En torno a la expulsión de los jesuitas de España por Carlos III, in: Letras de Deusto 26/73, 1996, S. 9-24.

PLEITNER, Berit, Die ‚vernünftige' Nation. Zur Funktion von Stereotypen über Polen und Franzosen im deutschen nationalen Diskurs 1850 bis 1870, Frankfurt a.M. / Berlin / Bern u.a. 2001.

PRANGE, Peter, Die Philosophin, München 2003.

QUASTHOFF, Uta, Soziales Vorurteil und Kommunikation. Eine sprachwissenschaftliche Analyse des Stereotyps, Frankfurt a.M. 1973.

RAMOS, Luís A. de Oliveira, Portugal 1500–1650, in: Hermann KELLENBENZ (Hrsg.), Europäische Wirtschafts- und Sozialgeschichte vom ausgehenden Mittelalter bis zur Mitte des 17. Jahrhunderts, Stuttgart 1986, S. 800-821.

REHRMANN, Norbert, „Literarisch-kulturelle Grenzbeziehungen: Die ferne Nähe zwischen Spanien und Portugal", in: Hispanorama. Zeitschrift des Deutschen Spanischlehrerverbandes 88, 2000, S. 56-64.

REHRMANN, Norbert, Spanien, Europa und Lateinamerika. Zur Geschichte legendärer Kulturbeziehungen, in: Prokla 75/2, 1989, S. 109-131.

REINHARD, Wolfgang, Kleine Geschichte des Kolonialismus, Stuttgart 1996.

RIBÉMONT, Bernard, La „Renaissance" du XIIe siècle et l'encyclopédisme, Paris 2002.

ROGERS, Francis M., Portugal: European, Hispanic, or Sui Generis?, in: Richard HERR (Hrsg.), Iberian identity: essays on the nature of identity in Portugal and Spain, Berkeley 1989, S. 71-80.

RUHL, Klaus-Jörg, Spanien-Ploetz. Spanische und portugiesische Geschichte zum Nachschlagen, Freiburg ^{3}1993.

SALAS, Jaime de, Spanien und Spanier im Werke von Leibniz, in: Hans JURETSCHKE (Hrsg.), Zum Spanienbild der deutschen Aufklärung. Eine historische Übersicht, Münster 1997, S. 42-59.

SÁNCHEZ-BLANCO PARODY, Francisco, La Ilustración en España, Madrid 1997.

SANGRADOR GARCÍA, José Luis, Estereotipos de las nacionalidades y regiones de España, Madrid 1981.

SARASIN, Philipp, Diskurstheorie und Geschichtswissenschaft, in: Reiner KELLER u.a. (Hrsg.), Handbuch sozialwissenschaftliche Diskursanalyse Bd. 1. Theorien und Methoden, Opladen 2001, S. 53-79.

SARFATI, Georges-Elia, Discours ordinaires et identités juives: la représentation des juifs et du judaïsme dans les dictionnaires et les encyclopédies de langue française du Moyen Age au XXe siècle, Paris 1999.

SCHEPPER, Hugo de, Flandes y su Leyenda Negra, in: Maxim P. A. M. KERKHOF / Hugo de SCHEPPER / Otto ZWARTJES, España: ¿ruptura 1492?, Amsterdam / Atlanta 1993, S. 115-125.

SCHEPPER, Hugo de, La Guerra de Flandes, in: Jan LECHNER (Hrsg.), Contactos entre los Países Bajos y el mundo Ibérico, Amsterdam 1992, S. 67-86.

SCHILLING, Heinz, Del Imperio común a la leyenda negra: la imagen de España en la Alemania del siglo XVI y comienzos del XVII, in: Miguel Ángel VEGA CERNUDA / Henning WEGENER (Hrsg.), España y Alemania. Percepciones mutuas de cinco siglos de historia, Madrid 2002, S. 37-61.

SCHILLING, Heinz, Nation und Konfession in der frühneuzeitlichen Geschichte Europas. Zu den konfessionellen Vorraussetzungen der frühmodernen Staatsbildung, in: Klaus GARBER (Hrsg.), Nation und Literatur im Europa der Frühen Neuzeit, Tübingen 1989, S. 87-108.

SCHMIDT, Bernhard, Spanien im Urteil spanischer Autoren: kritische Untersuchungen zum sogenannten Spanienproblem, 1609–1936, Berlin [West] 1975.

SCHMIDT, Peer, Spanische Universalmonarchie oder „teutsche Libertet“: das spanische Imperium in der Propaganda des Dreißigjährigen Krieges, Stuttgart 2001.

SCHMUGGE, Ludwig, über „nationale“ Vorurteile im Mittelalter, in: Deutsches Archiv für Erforschung des Mittelalters 38, 1982, S. 439-459.

SCHNEIDER, Jost, Sozialgeschichte des Lesens. Zur historischen Entwicklung und sozialen Differenzierung der literarischen Kommunikation in Deutschland, Berlin u.a. 2004.

SCHNEIDER, Ulrich Johannes / Helmut ZEDELMAIER, Wissensapparate. Die Enzyklopädistik der Frühen Neuzeit, in: Richard VAN DÜLMEN / Sina RAUSCHENBACH (Hrsg.), Macht des Wissens. Die Entstehung der modernen Wissensgesellschaft, Köln / Weimar / Wien 2004, S. 349-363.

SCHRÖDER, Gerhart, Sprache, Literatur und kulturelle Identität in der spanischen Renaissance, in: Klaus GARBER (Hrsg.), Nation und Literatur im Europa der Frühen Neuzeit, Tübingen 1989, S. 305-317.

SCHULZE, Hagen, Das Europa der Nationen, in: Helmut BERDING (Hrsg.), Mythos und Nation, Frankfurt a.M. 1996, S. 65-83.

SCHULZE, Winfried, Die Entstehung des nationalen Vorurteils. Zur Kultur der Wahrnehmung fremder Nationen in der europäischen Frühen Neuzeit, in: Geschichte in Wissenschaft und Unterricht 46, 1995, S. 642-665.

SCHWEITZER, Christoph Eugen, Spanien in der deutschen Literatur des 17. Jahrhunderts, (Diss. Yale) 1954.

SECO, Manuel, Covarrubias en la Academia, in: Anales Cervantinos 25/26, 1987/88, S. 387-398.

SECO, Manuel, El Tesoro de Covarrubias, in: Ders., Estudios de lexicografía española, Madrid 1987, S. 97-110.

SELG, Anette / Rainer WIELAND, Die Welt der Encyclopédie, Frankfurt a.M. 2001.

SERÍS, Homero, Bibliografía de la lingüística española, Bogotá 1964.

SERÍS, Homero, Manual de bibliografía de la literatura española, New York 1948.

SHAW, L. M. E., The anglo-Portuguese Alliance and the English merchants in Portugal 1654–1810, Aldershot / Brookfield / Singapore / Sydney 1998.

SIDERI, Sandro, Trade and Power. Informal Colonialism in Anglo-Portuguese Relations, Rotterdam 1970.

SINGER, Wolf, Wahrnehmen, Erinnern, Vergessen: Über Nutzen und Vorteil der Hirnforschung für die Geschichtswissenschaft: Eröffnungsvortrag des 43. Deutschen Historikertages, in: FAZ vom 28. September 2000, S. 10.

SMITH, Theresa Ann, Writing out of the margins: women, translation, and the Spanish Enlightenment, in: Journal of women's history 15/1, 2003, S. 116-143.

SORRENTO, Luigi, Francia e Spagna nell Settecento. Battaglie e sorgenti di idee, Mailand 1928.

STANZEL, Franz K., Europäer. Ein imagologischer Essay, Heidelberg 21998.

STANZEL, Franz K., Zur literarischen Imagologie. Eine Einführung, in: Ders. (Hrsg.), Europäischer Völkerspiegel. Imagologisch-ethnographische Studien zu den Völkertafeln des frühen 18. Jahrhunderts, Heidelberg 1999, S. 9-39.

STAUBER, Reinhard: Nationalismus vor dem Nationalismus. Eine Bestandsaufnahme der Forschung zu „Nation“ und „Nationalismus“ in der Frühen Neuzeit, in: Geschichte in Wissenschaft und Unterricht 47, 1996, S. 139-165.

STEIN, Stanley J. / Barbara H. STEIN, Silver, Trade and War. Spain and America in the making of early modern Europe, Baltimore Md. 2000.

THIELEMANN, Werner, Wörterbücher im 18. Jahrhundert, ihre Traditionen, ihre Wurzeln und ihre Zielstellungen. Bemerkung zum Wörterbuch von Pe Raphael Bluteau, in: Sybille GROßE / Axel SCHÖNBERGER (Hrsg.), Dulce et decorum est philologiam colere. Festschrift für Dietrich Briesemeister zum 65. Geburtstag Bd. 2, Berlin 1999, S. 1169-1187.

THIELEMANN, Werner, Introdução, in: Ders., (Hrsg.), Século XVIII: Século das Luzes. Século de Pombal, Frankfurt a.M. 2001, S. 7-10.

THOMAE, Helga, Französische Reisebeschreibungen über Spanien im 17. Jahrhundert, (Diss. Bonn) 1961.

TIETZ, Manfred, Der Widerstand gegen die Aufklärung in Spanien, Frankreich und Deutschland, in: Christoph FRANK / Sylvaine HÄNSEL (Hrsg.), Spanien und Portugal im Zeitalter der Aufklärung, Frankfurt a.M. 2002, S. 253-276.

TIETZ, Manfred, Diderot und das Spanien der Aufklärung, in: Siegfried JÜTTNER (Hrsg.), Présence de Diderot, Frankfurt a.M. / Bern / New York / Paris 1990, S. 276-297.

TIETZ, Manfred, Quintanas *Vidas de españoles célebres*. Zur Frage der nationalen Identität in der spanischen Spätaufklärung, in: Siegfried JÜTTNER (Hrsg.), Spanien und Europa im Zeichen der Aufklärung, Frankfurt a.M. / Bern / New York / Paris 1991, S. 319-345.

TIETZ, Manfred, Das französische Spanienbild zwischen Aufklärung und Romantik: Inhalte, Funktion und Repliken, in: Komparatistische Hefte 2, 1980, S. 25-41.

TIETZ, Manfred, Amerika vor der spanischen Öffentlichkeit des 18. Jahrhunderts. Zwei Repliken auf de Pauw und Raynal: die ‚Reflexiones imparciales' von Juan Nuix y Perpiña und die ‚México conquistada‘ von Juan de Escoiquiz, in: José Manuel LÓPEZ DE

ABIADA / Titus HEYDENREICH (Hrsg.), Iberoamérica: Historia – sociedad – literatura. Homenaje a Gustav Siebenmann Bd. 2, München 1983, S. 989-1016.

TOELLNER, Richard, Zur Einführung, in: Ders. (Hrsg.), Aufklärung und Humanismus, Heidelberg 1980, S. 11-19.

TOMKOWIAK, Ingrid, Vorwort, in: Dies. (Hrsg.), Populäre Enzyklopädien. Von der Auswahl, Ordnung und Vermittlung des Wissens, Zürich 2002, S. 9-14.

VAN DER WEE, Herman (Hrsg.), L'or et l'argent des Indes dans l'économie européenne, Louvain 1987.

VÁZQUEZ DE PRADA, Valentín, Spanien 1350–1660, in: Hermann KELLENBENZ (Hrsg.), Europäische Wirtschafts- und Sozialgeschichte vom ausgehenen Mittelalter bis zur Mitte des 17. Jahrhunderts, Stuttgart 1986, S. 706-776.

VOGELSANG, Klaus, Zum Begriff ‚Enzyklopädie', in: Theo STAMMEN / Wolfgang E. J. WEBER (Hrsg.), Wissenssicherung, Wissensordnung und Wissensverarbeitung. Das europäische Modell der Enzyklopädien, Berlin 2004, S. 15-23.

VOLPERS, Helmut, Idee und Begriff der Enzyklopädie im Wandel der Zeit, in: Hermann RÖSCH (Hrsg.), Enzyklopädie im Wandel. Schmuckstück der Bücherwand, rotierende Scheibe oder Netzangebot, Köln 2002, S. 6-35.

VOSS, Jürgen, Deutsche und französische Enzyklopädien des 18. Jahrhunderts, in: Werner SCHNEIDERS (Hrsg.), Aufklärung als Mission. Akzeptanzprobleme und Kommunikationsdefizite, Marburg 1993, S. 238-247.

VOSS, Jürgen, Verbreitung, Rezeption und Nachwirkungen der *Encyclopédie* in Deutschland, in: Gerhard SAUDER / Jochen SCHLOBACH (Hrsg.), Aufklärungen. Frankreich und Deutschland im 18. Jahrhundert Bd. 1, Heidelberg 1985, S. 183-192.

WALTHER, Rudolf (Hrsg.), Brockhaus – was alte Lexika zu sagen haben: von Männlein & Weiblein, Tüftlern & Erfindern, Leib & Seele. Ein amüsanter Streifzug durch das volle Menschenleben. Textauswahl von Rudolf Walther. Mit Kommentaren von Gabriele Gassen, Leipzig u.a. 2000.

WALZ, Georg Herbert, Spanien und der spanische Mensch in der deutschen Literatur vom Barock zur Romantik, (Diss. Erlangen) 1965.

WEILER, Ingomar, Ethnographische Typisierungen im antiken und mittelalterlichen Vorfeld der „Völkertafel", in: Franz K. STANZEL (Hrsg.), Europäischer Völkerspiegel. Imagologisch-ethnographische Studien zu den Völkertafeln des frühen 18. Jahrhunderts, Heidelberg 1999, S. 97-118.

WEIS, Eberhard, Geschichtsschreibung und Staatsauffassung in der französischen Enzyklopädie, Wiesbaden 1956.

WEISS, Hilde, Ethnische Stereotype und Ausländerklischees. Formen und Ursachen von Fremdwahrnehmungen, in: Karin LIEBHART / Elisabeth MENASSE / Heinz STEINERT (Hrsg.), Fremdbilder – Feindbilder – Zerrbilder. Zur Wahrnehmung und diskursiven Konstruktion des Fremden, Klagenfurt 2002, S. 17-37.

WENTZLAFF-EGGEBERT, Harald, Wie schrieb man in Deutschland über die spanische Inquisition? Von Zedlers *Großem vollständigen Universal-Lexikon* (1735) zu Ersch / Grubers *Allgemeiner Encyclopädie* (1840), in: Margit RADERS / Maria Luisa SCHILLING (Hrsg.), Deutsch-spanische Literatur- und Kulturbeziehungen. Rezeptionsgeschichte, Madrid 1995, S. 103-122.

WERNER, Karl Ferdinand, Les nations et le sentiment national dans l'Europe médiéval, in: RH 244, 1970, S. 285-304.

WILKENS, Manja, „... er vergaß sich zuweilen soweit, mich ‚die Spanierin', ‚die Fremde' zu nennen!": das Bild der spanischen Frau im Frankreich des Zweiten Kaiserreiches; eine klischeegeschichtliche Untersuchung, Frankfurt a.M. 1994.

WOLL, Dieter, Portugiesische Lexikographie. in: Wörterbücher, Dictionaries, Dictionnaires. Ein internationales Handbuch zur Lexikographie, 2. Teilband, Berlin / New York 1990, S. 1723-1735.

YEO, Richard, Encyclopaedic visions. Scientific dictionaries and enlightenment culture, Cambridge u.a. 2001.

YEO, Richard, A solution to the multitude of books: Ephraim Chambers's Cyclopaedia (1728) as „the best book in the universe", in: Journal of the history of ideas 64/1, 2003, S. 61-72.

ZACHARASIEWICZ, Waldemar, Klimatheorie und Nationalcharakter auf der „Völkertafel", in: Franz K. STANZEL (Hrsg.), Europäischer Völkerspiegel. Imagologisch-ethnographische Studien zu den Völkertafeln des frühen 18. Jahrhunderts, Heidelberg 1999, S. 119-137.

ZELLE, Carsten, Zu diesem Heft, in: Das Achtzehnte Jahrhundert 22/1, 1998, S. 7-8.

ZIMMERMANN, Christian von, Reiseberichte und Romanzen. Kulturgeschichtliche Studien zur Perzeption und Rezeption Spaniens im deutschen Sprachraum des 18. Jahrhunderts, Tübingen 1997.

ZIMMERMANN, Christian von, „... fast fremder als Japan und manche entfernte Reiche...". Die Aufklärung in Spanien und Portugal im Blick der deutschen Reisenden, in: Christoph FRANK / Sylvaine HÄNSEL (Hrsg.), Spanien und Portugal im Zeitalter der Aufklärung, Frankfurt a.M. 2002, S. 123-136.

ZISCHKA, Gerd A., Index lexicorum: Bibliographie der lexikalischen Nachschlagewerke, Wien 1959.

ZOTTER, Hans, Parallele Modelle von Wissenssicherung und Ordnung, in: Theo STAMMEN / Wolfgang E. J. WEBER (Hrsg.), Wissenssicherung, Wissensordnung und Wissensverarbeitung. Das europäische Modell der Enzyklopädien, Berlin 2004, S. 25-37.

BEITRÄGE ZUR WIRTSCHAFTS- UND SOZIALGESCHICHTE

Hrsg. von **Jürgen Schneider, Markus A. Denzel** und **Rainer Gömmel**

93 **Dieter H. Kollmer**, Rüstungsgüterbeschaffung in der Aufbauphase der Bundeswehr. Der Schützenpanzer HS 30 als Fallbeispiel. 2002, 308 S. *08077-5*

94 **György Kövér / Agnes Pogány**, Die binationale Bank einer multinationalen Monarchie: Die österreichisch-ungarische Bank. 2002, 204 S. *08078-3*

95 **Margarete Wagner-Braun**, Zur Bedeutung berufsständischer Krankenkassen innerhalb der privaten Krankenversicherung in Deutschland bis zum II. Weltkrieg. Die Selbsthilfeeinrichtungen der katholischen Geistlichen. 2002, 368 S. *08177-1*

96 **Jürgen Schneider u.a. (Hrsg.)**, Unternehmen, Innovationen und Weltmarkt in der Schutzschaltertechnik seit 1948. Das Fallbeispiel E–T–A Elektrotechnische Apparate GmbH in Altdorf bei Nürnberg. 2003, 474 S. *08219-0*

97 **Marcus Holzammer,** Der Apotheker Joseph Schedel – Tagebücher aus Japan und China. 2003, 265 S. *08402-9*

98 **Danny Weber**, Die sächsische Landesstatistik im 19. Jh. Institutionalisierung – Professionalisierung. 2003, 162 S. *08424-X*

99 **Albert Lisse**, Handlungsspielräume deutscher Verwaltungsstellen bei den Konfiskationen in der SBZ 1945–1949. 2003, 244 S. *08449-5*

100 **Markus A. Denzel (ed.)**, From Commercial Communication to Commercial Integration. Middle Ages to 19th Century. 2004, 272 S. *08473-8*

101 **Oliver Werner**, Ein Betrieb in zwei Diktaturen. Von der Bleichert Transportanlagen GmbH zum VEB VTA Leipzig 1932 bis 1963. 2004, 275 S. *08544-0*

BEITRÄGE ZUR WIRTSCHAFTS- UND SOZIALGESCHICHTE

Hrsg. von **Jürgen Schneider, Markus A. Denzel, Rainer Gömmel** und **Margarete Wagner-Braun**

102 **Annerose Menninger**, Genuss im kulturellen Wandel. Tabak, Kaffee, Tee und Schokolade in Europa (16.–19. Jh.). 2004, 488 S. *08624-2*

103 **Sabine Todt**, Kleruskritik, Frömmigkeit und Kommunikation in Worms im Mittelalter und in der Reformationszeit. 2005, 386 S. *08681-1*

104 **Markus Albert Diehl**, Von der Marktwirtschaft zur nationalsozialistischen Kriegswirtschaft. Die Transformation der deutschen Wirtschaftsordnung 1933–1945. 2005, 195 S. *08741-9*

105 **Michael B. Klein**, Zwischen Reich und Region. Identitätsstrukturen im Deutschen Kaiserreich (1871–1918). 2005, 392 S. *08807-5*

106 **Ewald Röder**, Der Deutsch-Österreichische Vermögensvertrag von 1957. 2006, 252 S. *08936-5*

107 **Festschrift für Rolf Sprandel**. Wirtschaft – Gesellschaft – Mentalitäten. Hrsg. v. Hans-Peter Baum / Rainer Leng / Joachim Schneider 2006, ca. 770 S. *08882-4*

108 **Lars Jonung / Jürgen Nautz (eds.)**, Conflicts in Monetary Unions, 2007, 181 S. *09002-5*

109 **Wolfgang Protzner / Christine Köglmaier-Horn**, Culina Franconiae, 2007, 516 S. *09001-8*

110 **Debora Gerstenberger**, Iberien im Spiegel frühneuzeitlicher enzyklopädischer Lexika Europas. Diskursgeschichtliche Untersuchung spanischer und portugiesischer Nationalstereotypen des 17. und 18. Jahrhunderts, 2007, 191 S. *09051-3*